세상을
움직이는 힘,
홍보

세상을 움직이는 힘, 홍보

이영균 지음

CEO를 위한 홍보 특강

세상을 움직이는 힘, 홍보
CEO를 위한 홍보 특강

지은이 이영균
펴낸이 이리라

편집 이여진 한나래
디자인 에디토리얼 렌즈

2015년 11월 30일 1판 1쇄 펴냄
2016년 4월 10일 1판 2쇄 펴냄

펴낸곳 컬처룩
등록 2010. 2. 26 제2011-000149호
주소 121-898 서울시 마포구 동교로 27길 12 씨티빌딩 302호
전화 070.7019.2468 | 팩스 070.8257.7019 | culturelook@naver.com
www.culturelook.net

ISBN 979-11-85521-28-2 03320

* 이 도서의 국립중앙도서관 출판예정도서목록(CIP)은 서지정보유통지원시스템 홈페이지(http://seoji.nl.go.kr)와 국가자료공동목록시스템(http://www.nl.go.kr/kolisnet)에서 이용하실 수 있습니다. (CIP제어번호: CIP2015028882)

culturelook

차례

일러두기

- 한글 전용을 원칙으로 하되, 필요한 경우 원어나 한자를 병기하였다.
- 한글 맞춤법은 '한글 맞춤법' 및 '표준어 규정'(1988), '표준어 모음'(1990)을 적용하였다.
- 외국의 인명, 지명 등은 국립국어원의 외래어 표기법을 따랐으며, 관례로 굳어진 경우는 예외를 두었다.
- 사용된 기호는 다음과 같다.

  영화, TV 프로그램, 신문 및 잡지 등 정기 간행물: 〈 〉

  책(단행본): 《 》

프롤로그

인터넷과 모바일, 소셜 미디어의 발달 덕분에 우리나라는 큰 '이슈'가 나타나기만 하면 뜨겁게 달아오르는 국가가 되었다. 2000년대 초반 대한민국 브랜드 마케팅의 슬로건으로 '다이내믹 코리아'라는 문구가 있었는데, 지금 우리 상황에 딱 들어맞는 표현인 것 같다. 이슈 하나에 온 언론이 '다이내믹하게' 움직이고, 소셜 미디어는 '더 다이내믹하게' 달아올리서 온 나라가 뜨거워지니 말이다. 2010년대 들어 대한민국은 항상 뜨겁다. 그것이 대부분 부정적인 이슈라는 점이 안타깝긴 하지만 말이다.

최근의 경우만 보더라도 4·16 세월호 침몰 사고, 대한항공 086편 회항 사건, 가짜 백수오 파문, 메르스 감염 확산, 롯데 경영권 분쟁 등 국가 전체를 들었다 놨다 하는 사건 사고 뉴스가 끊임없이 이어졌다. 여기서 주목할 점은 과거의 사건 사고들보다 훨씬 더 광범위하고 더 시끄럽게 사회를 들썩거리게 했다는 것과 그 뉴스의 영향으로 관계자들이 엄청난 타격을 입었다는 것이다. 뉴스 밸류의 정도를 떠나 최근에는 이렇게 사건이 터지면 그 파급력이 매우 강력해 관련 책임자들은 치명적인 상처를 입게 된다. 이슈 관리가 얼마나 중요해졌는지를 짐작할 수 있는 대목이다.

이러한 환경이다 보니 기업은 큰 규모이든 작은 규모이든 할 것 없이 살얼음판을 걷는 기분일 것이다. 조금만 삐끗하면 나락으로 떨어지는 세상이니 어찌 그렇지 않겠는가. 과거에는 기업이 뭔가 실수를 하거나 잘못을 했다면 일단 적당히(?) 비난을 받으면서 빨리 시간이 흐르기만 기다렸다. 그러다 보면 이슈가 잊혀 사라지곤 했다(물론 엄청난 비난에 '기업'이 잊혀진 사례도 있긴 하다). 때로 신문에 기사가 나오지 않도록 잘 막으면 대중에 알려지지 않고 조용히 지나가기도 했다. 그러나 이제는 그러한 것이 원천적으로 불가능한 세상이다. 부정적인 이슈가 터지면 국내는 물론 해외까지 순식간에 퍼지는 세상이니 초기 대응을 잘못했다가는 기업이 망할 수도 있는 무서운 세상인 것이다. 더군다나 잊혀질 권리도 없다. 포털사이트 검색을 통해 관련 뉴스 등이 낙인처럼 '영원히' 남게 된다.

거의 20년 간 홍보를 해 온 필자로서는 여러 가지 사건 사고를 지켜보면서 안타까움이 들 때가 많다. 초기 대응을 이렇게 했다면, 혹은 저렇게 커뮤니케이션했더라면 훨씬 좋았을 텐데 하는 생각이 들기 때문이다. 많은 조직이나 기업이 다이내믹한 미디어 환경과 여론 움직임에 적응하지 못하고 있는 듯하다. 세상이 너무 빠르게 변한다고 한탄을 하고, 어떻게 조직을 변화시켜야 할지, 어떻게 응대를 해 나가야 할지 막막하다고 말하는 사람들도 매우 많다. 그들을 위한 명쾌한 답을 내놓는 것은 결코 쉬운 일이 아니다. 그것이 복잡하거나 난해해서가 아니라 실행이 어렵기 때문이다. 기업이 근본적으로 변화해야만 풀릴 수 있는 문제일 텐데 그게 말처럼 쉬운 일이 아니다. 무엇보다도 CEO의 마인드에 변화가 필요하다. 예전처럼 홍보 책임자에게 맡겨 두고 책임을 물을 수 있는 시대가 아니다. 비밀을 유지할 수 없는 세상이 되었고 대응의 결과는 기업의 사활로까지 이어질 수 있기 때문이다. CEO가 시대가 요구하는 홍보 마인드를 제대로 갖춰야만 안정적인 경영이 가능한 것이다. 그러나 우리나라 기업 환경에서 기업의 홍보 책임자가 CEO에게 '변하라' 혹은 '이렇게 하라'고 얘기하는 것은 참 힘든 일이다. 이는 권위주의적인 조직문화 때문이다. 만약 CEO 혹은 직속 상사에게 직언이 가능한 조직 문화가 있었다면 최근 국내에서 일어난 사건 중 상당수는 아예 일어나지 않거나 참사를 면할 수도 있었을 것이다.

나는 이러한 미디어나 커뮤니케이션 관련 환경에서 일종의 책임감 같은 것을 느꼈다. 기업이 홍보 이슈로 어려움에 처하기도 하고, 때로 엄청난 위기를 겪기도 하는 것을 보면서 나름의 경험을 나눠야 한다는 의무감을 느꼈다. 기업이 변화해야만 살 수 있는 골든 타임에서 누군가는 그 변화를 외쳐야 한다고 생각한 것이다. 그래서 CEO의 마인드 변화를 종용하는 '목소리'가 되겠다고 마음을 먹었다. 각 기업의 홍보 책임자들이 말하기 어려운 이야기를 대신 하기로 결심한 것이다.

마음을 먹었다고는 하나 솔직히 부담이 되는 것은 사실이다. CEO들을 향해 이래라 저래라 한다는 게 쉬운 일은 아니기 때문이다. 그래서 이렇게 생각하기로 했다. 모시고 있는 최고경영진에게 장문의 편지를 보내는 것이라고. 직접 말로 하거나 책이라는 형식보다는 개인적인 편지라고 생각하면 훨씬 진솔하게 얘기할 수 있을 테니까 말이다. 나의 경우 감사하게도 모시는 경영진에게 필요한 얘기는 다 할 수 있는 환경에 있는 편이다. 이렇게 경영진에게 드리는 편지라면 타 기업의 홍보 책임자가 본인 회사의 CEO에게 말할 수 있는 것 이상의 내용들을 포괄할 수 있다고 생각했다. 이런 생각으로 이 책을 썼기에 꼭 해야 할 이야기는 대략 다 담을 수 있었다. 역시 마음가짐과 컨셉이 중요하다. 이 기회를 빌려, 평상시 오픈 마인드와 전문가적 식견으로 홍보의 방향을 잡아 주시는 허인철 부회장님께 각별히 감사를 드린다.

복잡한 미디어 환경과 관련한 다른 측면의 이야기도 있다. 미디어 환경과 여론이 폭풍처럼 몰아치는 것은 기업의 입장에서 기회가 될 수도 있다. 제대로 이슈 메이킹이 된다면 기업의 성장에 결정적인 도움을 줄 수 있기 때문이다. 실제로 '허니버터칩,' '순하리 처음처럼' 등 긍정적인 '폭풍 이슈'를 타서 기업 성장에 도움이 된 사례는 적지 않다. 이 같은 이슈 메이킹에 있어서도 도움이 될 수 있도록, 아니 사실은 이런 부분에 더 방점을 찍어 책을 썼다. 이 책을 읽다 보면 2010년대 우리 사회에 이슈가 어떻게 형성되고 확산되어 가는가를 엿볼 수 있을 것이다. 또한 어떤 식으로 이슈 메이킹을 할 수 있는지에 대한 팁도 얻을 수 있을 것이다. 그런 점에서 이 책은 '세상을 움직이는 방법'에 대한 가이드가 될 수 있을 것이다.

이 책의 글들은 하루아침에 쓴 것이 아니다. 근 20년간 틈틈이 써온 글들을 지금 시대에 맞게, 또 CEO의 시각에 맞게 재구성한 것이다. 하지만 결과는 새로운 텍스트가 탄생했다고 해야겠다. 텍스트란 본시 살아 움직이는 것이다. 독자가 달라지면 텍스트는 그 혼을 달리한다.

CEO들의 관심사와 눈높이를 반영하자 완전히 새로운 텍스트가 나왔다. 자화자찬이지만 오랫동안 갈고 닦인 글이 새로운 혼을 만나 최신의 정제된 텍스트로 환생했다고나 할까. 텍스트의 완성도와 시의성을 반영하는 데 많은 노력을 기울였다. CEO를 타깃으로 하는 책이지만 추상적이고 개념적인 내용보다는 실질적이고 실무적인 내용을 중심으로 했다. 이는 현장과 실무를 알아야 메커니즘이 이해되는 '홍보'의 특성 때문이기도 하고, 디테일과 경험 중심의 사고를 요구하는 시대 조류의 반영이기도 하다. 때로는 매우 실무적인 내용들까지도 언급되나 필요에 따라 가볍게 읽으면 된다. 단 지나치게 실무적이라고 생각하는 부분에 답이 있다는 진실은 단서로 달아 놓고자 한다. 중간 중간 홍보 뒷이야기도 실어 두었다. 현장의 실제 경험 이야기가 이해에 도움이 될 것이고 한편으로는 지루함을 씻어 줄 수 있는 청량제 역할도 할 것이다.

'홍보'라는 용어에 대해 한 가지 짚어두고자 한다. 이 책에서 '홍보'라는 용어는 'PR'보다 더 큰 개념으로 쓰이고 있는데, 이는 일반적인 통념과는 다른 느낌일 수도 있다. 단어 의미만 보면, 홍보가 '널리 알린다'라는 뜻이고 PR이 '공중 관계'라는 의미이니 PR이 더 넓은 업무 영역의 개념으로 느껴질 수도 있다. 좀 더 일반적으로는 두 단어가 같은 의미로 쓰이는 경우가 많다. 그러나 이 책에서는 PR이라는 단어가, 그리고 '공중'이라는 단어가 전통적으로 언론과 관련된 개념으로 쓰이기 때문에, 이를 넘어 언론이든, 소셜 미디어든, 인터넷 포털이나 카페든 미디어를 포괄해서 전개하는 활동이라는 의미로 '홍보'라는 용어를 사용하였음을 미리 밝혀둔다. 이는 우리나라 기업들에서 홍보와 관련된 여러 활동들을 하는 조직을 '홍보실' 혹은 '커뮤니케이션본부'라고 명명하고 있다는 점도 고려했다.

이번이 세 번째 책이다. 책을 낼 때마다 항상 고마운 사람들이 많지만 이번에는 특별히 감사해야 할 분들이 많다. 우선은 오리온 이화경 부회장님께 감사를 드리고 싶다. 사회 초년기 온미디어 재직 시절에 직접적으로 많은 가르침을 주셨고 가장 많은 영향을 받았다. 기본적인 마인드 형성에 큰 도움을 받았고 이는 결과적으로 근 20년 동안의 원고 작성에 근간이 되었으니 솔직하고도 특별한 감사를 드릴 수밖에 없다. 심지어 초고를 직접 감수해 주시기까지 했다. 영광이 아닐 수 없다. 연세대학교 강상현 교수님께도 감사를 드린다. 학창 시절부터 여러 가지 가르침을 주신 은사님이실 뿐 아니라 이번 책에도 각별한 관심을 기울여 주셨다. 더구나 출판사를 소개해 주시고, 이 책의 부제를 직접 지어 주시기까지 했다. 과한 은혜에 어떻게 감사를 드려야 할지 모르겠다. 한편, 강상현 교수님의 소개만 믿고 검증이 미흡한 저자의 책을 출판하기로 해 주신 컬처룩의 이리라 사장님께도 감사드린다.

돌아보니 이 책은 오리온 담철곤 회장님께 드리는 책인 것 같다. CEO를 위한 책을 썼는데, 담 회장님이 필자가 몸담은 기업의 경영진 수장이시기 때문이다. 항상 응원해 주시고 이끌어 주심에 깊은 감사를 드리며, 부족하나마 이 책으로 지금까지와는 또 다른 새로운 통찰의 씨앗을 얻게 되시기를 희망한다.

언제나 내조해 주고 응원해 주는 아내 현주와 아들 호재, 딸 윤서에게도 여러모로 감사하다. 일이다 집필이다, 일과 외 시간에도 가정에 충실하지 못한 가장을 오히려 격려해 주고 위로해 주는 우리 식구들……

너무나 고맙고 사랑한다.

끝으로 지금까지 도와주시고 앞으로도 함께하실 하나님께 진심으로 감사드린다.

2015. 가을, 이영균

chapter 1

홍보란 무엇인가

CEO에게 홍보 전문가의 길을 강요하다

흔히 세상 사람들은 CEO가 만사 좋은 인생을 산다고 생각한다. 고액 연봉에, 쾌적한 사무실에, 좋은 자동차, 일은 시키기만 하면 되고, 어디를 가든 사람들이 정중하게 우대해 주고, 왠지 여유로운 인생일 것만 같다고 말이다. CEO에게 확실히 많은 혜택이 주어지는 것은 사실이다. 그러나 정말 그렇게 좋은 점만 있을까? 실상을 보면, 우선 대한민국의 많은 CEO들이 불면에 시달린다고 한다. 고민거리와 신경 써야 할 것들이 너무 많아 도저히 잠을 이룰 수가 없기 때문이다. 자기 생활은 없고, 1년에 하루조차 휴가 쓰기도 쉽지 않다. 그 책임은 끝이 없다. 회사는 끝없이 성장의 길을 찾아야 하고, 이를 이끌어갈 인재를 끊임없이 발굴하고 성장시켜야 한다. 매출과 이익 관리를 해야 하고 주가 관리도 해야 한다. 너무나 빨리 바뀌는 트렌드도 따라 잡아야 하고, 조직이 그에 잘 적응하도록 방향을 제시해야 한다. 정부 기관과의 관계도 신경 써야 하고 세무 관련 이슈들도 처리해야 한다. 법적 문제에 책임을 져야 하는 것은 말할 것도 없다. 이를 위해 대한민국 CEO는 경영 외에도 인사, 재무, IR, 법무, 대관, 영업, 마케팅 등에 준전문가가 돼야 한다. 눈코 뜰 새 없이 바쁘고 몸과 마음이 피폐해진다. 그나마 10년 전의 CEO는 여기까지만 신경 쓰고 책임을 지면 됐다. 그런데 지금의 CEO들에게는 더욱 중요해진 것이 있다. 회사를 둘러싼 이슈 관리가 그것이다.

이슈 관리는 일반적으로 홍보의 영역이다. 10여 년 전만 하더라도 홍보는 굉장히 독립된 영역이었다. 대부분의 CEO는 특별한 경우를 제외하고 홍보는 홍보 책임자에게 맡겨 두고 별 신경을 쓰지 않았다. 그렇게 해도 문제가 없었기 때문이다.

그런데 몇 년 사이에 갑자기 무슨 일이 일어난 것일까? 왜 갑자기 CEO에게 이슈 관리가 중요해졌다는 것일까? 크게 세 가지 변화 때문이다. 우선 스마트폰과 소셜 미디어의 발달로 인해 비밀을 유지하기가 힘들어졌다. 아니 비밀 정도가 아니라 인지하지 못했던 부분까지 공개가 되고 있다. '설마 이런 내용이 외부로 알려질까?'라고 생각할 때 그런 내용은 반드시 외부에 알려진다. 기업의 아주 은밀한 내용까지도 내부 제보 등 여러 통로로 외부에 알려지는 세상이니 정보를 철저히 통제해서 싹을 잘라 보겠다는 생각은 난센스다. 이러한 점이 대응, 이슈 관리가 중요해진 이유다.

두 번째 변화는 이슈 전파의 비예측성이다. 소셜 미디어를 통해 이슈가 전파되다 보면 전혀 예기치 못한 방향으로 이슈가 전개되거나 생각지 못한 부분이 부각되곤 한다. 소셜 미디어 유저들이 단순히 소식이나 뉴스를 퍼 나르는 것이 아니라 가공이나 의견 첨삭이 가능하다 보니 누군가 생각 못했던 측면을 부각시키는 순간, 그 이슈는 예상 못한 방향으로 전개되곤 한다. 이슈의 비예측성은 이슈를 계속해서 지켜보고 실시간으로 대응해야 한다는 것을 의미한다. 의사 결정을 실시간으로 해야 하니 대응도 과거보다 훨씬 복잡하다.

세 번째 변화로 강력해진 뉴스 전파 파급력은 이미 익히 알고 있는 대로다. 예전처럼 뉴스의 노출이 한정적으로 이루어지는 것이 아니라 거의 모든 사람에게 이루어지고 또 반복적으로 이루어진다. 전국적으로 전 계층에 보급되는 것이다. 전 국민, 때로는 해외에서까지도 목소리를 내니 그 파급력이 어마어마한 것은 당연할 수밖에 없다. 이처럼 회사의 여러 가지 내용이 광범위하게 알려지고 그것이 예측 못한 방향으로 전개되는데, 그 전파력 및 파급력은 말도 못하게 강력하기 때문에 '이슈 관리'는 회사의 사활에 크게 영향을 미치게 되었다. 회사의 사활이 달린 문제가 매일매일 진행된다고 생각하면, CEO에게 이보다 더 중요한 일이 있을까?

홍보가 CEO에게 중요해진 이유는 또 있다. 어느 순간부터인가 우리에게 '대중 매체'는 더 이상 '대중' 매체가 아니다. 기존의 대중 매체들이 그 영향력과 패권을 상실하거나 타 매체와 나눠 가지게 되면서 대중 매체가 아닌 '타깃 매체'가 절대적 힘을 얻게 되었다. 이에 전통적인 '대중 매체'는 더 이상 절대 다수의 대중이 이용하는 매체가 아닌 상황이 되었다. 이를 기업의 입장에서 보면 예전처럼 상품을 손쉽게 프로모션

하기가 어려워졌다는 뜻이다. 10여 년 전에는 몇몇 대중 매체 광고만으로도 상품을 알리고 이미지를 만드는 데 충분했다. 그러나 이제는 전통 매체에 전통적인 광고를 내서 소비자의 마음을 파고들 수 있는 환경이 아니다. 굳이 대중과 접촉을 해야겠다면 수십 개 매체에 골고루 광고를 내야 가능할지도 모르겠다. 그런데 문제는 효과다. 똑똑해진 소비자들은 광고를 외면한다. 광고를 피해서 시청하는 법을 알고 광고 지면에 눈길을 주지 않는다. 대안은 '이슈 메이킹'이다. 대중들 사이에 널리 회자되는 화제를 만드는 것이 가장 효과적이고 강력한 프로모션인 것이다.

그렇다면 이슈 메이킹은 홍보의 영역인가, 마케팅의 영역인가라는 의문이 생길 수 있다. 굳이 이를 분류하면 홍보의 영역에 가깝다. 언론을 잘 활용하면서 여러 매체들의 IMC(Integrated Marketing Communication)를 해야 하기 때문인데, 더 자세한 얘기는 이후 '이슈 메이킹'에 대해 설명하면서 다시 언급하겠다. 어쨌든 대중 매체 무용론과 그 대안으로 이슈 메이킹의 중요성이 부상하면서 홍보는 다시 한 번 기업의 생존과 직결되는 업무로 떠오르게 되었다. 앞에서 홍보가 이슈 관리 문제로 기업의 사활과 연결된 영역이라고 했다면 또한 홍보는 이슈 메이킹 문제로 기업의 생존과 연결된 영역이라고 정리할 수 있다. 홍보가 기업의 사활 및 생존과 관련된 일이 되었으니 CEO의 관심이 홍보에 집중돼야 하는 것은 더 말할 필요가 없을 것이다.

이러한 상황이지만, 사실 많은 CEO들이 홍보를 잘 모르고 그리 관심을 갖지 않는다. 홍보를 부정적인 기사를 막는 일 정도로 치부하는 CEO들이 상당수다. 최근에 일어난 많은 기업 관련 사건 사고 혹은 이슈, 이에 대한 기업의 대응, 그리고 그로 인한 손실이나 피해가 이를 증명하고 있다. 이에 대해 기업 홍보 책임자의 무능력, 혹은 실수 탓으로 돌릴 수도 있다. 그러나 일련의 사건들을 자세히 들여다보면 홍보 책임자보다는 기업 CEO들의 홍보에 대한 무지에서 비롯되었다고 보는 편이 더 정확하다.

이를 비판하려는 것이 아니다. 그보다는 홍보의 필요성에 대해서 일깨우고자 하는 것이다. 오랫동안 홍보 책임자를 맡아 오면서 여러 명의 CEO를 모셔 왔는데, CEO가 홍보에 대해 잘 모를 경우에 결정적인 해결책을 내놓는 것이 매우 힘들다. 매우 고심하고 입체적으로 시나리오를 짜서 '이렇게 합시다'라고 하면, '그렇게까지 해야 하느냐'가 돌아올 수도 있고, '그것 말고 뭔가 다른 방법을 고안하라'고 모호한 주문이 들어올 수도 있다. 이슈 대응과 관련된 혹은 이슈 메이킹과 관련된 해결책은 종종 전사적인 그리고 매우 빠른 의사 결정이 필요하다. 그 과정에서 CEO가 막연한 부정적인 반응을 보인다면 사실상 더 이상 진행이 불가능해진다. 2010년대에는 CEO가 사실상 홍보의 최고 책임자이므로, CEO가 홍보 전문가 수준이 되어야 회사가 여리 기지 이슈 대응과 이슈 메이킹에 적극적으로 임할 수 있다. 그러므로 이렇게 말하고 싶다. "CEO들이여 홍보 전문가가 되십시오. 그것까지는 어렵다면 적어도 홍보에 무한한 관심을 가지셔야 합니다."

CEO가 알아야만 하는 홍보 이야기를 지금부터 하나씩 풀어 보자.

홍보란 무엇인가

홍보란 무엇인가? 홍보를 한마디로 정의한다면, '대중의 마음을 움직이는 기술'이라고 할 수 있다. 정의를 들여다보자. 먼저 홍보의 대상을 '대중'이라고 했는데, '타깃'이 대중이라는 의미다. 실제 홍보의 타깃이 상황에 따라 매우 여러 가지임에도 위 정의에서 대상을 '대중'으로 한정지은 것은 대부분의 경우 대중이 대상이 되기 때문이다. 다만 요즘은 남녀노소 할 것 없이 인터넷에 접속하는 세상이어서 네티즌이 곧 대중과 동의어로 취급되기도 한다.

홍보의 타깃으로 대중 다음으로 많은 경우는 오피니언 리더 집단이다. 오피니언 리더란 세상의 여러 가지 의사 결정에 큰 영향을 미치는 사회지도층을 말한다. 일종의 가상 집단이다. 원래 홍보의 기원은 '선전'이라고 한다. 정치 선동, 선전 행위에서 대중 매체를 타고 점차 상업적으로 발전된 것이 홍보라는 얘기다. 오피니언 리더를 대상으로 하는 홍보는 어떤 의미에서는 선전과 유사하다. 사회지도층을 설득함으로써 정책 등 사회의 규칙이나 기저 의식을 변화시키거나 제정하고자 하는 의도가 깔려 있기 때문이다.

홍보의 타깃은 이외에도 다양하다. 동종 업계를 타깃으로 하기도 하고, 때로는 광고주 등 클라이언트, 때로는 투자자, 때로는 회사 임직원을 타깃으로 하기도 한다. 홍보의 목적에 따라 타깃은 자연스럽게 달라진다. 그때그때 상황과 목적에 따라 '타깃 의식'을 분명히 해야만 의도대로 성과를 만들 수 있다. 이에 대해서는 이후 '홍보 플래닝' 부분에서 다시 설명하겠다. 앞에서 회사 임직원 얘기가 나와서 잠깐 덧붙이자면, 회사 관련 기사로부터 가장 큰 영향을 받는 것은 외부 사람이 아니라 내부 사람이다. 회사의 임직원들만큼 자신이 몸담고 있는 회사에 관심이 있는 사람이 있을까? 이에 홍보맨은 '기사는 내부 임직원이 보는 것'이라는 사실을 항상 염두에 둬야 한다. 외부인들이 어떻게 생각할까만 고려하며 홍보를 하다가는 내부 임직원의 회사 충성도를 떨어뜨리거나 엉뚱한 내부 반발로 이어질 수 있다.

'대중의 마음을 움직인다'는 표현은 다중적 의미를 갖는다. 인지도를 넓히는 행위, 설득의 행위, 구매 등 행동으로 이어지는 행위까지를 포함한다. 국내 홍보 조직들은 언론을 많이 활용한다. 일반적으로 홍보 조직을 대언론 조직으로 생각하는 경향이 있는데, 사실은 대중의 마음을 움직이기 위한 '모든 수단'을 다 활용하는 조직이라고 보는 편이 맞다. 할 수 있는 모든 수단을 다 활용해야 한다. 요즘은 그러한 도구로 소셜 미디어도 많이 활용하는데, 매우 긍정적인 움직임이다. 정작 대중은 소셜 미디어에 몰려 있는데, 백날 언론만 붙들고 해답을 찾으려 해 봐야 답이 나올 리가 없다. 다시 말하지만 홍보는 대중을 움직이는 일이다. 기사에 대응하는 일이 홍보의 전부가 아니다.

이러한 정의에 이르면, 마케팅과 혼선이 오기 시작한다. 마케팅의 정의와 유사한 것이 아닌가 하는 의문이 드는 것이다. 그렇다. 사실 일을 하다 보면 이 일이 홍보의 영역인지, 마케팅의 영역인지 애매할 때가 적지 않다. 그러나 엄밀하게 살펴보면 마케팅과 홍보는 근본적인 차이가 있다. 우선 마케팅은 일차적으로 '팔기 위한' 행위다. 상품을 잘 팔기 위해서 타깃을 어떻게 정해야 하나, 어느 장소에서 어떻게 팔아야 하나, 가격은 얼마로 해야 하나, 어떻게 알리고 어떤 상품 이미지를 만들어 가야 하나를 고민하게 된다. 반면 홍보는 그 기원에서 알 수 있듯이 '설득하기 위한' 행위다. 그것이 궁극적으로 상품을 잘 팔기 위한 행위라 하더라도 타깃의 어떤 생각을 바꿔야 하나, 어떤 시점에 설득해야 하나, 어떻게 이슈 메이킹을 해야 하고, 어떤 부정적 이미지를 종식시켜야 하나 등을 고민한다.

타깃 정의 방식에서도 차이가 크다. 마케팅은 개인에서 집단으로 간다. 즉 개인이 상품을 사게 만드는 활동부터 시작해서 집단이 상품을 사게 만드는 활동으로 이어진다. 따라서 타깃팅을 할 때는 개인 단위에서 시작해 어느 집단까지를 타깃으로 해야 할 것인가를 정해 나간다. 이에 매우 섬세하고 미시적으로 타깃을 정의해야 한다. 반면 홍보는 집단에서 개인으로 간다. 즉 대중 설득을 위한 접근에서 시작해서 개인 설득으로 들어간다. 따라서 가능하면 타깃을 단순화하는 것이 중요하다. 전체 대중을 몇 집단으로 나누고 각 집단을 한 사람처럼 취급하면서 컨셉과 메시지를 만들어 간다. 이에 상당히 거시적이고 상황적으로 타깃을 정의해야 한다. 이러한 근본적인 출발 시점의 차이 때문에 홍보와 마케팅은 사용하는 도구도, 접근 방식도, 컨셉과 메시지도 달라지는 것이다.

다시 홍보의 정의로 돌아오자. 위에 정의된 것처럼 홍보는 대중의 마음을 얻어야 하는 행위다. 그래서 흔히 여론을 조성하고 움직이는 행위라고 표현되기도 한다. 그렇다면 이를 위해서 무엇을 해야 하는가?

우선 대중의 목소리에 귀를 기울여야 한다. 홍보 활동의 출발점은 듣고 관찰하는 것이다. 여론이 어떻게 움직이고 있는가를 보고 대응한다. 여론이 우호적이고 하고자 하는 이야기가 통할 듯싶으면, 그 흐름에 맞춰 증폭시키는 방법을 고민한다. 여론이 비우호적이고 반대 여론이 강하다면, 아무리 꼭 하고 싶은 얘기가 있어도 일단은 말을 아끼는 것이 좋다. 소나기는 피하고 보자는 말이 있다. 여론이 거센데 거기다 대고 백날 떠들어 봐야 내리는 비를 막겠다고 덤비는 꼴이다. 때로는 억울한 경우라 하더라도 일단 잠잠해진 뒤에 논리적으로 설명하는 편이 현명하다. 여론이 조금 부정적이지만 반론의 여지가 있어 보인다면, 이른바 줄타기를 한다. 득실을 따져 보는 것이다. 지금 시점에 하고자 하는 메시지를 내었을 때 득과 실 중 어떤 쪽이 큰가를 따져 본다. 여러 위험을 감수하고도 얻을 것이 충분히 크다고 판단된다면 강행하는 것이고, 얻을 것에 비해 위험이 크다고 판단된다면 과감히 접는 것이 정수다. 홍보의 출발점은 여론 관찰이라는 점을 다시 한 번 명심하자. 여론의 수집은 다방면으로 이뤄져야 한다. 기자들, 시장 플레이어, 직원들, 네티즌 여론까지…… 구체적이고 종합적으로 귀를 기울이는 것이 중요하다.

다음은 계획을 짠다. 홍보 플랜을 짜는 것이다. 플랜을 짜는 행위는 매우 중요하다. 전체 홍보 스토리라인과 메시지의 흐름을 입체적으로 보면서 혹시 간과될 수 있는 부분을 스스로 채워 나가며 실행에 옮길 수 있기 때문이다. 플랜에는 목적, 목표, 타깃, 컨셉, 키 메시지, 전략(단계적 전략, 매체 전략 등)이 포함되어야 한다.

플랜이 완성되었으면 실행으로 옮긴다. 이때 중요한 것은 실행하는 과정에서 실시간으로 여론을 수집하고 예상치 못한 피드백이 있다면 플랜을 수정해 나가야 한다는 점이다. 홍보는 '대중과의 대화 행위'다. 상대의 의견과 감정, 분위기에 따라 대화의 분위기와 방향, 내용을 바꿔야 하는 것이 당연하다. 따라서 상대의 반응에 해당되는 여론 내지 피드백을 지속적으로 수집해야 한다.

'홍보'라는 포괄적 업무를 분류하는 기준을 잠깐 살펴보자. 홍보는 그 방향성에 따라, 다루는 내용에 따라, 활용하는 매체에 따라 각각 여러 가지 업무로 나뉜다. 분류에 따른 각 업무 성격에 대한 자세한 설명은 이후에 다시 하겠지만, 통합적인 이해를 위해서 간단히 설명하고 넘어가는 것이 좋겠다. 우선 그 방향성에 따라, 즉 공격이냐 방어냐에 따라 '이슈 메이킹Issue Making'과 '위기관리Risk Managing'로 나눈다. 이슈 메이킹은 공격적으로 회사나 상품의 이슈를 만들어가는 활동을 말한다. 다른 말로는 '전략적 홍보'라고도 불린다. 위기관리는 회사나 상품에 대한 부정적 이슈를 방어하는 활동이다. 줄여서 흔히 RM이라고 불린다.

다루는 내용에 따라서는 MPR과 CPR로 나눈다. MPR은 Marketing PR의 약자로, 상품과 관련된 이슈 메이킹과 위기관리를 말한다. CPR은 Corporate PR의 약자로 회사와 관련된 홍보를 포괄한다. 상대적으로 MPR과 관련해서는 이슈 메이킹 활동이 많고, CPR과 관련해서는 위기관리 활동이 많지만 항상 그런 것은 아니기 때문에 좀 더 다각적인 시각에서 봐야 한다.

마지막으로 활용하는 매체에 따라 PR과 NR로 나눈다. PR(Public Relations)은 보통 '홍보'와 같은 의미로 쓰이는 말인데, 이 책에서는 언론 매체 등 전통 매체를 활용하는 홍보를 PR로 표현한다. 언론 홍보와 동일어로 봐도 큰 무리는 없을 듯싶다. NR(Netizen Relations)은 소셜 미디어나 온라인 카페 등 21세기형 매체를 활용하는 홍보를 말한다. 각각 활동들에 대해서는 이후에 자세히 설명할 것이다.

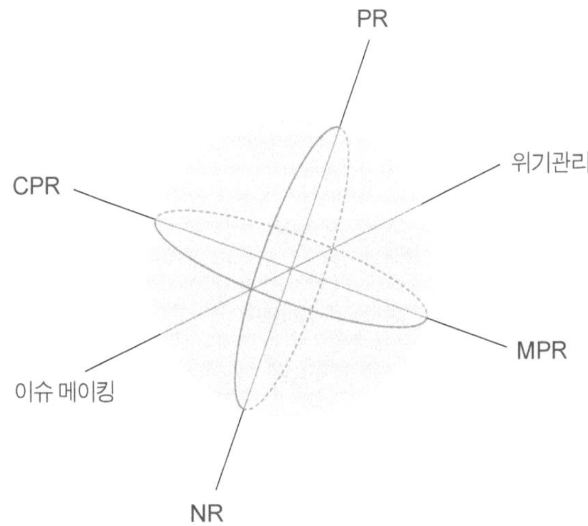

이제 홍보가 무엇인지 큰 골격은 이해가 되었으리라 본다. 이 내용은 지금부터 홍보의 각론으로 들어가기 위해서 매우 중요한 지도에 해당된다. 이 정의들을 바탕으로 이후 설명들이 가지를 치기 때문이다. 이제 본격적으로 홍보의 구체적 활동에 대해 이야기해 보자.

홍보 조직은 어떻게 구성해야 할까

몇 년 전부터 다른 회사 홍보맨들에게 가장 많이 받는 질문은 "매체 홍수 시대에 홍보는 도대체 어떻게 해야 합니까?"와 "홍보 조직을 어떻게 구성해야 하나요?"이다. 전자에 대한 답변은 앞으로 계속해서 이야기할

터이니 우선 후자에 대한 답을 제시해 보겠다. 아무래도 CEO의 입장에서 제일 궁금해 하는 것은 '홍보 조직을 어떻게 구성할 것인가?'와 '홍보 수장으로 어떤 사람을 앉힐까?'가 아닐까 싶다. 홍보 수장에 대해서는 바로 다음 장에서 설명하고, 여기서는 홍보 조직에 대해서 얘기해 보자.

단도직입적으로 2010년대 홍보 조직은 PR과 NR로 구성하면 된다고 말할 수 있다. PR(Public Relations)은 대중 관계이고, NR(Netizen Relations)은 네티즌 관계다. 물론 PR이 NR을 포함한다고 얘기할 수도 있겠지만 우리가 기존에 가지고 있는 홍보에 대한 프레임에 따르면 이렇게 나누는 것이 효율적일 것이다. PR은 언론 홍보를 비롯해서 방송, 잡지, 옥외 매체 등 비교적 전통적인 매체를 활용한 홍보를 말한다. NR은 온라인 바이럴 마케팅, 소셜 미디어 계정 운영 및 대응 등 21세기형 매체를 활용한 홍보를 말한다. 필자가 이전 회사에서 운영했던 홍보 조직에는 PR 담당자 33명과 NR 담당자 4명이 있었다. 현재 운영 중인 홍보실 조직에는 PR 담당자 6명과 NR 담당자 4명이 있다. 숫자를 떠나 비율만 살펴보면 현 조직의 NR 파트가 훨씬 큰 셈이다. 11%에서 40%로 늘어났으니 말이다. 이는 한 예에 불과하지만, 몇 년 사이에 NR의 중요성이 커졌다는 것을 대변하는 수치이기도 하다. MPR, CPR, 이슈 메이킹, 위기관리의 영역에서 NR의 중요성은 급속도로 커지고 있다. 소셜 미디어로 공유된 뉴스와 정보를 보고 이를 소셜 미디어나 온라인 카페 등에 공유하고, 이것이 확산되어 여론을 형성하는 세상이니 너무나 당연한 얘기다. 그런데 재미있는 것은 국내 기업 중 홍보 조직에 NR 파트나 담당자를 갖춘 회사는 극히 일부라는 사실이다. 중요하다고 얘기하면서도 정작 중요성을 현실에 반영하지 않고 있다. 늦었다고 생각할 때가 행동

할 시점이다. 지금부터라도 홍보 조직에 변화가 있어야 한다.

이 지점에서 누군가는 이런 생각을 할 수도 있을 듯하다. NR 파트라는 것은 마케팅팀 내의 바이럴 마케팅 담당자들과 중복되지 않나? 혹은 그들이 그 역할을 수행할 수는 없는 것인가? 충분히 할 수 있는 질문이고 회사 규모에 따라서는 병행을 할 수도 있다. 그러나 바이럴 마케팅 담당자와 NR 담당자는 목적과 접근 방향이 다르다. 앞에서도 설명했지만 마케터는 팔기 위한 사람들이고 홍보맨은 설득하고 전달하기 위한 사람들이다. 또한 마케터는 소비자 한 명의 반응부터 시작해서 전체 소비자의 반응을 고민하고, 홍보맨은 대중의 여론에서부터 시작해서 작은 타깃 집단으로 시야를 좁힌다. NR에 있어서도 다르지 않다. NR 담당자는 마케터가 아니다. 네티즌들의 여론을 파악하고 네티즌들을 설득하고 그들의 불만이나 목소리에 대응하는 사람들이다. 다만 경우에 따라서 이슈 메이킹 활동에서는 양쪽 영역이 겹쳐지는 때가 있다. 그러한 경우에도 더 깊이 들어가면 내용이 많이 다르다. NR은 네티즌의 입장에서 객관적으로 바라보면서 어떤 미디어나 이슈가 가장 주목받는가를 관찰해 거기에 회사의 이슈를 얹는 사람이고, 바이럴 마케팅 담당자는 자사의 상품을 중심으로 생각하면서 역으로 그것을 얹을 트렌드 혹은 미디어를 고민하는 사람이다. 즉 서로 출발점이 반대 방향에 있는 것이다. 이들이 서로 실시간으로 커뮤니케이션하고 양쪽 시각을 수렴하며 시너지를 일으킬 결과물을 만들어 내는 것이다. 이외에 실제 실무에서도 상당히 큰 차이가 존재한다. 예를 들어 소셜 미디어 계정을 운영할 때 NR 담당자는 회사의 기업 공식 계정을 운영하고, 바이럴 마케팅 담당자는 상품 계정을 운영하는 것이 보통이다. 역시 이슈 중심과 상품 중심의 시각차가 존재하기 때문이라고 생각하면 된다.

다시 홍보 조직 얘기로 돌아와서, 홍보 조직의 규모는 어느 정도가 적당할까? 홍보 조직의 적정 규모를 결정하는 데는 여러 결정 요인이 있다. 우선 회사가 취급하는 상품의 수가 가장 큰 결정 요인이다. 취급 상품 수가 많으면 그만큼 대응할 이슈가 많아지므로 홍보맨이 많이 필요하다. 또 다른 결정 요인은 기업의 거래 형태다. 기업 간 거래를 주로 하는 B-to-B 회사냐, 직접 소비자를 대상으로 판매를 하는 B-to-C 회사냐에 따라서 홍보 조직 규모가 달라지는 것이다. B-to-C 업체라면 당연히 B-to-B 업체보다 홍보맨이 많이 필요하다. 상대적으로 대중의 관심이 크기 때문이다. 회사의 매출 규모도 중요한 결정 변인이 될 것이다. 매출 규모가 크면, 즉 기업의 규모가 크면 언론과 대중의 관심 또한 커지기 마련이다. 사소한 이슈들도 많은 사람들의 입에 오르내리게 되고, 홍보맨이 많이 필요하게 된다. 이외에 최고경영진의 평판 및 언론 기사에 대한 민감도, 기업을 성장시키고자 하는 목표 및 지향점에 따라 홍보 조직의 크기가 달라지게 된다.

이렇게 홍보 조직의 규모를 고려하는 데 여러 가지 변인들이 복합적으로 작용하기 때문에 정확하게 몇 명 정도가 적합하다고 이야기하기는 힘들다. 그렇지만 예를 들면 B-to-C 기업의 경우 상품 관련 PR에 필요한 최소 인원은 연간 평균 상품수의 1/5 정도라고 생각한다. 예컨대 상품이 생기고 없어지는 것을 고려해 연간 상시 30개 정도의 B-to-C 상품이 있다면 6명이 필요하다. 이는 한 사람의 PR맨이 상품의 이슈 메이킹과 위기관리를 함께 담당할 때 상품 5개 이상을 취급하기는 어렵다는 이야기다. 여기서 각 상품이 이슈가 많거나 기업 내 비중이 크다면 1

명이 한 제품 이상을 맡기 어려울 수도 있다. 이런 경우 적정 인원은 30명이 될 수도 있다. 여기에 NR 파트는 그 상품 타깃의 연령층을 고려해서 PR 파트의 10~50% 정도의 규모로 조직하면 된다. 상품의 타깃이 젊을수록 NR 파트의 규모가 커져야 하는 것은 말할 것도 없다. 이외에 홍보 리더, CPR 담당자, 광고 협찬 담당자, 사보 담당자, 사진 담당자 등은 각 기업의 필요에 따라 별도로 추가하면 된다. 앞에서 PR 파트의 구성을 얘기하면서 CPR 담당자를 포함시키지 않았는데, CPR 담당의 경우 적정 인원이라는 것이 없기 때문이다. CPR에 대한 기업의 의지에 따라 1명이 적정할 수도 있고, 10명이 적정할 수도 있다. 다만 홍보 리더와 더불어 CPR 담당자는 반드시 1명 이상을 별도로 두어야 한다. MPR을 하다 보면 CPR이 눈에 들어오지 않는데, 사람의 시각이라는 것이 아무래도 한정적일 수밖에 없기 때문이다. 그럼에도 CPR은 필수 영역이고, 기업에 따라서는 MPR보다도 중요하다고 볼 수 있으므로 별도 담당자를 두는 것이 필요하다. CPR 담당자는 CPR을 수행하면서 NR의 기업적 영역도 신경을 써야 한다. NR 담당자도 기본적으로 상품 관련 이슈들에 더 집중되어 있을 수밖에 없으므로 CPR 담당자가 계속해서 필요한 시각이나 활동을 제시해야 한다.

홍보 조직의 전체 규모와 인적 구성을 결정했다면 운영은 홍보 책임자에게 맡겨 두어야 한다. 다만 조직 운영에 대한 한 가지 유의점을 제시한다면, PR 파트와 NR 파트가 유기적으로 잘 연동되도록 운영해야 한다는 것이다. 주기적으로 함께 아이디어 회의를 하고 서로의 업무에 대해서 충분히 이해하도록 해야 한다. 두 파트는 같은 목적의식으로 움직여야 하고, 결과적으로 하나의 스토리를 만들어 가야 한다. 흔히 이 두 영역이 독립된 업무이고 각자 알아서 하면 된다고 생각하는데, 그럴 거라면 하나의 조직으로 만들 이유가 없다. 두 파트가 유기적으로 움직이지 못하거나 한목소리를 내지 않으면 이슈 메이킹이든 위기관리든 효과를 보기 어렵다. 온·오프라인에서 한목소리로 서로 이슈를 주고받으며 목소리를 내야만 공명이 일어나기 때문이다.

CEO는 PR과 NR로 구성된 홍보 조직을 통해 이슈 대응 외에도 더 많은 것을 얻을 수 있다. 무엇보다도 이 두 조직이 관계를 맺는, 같으면서도 다른 대중의 두 목소리를 동시에 들을 수 있게 된다. 두 파트에서 온·오프라인 영역의 여론을 주기적으로 보고 받으면, 경영자는 여러 사안에서 종합적인 판단을 내리는 데 큰 도움이 된다. 오프라인 여론과 온라인 여론은 반드시 일치하지 않는다. 양쪽의 여론을 종합적으로 파악하지 못하면 트렌드나 이슈의 양상과 추이를 입체적으로 판단할 수 없기 때문에 경영 전략도 적절히 짜기 어려워진다. 이런 면에서 보면 PR과 NR이 유기적으로 짜인 홍보 조직을 가진 CEO는 강력한 방패이자 무기를 보유하고 있는 셈이다.

홍보 리더론

조직의 성과와 수준은 90% 이상이 리더에 달렸다고 한다. 홍보 조직 역시 이와 다르지 않을 것이다. 기업에서 홍보 리더로 누구를 세울 것인가 하는 문제는 매우 중요한 일이다. 회사의 위기관리와 이슈 메이킹을 책임지는 자리이니 신중에 신중을 기해야 한다. 홍보 리더라고 해서 다른 조직 리더와 리더상이 확연히 달라야 하는 것은 아니다. 리더가 가져야 하는 기본 역량이나 지향점은 비슷할 것이다. 다만 아무래도 하는 일이 전문적인 영역이다 보니 리더론도 구체적인 부분에서는 차이가 있을 것이다.

손자는 《손자병법》에서 장군이 갖추어야 하는 조건으로 지智, 신信, 인仁, 용勇, 엄嚴 다섯 가지 덕목을 말한 바 있다. 지혜, 신뢰, 인간애, 용맹, 준엄으로 표현할 수 있는데, 이를 홍보 리더적 시각에서 재해석해 보자.

지혜

홍보 리더는 통찰력을 가져야 한다. 통찰력은 회사와 그 회사의 상품, 업계에 대한 지식, 그리고 세상 돌아가는 이치 및 메커니즘을 익힘으로써 얻을 수 있다. 물론 간단히 얻을 수 있는 덕목은 아니다. 지식과 지혜를 충분히 갖추고서야 얻을 수 있기 때문이다. 그럼에도 홍보 리더에게 통찰력은 반드시 필요하다. 그렇지 않으면 어찌 회사가 나아가야 할 방향성을 간파하고 이슈를 끌고 갈 것이며, 가능한 잠재 위기를 예측하여 대비를 해 나가겠는가.

흔히 요즘 시대 장수의 으뜸은 지장智將이라고 한다. 너무나도 복잡하고 수없이 많은 이슈 속에서 방향을 잡아 조직을 끌어가려면 똑똑한 지장이 아니고서야 불가능한 세상이기 때문이다. 덕과 용만으로 조직을 끌고 갈 수 있는 세상이 아니다. 홍보 리더로는 통찰력을 지닌 사람을 앉혀야 한다. 그렇다면 통찰력을 지녔는지 그렇지 못한지를 어떻게 쉽게 분별할 수 있는가. CEO라면 한두 시간의 진지한 대화로 이를 간파할 수 있을 것이다. 한두 시간의 대화 속에서 통찰력에 의심이 가거나 확신이 서지 않는다면 홍보 리더로 적합지 않을 가능성이 높다. 통찰력에 대해서는 홍보맨의 역량을 이야기하면서 다시 자세히 설명하겠다.

신뢰 전쟁터의 장군은 아랫사람에게 무한한 신뢰를 얻어야 한다. 목숨을 걸고 싸우는 전쟁터에서 장군이 신뢰를 얻지 못하면 일사불란한 태세로 싸울 수 없고, 결국 이길 수 없기 때문이다.

홍보 리더는 조금 더 복잡하다. 위와 아래, 안과 밖에서 절대적인 신뢰를 얻어야 한다. 상사로부터 신뢰를 얻어야 함은 모든 중간 관리자의 필수 요건이겠지만, 홍보 리더의 경우에는 좀 더 절대적이다. 경영자에게 전체 조직에 대한 방향성을 직접 설명을 들어야 하고, 민감할 수 있는 정보들을 우선적으로 전달받아야 하며, 그때그때 순발력 있게 대변인 역할을 할 수 있는 전권을 위임받아야 하기 때문이다.

홍보 리더가 경영자에게 신뢰와 지지를 얻지 못하면 그 회사의 대외 커뮤니케이션이 원활하게 이루어질 리가 없다. 반대 방향인 아래 직원들의 신뢰 역시 중요하다. 홍보 조직은 일종의 전투 조직이다. 말했듯이 전투에서 아랫사람의 신뢰와 지지가 없다면 전투에서 절대로 이길 수 없다. 이슈 메이킹에서의 전쟁, 부정적 이슈와의 전쟁 등 수없이 많은 전투를 치러야 하는데, 조직이 단합되지 않는다면 무슨 수로 승리를 따낼 수 있을까.

회사 내 다른 조직의 신뢰도 절대적이다. 각종 위기 제거에 대해 내부의 절대적인 공조가 필요하고, 이들의 협조가 없이는 상품 및 회사에 대한 이슈 메이킹이 불가능하기 때문이다.

마지막으로 정보원으로서의 신뢰를 먹고 사는 직업이니 회사 밖에서의 신뢰는 더 이상 언급할 필요가 없을 것이다. 홍보 리더는 신뢰로 시작해서 신뢰로 끝난다고 말할 수 있다. 홍보 리더상으로 신뢰는 필수 항목이다.

인간애 홍보 리더가 덕장德將이어야 한다는 말이기도 하지만, 인간적인 매력이 있어야 하고, 인간적이어야 한다는 말이기도 하다. 홍보 일은 처음부터 끝까지 인간에 대한 일이다. 또한 대해야 하는 대상 역시 모두 인간이다. 이에 필연적으로 인간애를 갖춰야 한다. 인간애를 갖추지 못하면 신뢰를 얻기도 어렵다. 신뢰를 얻기 위한 필요조건이 인간애인 것이다.

홍보는 거친 일이다. 거친 환경 속에서 일하고 돌아온 홍보맨이 자신의 리더에게서 자애를 느끼지 못한다면 기댈 언덕이 없어진다. 자애 없는 리더 밑에서는 오래 버티기 힘들다. 기자들의 경우도 그렇다. 인간적인 홍보 리더를 만나면 혹시 있을 수 있는 일선 홍보맨들과의 불화도 용서가 가능하다. 또한 홍보 리더가 덕이 있으면 그 회사에 대한 비판과 공격도 누그러진다. 홍보 리더가 인간애를 가져야만 하는 이유다.

그런데 대체적으로 많은 CEO들은 공격적인 스타일을 좋아하는 경향이 있다. 아마도 그런 스타일의 사람들이 나가서 언론과의 협상도 단호하게 잘할 것이라고 생각하는 모양이다. 그러나 언론과의 관계는 비즈니스처럼 협상하는 구조가 아니다. 너무 냉정하고 공격적으로 이야기하는 스타일의 홍보 책임자는 오히려 회사에 부정적인 영향을 끼칠 가능성이 크다. 냉정하게 사고하되 인간애를 갖춘 사람을 골라야 한다.

용맹 홍보 리더가 가져야 하는 용맹은 전쟁터의 장군과는 조금 다르다. 장군에게 필요한 것은 적과의 싸움에서 보이는 용맹함이지만, 홍보 리더에게 필요한 것은 이슈와의 싸움에서 지녀야 하는 용맹함이다. 특히 위기 요인을 제거하는 싸움에서 타협이 있어서는 안 된다. 근본적인 원인까지 파고들 수 있는 용기와 끈기, 지독함이 필요하다.

위기 제거 상황에서는 경우에 따라 경영자에게도 직언하고 돌파하려는 용기가 필요하다. 해당 문제의 관련 부서들과 끝까지 싸워야 함은 말할 것도 없다. 많은 회사들의 경우 용맹이 부족한 홍보 리더가 이슈와 쉽게 타협함으로써 커다란 위기 상황을 맞게 된다. 이런 점에서 본다면 홍보 리더가 용맹함을 발휘하지 않는 것은 일종의 배임 행위로 볼 수도 있다. 홍보 리더의 용맹은 여기서 끝나지 않는다. 이슈 메이킹 소재를 발굴함에 있어서도 포기하지 않고 끝까지 집요하게 파고들 필요가 있다. 어떤 회사도 이슈가 자연스럽게 솟아나지 않는다. 홍보 리더가 집요한 용맹을 갖지 않으면 일선 홍보맨들 역시 파고들지 않게 될 것이다.

때로 부하 직원들, 일선 홍보맨들에게 용맹을 발휘하는 홍보 리더가 있다. 안 그래도 힘든 과업을 수행하고 있는 홍보맨들을 더 단련해야 한다며 칭찬하기보다는 신랄하게 비판하며, 작은 잘못도 절대 용서하지 않는 단호함을 보여 줌으로써 본인의 용맹을 과시하는 것이다. 홍보 조직 내에서는 후배들에게 지나친 용맹보다는 인간애 쪽에 좀 더 무게를 두는 것이 좋다. 홍보 리더를 세울 때 꼭 참조해야 하는 부분이다.

준엄 부하의 잘못을 공정하고 엄하게 다스려야 한다는 것이다. 물론 홍보 조직 내에도 잘못에 대한 엄벌은 있을 수 있다. 또한 노력하지 않고 발전하지 못하는 조직원은 심하면 '하차' 같은 초강수로 다스려야 한다.

그러나 홍보 리더들은 '엄'을 다른 의미에서 받아들이면 좋을 듯하다. 긍정적, 부정적 이슈들을 다룰 때 '자신에 대한 엄격함' 정도로 해석하자. 홍보 리더는 냉정해야 한다. 홍보 리더가 이성을 잃으면 회사의 위기 상황을 더 위험하게 만들 수 있다. 당황스러운 절대 위기 상황에서도 엄격한 판단을 통해 논리적인 대응안을 내놓고 결단력을 발휘해야 한다.

긍정적 이슈에서 역시 마찬가지다. 회사 자원을 놓고 그 이슈에 집중하는 것이 어떠할지 냉정하고 합리적인 판단을 내려야 한다. 이에 준엄함이 필요하다. 때로 이슈 메이킹을 하다 보면 긍정과 부정 요소가 동시에 있는 경우들이 있다. 이때 홍보 리더가 결단을 내려야 한다. 이를 수행함으로써 얻을 수 있는 기대 성과와 있을 수 있는 위기 요인 중 어떤 것이 더 큰지 냉정하게 측정해야 한다. 기대 성과와 위험도가 6:4이면 수행해 볼 만하다. 그러나 5:5라면 수행하지 않는 것이 현명하다. 해서 본전치기라면 안 하는 것이 이익이다. 홍보 리더는 돌발 상황에서도 침착하고 냉정하게 본인의 페이스를 지킬 수 있는 사람이어야 한다.

충성심 '손자의 조언'에 '충忠'이라는 덕목을 추가하고 싶다. 모든 홍보맨은 회사에 대한 강한 로열티를 가져야 한다. 홍보 리더는 이보다 더 강한 로열티(충성심)를 가져야 한다. 충심은 '내리 가치'이기 때문이다. 윗사람이 로열티가 없는 조직에서 아랫사람이 로열티를 가질리 만무하다.

홍보맨이 강한 로열티를 가져야 하는 것은 홍보 업무의 독특한 특성 때문이다. 홍보맨은 회사의 최선봉 공격수이자 최후방 방어선이다. 회사의 방향과 입장을 대내외적으로 공표하는 업무를 수행하면서 한편으로는 마지막까지 회사를 지켜야 하는 책임이 있다.

홍보맨이 물러서면 더 이상 그 회사의 이미지와 평판을 보호할 사람이 없게 된다. 회사가 99 대 1의 절대적으로 불리한 상황에 처해 있을 때에도, 회사의 입장에서 끝까지 방어 논리를 개발하고 이를 중심으로 회사를 보호하려는 노력을 지속해야 하는 임무가 홍보맨에게, 특히 홍보 리더에게 있다. 로열티 없이 어떻게 이것이 가능하겠는가? 로열티 없는 홍보 리더라면 리더로서의 직권을 남용해서 자기부터 살겠다고 도망갈지도 모른다. 충은 홍보맨의 직업 가치요, 절대 가치다.

여기까지가 홍보 리더가 갖춰야 하는 덕목들이다. 여기에, 홍보 리더를 떠나 한 가지 제안하고 싶은 리더상이 있다. 그것은 '게으른 리더상'이다.

게으른 리더십

리더가 너무 부지런하면 부하 직원들이 성장하지 못한다. 일의 처음부터 끝까지 모든 것을 챙기고, 세세한 부분까지 후배들에게 지시를 하게 되면, 부하 직원들은 시키는 일만 하게 된다. 발전의 속도가 더딜 수밖에 없다. 공부에만 자기 주도 학습이 있는 것이 아니다. 일에도 자기 주도 업무란 것이 있다. 스스로 고민하고 스스로 일하고 스스로 아파하고 스스로 배워 가는 가운데 성장이 있다.

리더는 방향을 설정해 주되 구체적인 실행은 부하 직원들에게 맡긴다. 계속 지켜보면서 주기적으로 코칭을 해 주고 길을 잡아 주지만 업무의 세세한 부분들은 지시하지 않는다. 이러한 리더 밑에서 후배들은 성장하게 되어 있다. 결과적으로 시간이 지날수록 리더들은 편해진다. 후배들이 알아서 다 하기 때문이다. 그래서 '게으른 리더상'이라고 이름을 붙였다. 후배 직원들이 실무를 알아서 수행하면 리더는 생각과 시간에 여유가 생기므로 다음 단계를 고민하고 미래의 방향을 설정할 수 있게 된다. 또한 후배들에게 마인드와 지혜 위주로 코칭을 전개해 그들의 성장을 더욱 독려할 수 있게 된다. 리더는 그다음 단계로 가 있고, 후배들은 끊임없는 성장으로 과거 리더의 역할을 담당한다. 조직은 당연히 지속적으로 성장하게 된다.

10여 년 전만 해도, 리더의 최고 덕목은 '솔선수범'과 '근면성'이었다. 물론 지금도 솔선수범과 근면성은 필요하다. 그러나 이제는 솔선수범과 근면성만으로는 좋은 조직을 만들 수 없다. 리더는 미래를 봐야 한다. 이를 위해 어떤 면에서는 게을러야 한다. 홍보 리더 역시 이런 부분에서 다르지 않을 것이다. 홍보 리더 역시 조직과 후배들의 성장을 도모해야 하는 바, 게으른 리더십은 필수다.

끊임없이 미래를 보는 통찰력을 축적해 나가고, 대내외 신뢰를 확보하며, 인간을 사랑하는 심성을 갖되, 포기하지 않는 용맹함으로 무장하고, 자신에 대해 엄격한 냉철함을 지닌 홍보 리더. 무엇보다 조직의 마지막을 책임진다는 강한 충성심을 가진 리더. 그리고 더불어 홍보 조직의 성장을 끊임없이 도모하는 리더. 이것이 이상적인 홍보 리더상이다. 홍보 리더는 이를 향해 매일매일 노력하는 사람을 앉히면 된다. 아, 그리고 보니 일면 모순적으로 들리겠다. 어쨌든 노력하는 게으른 리더가 필요한 세상이 아닌가 싶다.

홍보맨은 어떤 역량을 갖춰야 하는가

앞에서 홍보 리더란 어때야 하는가에 대해 다루었다면 이제는 홍보 리더를 포함해 홍보맨들은 어떤 역량을 갖춰야 하는가를 살펴보려 한다. 이것을 들여다보는 가운데 홍보맨들의 삶을 엿볼 수 있기 때문에 홍보를 이해하는 데 적지 않은 도움이 되리라 생각한다.

과거 근무하던 회사에서 '홍보맨에게 중요한 역량'이라는 조사를 한 적이 있다. 외부 컨설팅 회사에 의뢰해 실시했는데, 그 과정에 자문으로 참여했다. 그때 홍보란 것이 참으로 여러 가지 역량을 깊고 넓게 갖춰야 하는 일이구나 하는 생각이 새삼스럽게 들었다.

보통 한 명의 홍보맨이 뭔가 화제를 만들고 알리는 일을 수행하는 정도에 이르려면 5년 정도가 걸린다. 위기관리 역량을 갖춰 칼과 방패 역할을 동시에 하려면 10년 정도가 걸린다. 여론에 대응하고 대중적 이슈 메이킹을 할 정도가 되려면 15년 정도가 걸린다. 그다음 단계로 여론을 움직이고 대중의 마인드를 자유자재로 만지는, 일종의 대중 심리 달인의 경지에 이르려면 20년 이상이 걸리는 것 같다. 이렇게 오랜 시간이 걸리는 것은 다양하고 많은 업무를 수행하면서 그 경험이 축적되어야만 제대로 홍보 일을 할 수 있기 때문이다. 또 하나는 이 정도의 기간이 있어야 적절한 언론 및 매체 관련 네트워크를 형성할 수 있기 때문이다.

홍보에 필요한 역량이 많지만 가장 중요한 세 가지를 꼽는다면, '네트워킹 능력,' '커뮤니케이션 능력,' '통찰력'을 들 수 있다. 물론 각 항목은 단순하지 않다. 다시 그 항목을 구성하는 여러 가지 역량들이 있기 때문이다.

네트워킹 능력 사람과의 관계를 형성하는 능력이다. 여기서 사람이라면 기본적으로는 기자가 되겠지만 좋은 홍보맨이 되려면 회사 내외부의 핵심 인물들과의 관계도 잘 형성해 놓아야 한다. 그래야 기자들이 원하는 정보를 얻을 수 있을 뿐 아니라 위기 상황이나 이슈 메이킹 업무에서 필요한 협조를 얻어낼 수 있기 때문이다.

좋은 인간관계를 형성하는 법에 대해서는 수없이 많은 책들이 있다. 그만큼 삶의 근본이 되는 일이고, 또한 어려운 일이다. 그럼에도 홍보맨들은 필수적으로 이 역량을 갖춰야만 한다. 사실 관계를 맺는 방법은 사람마다 너무나 다양하고 상대에 따라서 달라지기 때문에 어떤 방법이 맞다 그르다고 할 수는 없다. 그러나 홍보맨의 네트워킹 역량을 좀 더 명확하게 정의한다면, '빠른 시간에 관계를 맺는 능력,' '여러 유형의 사람들에 맞출 수 있는 능력,' '오래 지속되는 신뢰 관계를 맺는 능력' 등으로 압축할 수 있다.

빠른 시간에 관계를 맺는 것은 21세기 대한민국 홍보맨에겐 더없이 중요한 능력이다. 우리나라는 전 세계에서 인구 수 대비 기자 수가 가장 많은 국가다. 온라인 언론이 매우 활성화되어 있기 때문인데, 필자의 경우만 하더라도 명함을 교환한 기자가 얼추 2만 명 정도나 된다. 이는 전체 기자 중 1/10도 안 될 것이다. 그만큼 기자가 많다. 국내 어느 회사이든 그 회사의 기사를 쓰는, 다시 말해 출입 기자를 열거하라 하면 적게는 200~300명에서 많게는 1500명 정도가 된다. (필자의 전 직장인 CJ E&M은 출입 기자가 1500명이었다.) 이렇게 출입 기자가 많지만 누구는 만나고 누구는 안 만나고 할 수 없는 것이 홍보 일이다. 누가 어떤 기사를 쓰게 될지 모르기 때문이다. 그래서 한두 번의 만남으로도 친분을 맺을 수 있는 능력이 매우 중요하다.

여러 가지 유형의 사람들에 맞출 수 있는 능력은 수많은 사람들을 만나 보고야 얻을 수 있는 역량이다. 사람들을 많이 만나다 보면 일종의 유형 같은 것이 자연스럽게 형성된다. 그렇게 되면 이러한 유형의 사람에게는 이렇게 대해야 한다는 나름의 노하우가 생기게 된다. 기자들은 개성이 강한 편이기 때문에 그 유형도 천차만별이다. 아주 친화적인 사람부터 매우 대하기 어려운 사람까지 다양한 성격의 사람들이 있다. 머릿속에 최소 수십 가지의 유형을 미리 만들어 놓고 바로 응대의 요령을 끄집어내는 능력이 필요하다.

오래 지속되는 신뢰 관계를 맺는 능력은 가장 어려우면서도 가장 단순한 역량이다. 지속적인 신뢰 관계를 유지하는 방법은 '일관된 진정성' 밖에는 없다고 본다. 진정성으로 대하지 않고 스킬이나 임기응변식으로 대하게 되면 상대는 분명히 그걸 간파한다. 인간은 넌버벌non-verbal 커뮤니케이션에서 진실을 읽는 능력을 가지고 있다. 진정성을 갖지 않고 얘기를 한다면 상대는 (정도의 차이는 있겠지만) 이를 알게 된다. 그래서 진정성은 가장 기본적인 신뢰 관계의 덕목이다. 쉽지는 않다. 하지만 정도를 걷지 않고 편법으로 이를 대신해 보려고 하는 것은 한계가 있을 수밖에 없다. 홍보라는 업무의 모든 부분이 이와 같기 때문에, 진정성 없는, 기업의 근본적 조치나 방침이 없는 얄팍한 잔꾀는 바닥을 드러내기 마련이다. 오래 지속되는 신뢰 관계와 관련해 한 가지 팁이 있다면 오랜 관계를 맺고 싶은 사람과 '추억'을 만드는 것이다. 오랫동안 깊은 관계를 맺고 있는 사람들과는 반드시 기억에 남는 일이 한두 가지 있기 마련이다. 의도적으로라도 함께 공유할 수 있는 이벤트를 만들어 보는 것도 관계를 '만드는' 데 도움이 된다.

커뮤니케이션 역량 세 가지 필수 역량 중에서 가장 기본적인 커뮤니케이션 역량은 쓰는 역량과 말하는 역량으로 나눠진다.

쓰는 역량은 문장력이다. 글을 잘 쓰는 홍보맨과 그렇지 못한 홍보맨은 성과에서 차이가 날 수밖에 없다. 글을 잘 쓰면 아무래도 홍보 업무를 하는 데 도움이 된다. 보도 자료부터 외부 칼럼, 대표이사 취임사, 신년사까지……. NR에는 블로그 활동에도 도움이 된다. 홍보는 원래 글로 먹고 사는 직업이다. 글로 기사를 설득하고, 이를 통해 다시 대중을 설득해야 한다. 요즘은 소셜 미디어를 통해 직접 대중을 설득해야 할 때도 많다. 이 모든 것의 토대가 '글'인 것이다. 글을 못 쓰는 홍보맨이라면, 데스킹이라도 잘해야 한다. 만약 그것도 못한다면? 글 잘 쓰는 홍보맨과 데스킹을 잘하는 홍보맨을 수하에 거느려야만 한다. 하여간 홍보에 있어서 문장력은 필수다.

말하는 역량도 당연히 필수다. 다만 여기서 '말하기 역량'은 일반적인 기준과는 조금 다를 수 있다. 아나운서처럼 유창하게 말해야 한다는 의미가 아니기 때문이다. 그보다는 신뢰가 가는 말솜씨, 꼭 해야 하는 말을 압축해서 말할 수 있는 능력이 홍보에 필요한 말하기 역량이다.

짧은 시간에 상대를 설득할 수 있고, 핵심을 전달할 수 있다면 가장 좋다. 이런 면에서 때로는 오히려 어눌한 사람이 나을 수도 있다. 신뢰감을 주기 때문이다. 너무 유창하고 촉새처럼 날아다니면 아무래도 신뢰성이 떨어진다. 주변에 이 같은 홍보맨들이 꽤 있다. 너무나 '유창'해서 말이 빠르고 말이 많아 하는 말들이 별로 믿음이 안 간다. 기자나 대중도 그렇게 느낄 것이다.

통찰력 필수 3대 역량 중 가장 중요한 역량인 통찰력은 가장 어려운 부분이다. 앞에서 홍보 리더론에서도 잠깐 언급했지만 통찰력이란 것이 하루아침에 길러지는 것도 아닌데다가 성인聖人들의 세계에서나 나올 법한 말이기 때문이다.

이 말을 대체할 다른 표현을 찾을 수가 없어 부득이 '통찰력'이란 어려운 말을 쓰게 되었다. 이를 조금 쉬운 표현으로 풀어 쓴다면 '조직과 업계, 상품을 잘 파악해 여러 사안의 맥락을 잘 이해하고 미래를 예측하는 능력' 정도가 될 것이다. 이를 위해서는 현재 회사나 조직이 처한 여러 가지 문제들과 상태를 잘 알아야 하며, 이를 과거 역사와 연결지어 이해하고 있어야 하고, 이러한 종합적인 문맥 속에서 특정 사안의 의미를 해석하고 미래를 예측할 수 있어야 한다. 즉 현재를 이해하고 미래를 예측하는 능력이 있어야 한다.

이를 위해서는 업계, 조직, 상품의 과거와 현재에 대해 폭넓은 지식을 가지고 있어야 한다. 그래야 특정 사안이 여러 가지 맥락과 문맥 속에서 어떤 의미를 갖는지 해석하고 이해할 수 있기 때문이다. 그래서 홍보맨은 회사와 조직에 대해서 공부를 많이 해야 한다. 필요 이상으로 조직에 대해 속속들이 알아야 하고 숨겨진 부분일수록 파헤쳐서 알고 있어야 한다. 알고 대응하는 것과 모르고 대응하는 것은 결과에 큰 차이가 난다. 때로 모른 채로 대응했다가 차라리 대응하지 않은 것만 못한 결과를 낳곤 한다. 그러니 파헤치고 분석하고 공부하는 수밖에 없다.

그런데 지식을 쌓고 맥락을 이해하는 것은 열심히 공부하면 가능하다 치고 미래 예측력은 어떻게 얻어야 하는 것일까? 여기에 왕도는 없다. 오랜 기간의 경험을 통해 지혜를 축적해야 한다. 이를 단축하는 방법은 책을 많이 읽는 것이다. 책은 다양한 경험을 간접적으로 쌓을 수 있게 만들어 준다. (많은 CEO분들이 이에 동의할 듯하다.) 책을 읽는 습관을 가진 사람과 그렇지 못한 사람의 역량 차이는 시간이 지날수록 상상을 초월할 정도로 벌어지게 된다. 사실 모든 인간은 책을 많이 읽어야 발전이 있다고 보는데, 특히 홍보맨에게 독서 습관을 강조하고 싶다.

앞에서 홍보맨의 필수 역량을 나눴다면 이번에는 나머지 역량들을 얘기하려 한다. 나머지라고 하지만 사실 필수 역량과 중요도에서 큰 차이가 있는 것은 아니다. 좋은 홍보맨이 되려면 무조건 갖춰야 하는 것들이기 때문이다. 특히 이 중 몇몇 항목은 사람에 따라서는 필수 역량보다도 더 중요한 가치로 꼽을 수도 있다. 항목을 나열해 보자면 다음과 같다.

순발력, 논리력, 단순화 능력, 결단력, 창의력, 트렌드 캐치 능력, 이슈 메이킹 능력, 마케팅 역량, 열정, 근성, 근면성, 겸손한 자세, 협상력, 로열티, 인내심, 스트레스 내성, 눈치, 매력, 골프 실력, (접대 시 필요한) 음주가무 역량…….

뭐가 이렇게 많냐, 너무 과대 포장하는 거 아니냐고 하는 사람이 있을지도 모르겠다. 얼핏 그렇게 보일 수도 있다. 하지만 정말 다 중요하다. 이를 하나씩 짚어 보고자 한다. 홍보맨의 삶과 애환도 엿볼 수 있다.

순발력 앞에서 얘기한 필수 역량 중 통찰력과 연결된다. 취재가 들어왔을 때 통찰력을 발휘해 상황 판단이 어느 정도 되었다면 순발력 있게 대응해야 한다. 홍보는 타이밍이라는 말이 있다. 홍보는 완성도보다 타이밍이 더 중요한 일이다. 기사 대응도 그렇고 여론 대응도 그렇다. 대부분 사안들이 타이밍이 맞지 않으면 그 의미를 잃어버린다. 타이밍을 맞추기 위해서는 순발력 있게 팩트 파인딩Fact Finding을 해야 하고, 역시 순발력을 발휘해 응대해야 한다. 순발력은 노력으로 향상이 가능하다. 자신의 원래 템포보다 한 템포 앞당기려는 노력을 꾸준히 하면 어느 순간 '빨라진' 자신이 보인다.

논리력과 단순화 능력 홍보맨은 사건이나 상황을 논리적으로 분석할 수 있어야 하고, 사안을 단순화해서 볼 수 있어야 한다. 그래야 간명하게 해결책이나 대응책이 나온다. 홍보맨은 소방관이다. 문제가 생기면 진화를 해야 하는데, 문제의 원인과 전말이 보이지 않는다면 해결은 요원하다. 따라서 논리적으로 단순해서 볼 수 있는 능력이 매우 중요하다. 논리력은 응대에 있어서도 중요하다. 원 보이스(응대용으로 정리된 메시지)를 만들고 커뮤니케이션 가이드를 작성하고 이를 공유하기 위해서는 논리력이 절대적으로 필요하다. 사안을 단순화해서 보는 능력은 훈련을 통해 얻어질 수 있다. 우리 주변의 수없이 많은 사건들과 갈등들을 단순화해서 바라보는 습관이 중요하다.

결단력 홍보는 결단이 필요한 직업이다. 홍보 업무는 선택의 연속이다. 어떤 행보를 취할 때 위험 요소가 없는 행보는 없다. 그럼에도 가만히 있으면 안 된다. 결단하고 움직여야 한다. 예를 들어 회사의 협력 업체가 실수를 해서 사고가 났다고 가정해 보자. 이와 관련한 발표 및 대응 선택지는 여러 가지가 있을 수 있다.

a. 전적으로 협력 업체의 책임이라고 얘기하고 선을 긋는다.

b. 협력 업체의 책임임을 밝히고 다만 관리를 소홀히 한 부분에 대해서는 사과를 한다.

c. 전면적으로 사과하고 이후 재발 방지를 약속한다.

각각의 선택지에 장단점이 있다. a를 선택한다면 이후 처리 과정에서 수동적으로 선긋기를 할 수가 있다. 법적인 처리 등에서 유리하다. 그러나 책임지지 않으려고 발뺌한다는 비난을 받을 위험성이 있다. b가 가장 무난한 선택이나 이후 피해자 소송 등에서 일부 책임을 지는 빌미를 제공하게 된다. 발뺌한다는 비난을 받을 가능성도 있다. 잘하면 '꿩 먹고 알 먹고'가 되겠지만 잘못하면 '두 마리 토끼'를 다 놓칠 수도 있다. c를 선택한다면 가장 책임 있는 모습으로 비춰질 수 있으나 사고의 경중에 따라 기업 이미지에 큰 손상이 갈 수 있고, 법적인 책임을 고스란히 지게 될 위험이 있다. 어떤 것을 선택해도 완벽한 답은 없다. 그러나 결단을 해야 한다. 결단하지 않고 선택을 미루다 보면, 언론은 쓰고 싶은 대로 쓴다. 논점의 주도권과 통제권을 뺏기게 되고 어떤 식으로 이야기가 흘러가게 될지 알 수 없다. 그것이 최악이다. 그래서 과감하게 선택을 해야 한다. 선택에는 용기와 결단력이 필요하다.

사실 홍보맨으로 살다 보면 결단하지 않고 넘어가고 싶은 유혹을 받을 때가 한두 번이 아니다. 결정하지 않고 도망가고 싶은 마음이 드는 것이다. 인간이니 당연하다. 그러나 개인이 아닌 회사를 본다면, 홍보맨이 결단하지 않으면 회사는 무방비 상태에 놓인다. 이렇기 때문에 용기를 가지고 결단해야만 한다. 안타깝지만 결단력은 훈련으로 쉽게 얻어지는 것이 아니다. 결단력은 성장 시 영향을 미치는 환경적 요인에 의해 형성된다고 보는데, 이미 형성된 성격을 훈련으로 바꾼다는 것은 간단치 않다. 특히 최근 20대 중에는 모든 것을 '엄마'가 결정해 주는 환경에서 성장한 탓에 일종의 '결정 장애'를 갖고 있는 이들이 적지 않다. 교육을 통해 바꿔 보고자 노력해 보지만 쉽지 않다. 10년 후에는 결정내리지 못하는 리더들로 인해 진통을 겪지 않을까 하는 예측과 우려를 해 본다.

창의력과 트렌드 캐치 능력, 이슈 메이킹 능력 홍보 업무에 창의력이 얼마나 중요한지 모르는 사람들이 간혹 있다. 이는 홍보의 방어적 측면만 보기 때문이다. 홍보는 수습만 하는 일이 아니다. 최선의 공격이 최선의 방어이듯이, 부정적 이슈는 긍정적 이슈로 대응하는 것이 최선의 방책이다. 또한 모두가 알다시피 홍보는 알릴 건 알려야 하는 직업이다. 따라서 창의력과 이슈 메이킹 능력이 매우 중요하다. 멋진 야마('절정'이라는 뜻의 일본어에서 나온 말인데, 흔히 언론사에서 요점·포인트·주제 등의 의미로 많이 쓰이는 용어)를 뽑아내고 새로운 뉴스 밸류를 만들어 내는 것은 매우 창의적인 작업이다. 또한 트렌드를 읽어 내고 이를 통해 이슈를 찾아내 타이밍을 맞춰서 이슈화하는 것(이슈 메이킹), 이것이 홍보 업무의 꽃이라 말할 수 있다.

창의력을 기르는 방법과 관련해 한 가지 노하우를 언급한다면, 엉뚱한 두 가지 속성을 연결하는 놀이를 꾸준히 해 보는 것이 도움이 된다. 예를 들어 지금 눈앞에 달력이 보인다고 하자. 필자는 달력을 과자와 연결시켜 볼 것이다. 얼핏 아무 상관없어 보이는 두 개의 사물이지만, 달력이 지닌 속성을 생각해 보면 얼마든지 의미를 만들어 낼 수 있다. 과자의 매출은 각종 시즌에 매우 민감하다. 언뜻 계절 이슈가 강할 것으로 보이지만 사실은 계절보다도 밸런타인데이나 휴가철 같은 시즌 이슈가 훨씬 강하다. 즉 과자 마케팅을 잘하려면 달력을 잘 봐야 하는 셈이다. 실제로 이 내용을 얼마 전에 보도 자료로 배포했다. 이런 것을 트렌드 기획성 보도 자료라고 하는데, 이런 의외의 연결에서 좋은 트렌드 기획성 아이템들이 많이 나오곤 한다. 더불어 창의력 강화에 큰 도움이 된다.

한편, 트렌드 캐치 능력을 기르려면 TV 예능 프로그램을 꾸준히 챙겨 보거나 음원 사이트 실시간 차트 음악을 많이 들어 보는 것이 도움이 된다. 홍보맨들에게 강제적으로라도 대중 문화를 접하도록 해야 한다는 뜻이다.

마케팅 역량도 중요하다. 마케팅은 타깃과 시장을 명확히 분석해서 상품의 적정 포지션을 결정하고 관련 프로모션 컨셉을 정해 실행하는 일이다. 이는 홍보맨에게도 필요한 업무다. 모든 자료와 홍보 내용이 마케팅 부서와 함께 협력해 이뤄지면 좋겠지만 현실적으로 어려우며, 때로는 피치 못하게 마케팅 부서와 독립적으로 일해야 하는 경우들도 있기 때문에 홍보맨은 마케팅 역량도 갖추고 있어야 한다. 따라서 홍보맨은 마케팅 관련서도 많이 봐야 한다. 마케팅 입문자는 알 리스Al Ries와 잭 트라우트Jack Trout의 《마케팅 불변의 법칙The 22 Immutable Laws for Marketing》을 읽어 보는 것이 좋다.

열정과 근성

홍보 업무에는 '여기까지'라는 것이 없다. 파려고 마음먹으면 한도 끝도 없이 팔 수 있는 일이고, 대충하려고 마음먹으면 또 그렇게 해도 그만인 업무다. 그러나 '대충'해서는 절대 실력이 쌓이지 않는다. 실력이 없으면 자연 도태된다.

홍보는 열정을 갖고 임할 때와 대충 일할 때 그 결과가 상당히 다르다. 열정의 유무가 그대로 홍보 행위에 드러난다. 언론과 대중 사이에 좋은 이미지를 가지고 있는 기업이 보이는가? 이런 곳은 홍보 조직이 열정과 근성으로 끝까지 파고드는 기업이다. 반대로 이미지가 그저 그런 기업이 보이는가? 그곳은 보나마나 홍보맨이 대충 일하는 기업이다. 홍보맨의 열정과 파이팅, 근성은 회사의 홍보 성과에 그대로 투영되기 때문이다. 열정이 강한 사람은 보통 근성도 강하기 마련이다. 대충의 타협이란 것이 없다. 상대에게서 원하는 것을 얻을 때까지 독하게 물고 늘어진다. 당연히 좋은 성과가 나올 수밖에 없다. 열정과 근성은 어느 정도 타고 나는 것 같다. 지금껏 열정과 근성을 키우는 방법에 대해 많은 얘기들을 들어봤지만 딱 이거다 싶은 방법은 없었다.

근면성 홍보맨은 일찍 일어나야 한다. 밤늦게까지 술을 마셔도 아침 일찍 출근해야 하는 일이 홍보 업무다. 필자는 사실 아침형 인간은 아니다. 그럼에도 이 일을 하다 보니 어쩔 수 없이 아침에 일찍 일어난다. 홍보맨이 아침에 일찍 일어나야 하는 것은 아침 신문 스크랩 때문이기도 하지만 그보다는 기자들이 아침 일찍부터 활동을 하기 때문이다. 석간신문 기자의 경우 새벽부터 활동을 시작한다. 그러니 홍보맨은 자연스럽게 기업의 아침을 깨우는 역할을 맡게 된다. 대개 다른 직원들보다 최소 30분에서 1시간은 먼저 출근한다. 홍보맨의 고충 중 하나다.

겸손한 자세 어떤 홍보 간부들은 겸손한 자세를 홍보맨의 첫 번째 필수 역량으로 꼽기도 한다. 거만하거나 건방진 홍보맨이라면 오히려 조직에 해가 될 수 있기 때문이다. 그것은 확실히 맞다. 그러나 필수 역량으로까지 꼽을 필요는 없다고 보는데, 약간 거만한 성격의 사람들도 홍보 일을 오래 하다 보면 어느 정도 겸손이 몸에 배기 때문이다. 이는 홍보 일이 갖는 서글픈 측면으로 볼 수도 있지만, 다른 시각에서는 '을'로 사는 직업의 장점이라고 볼 수도 있다. 어쨌든 거만한 사람이 환영받기는 어려운 세상이기 때문이다.

협상력 '홍보맨이 협상도 하나?'라고 물을지도 모르겠다. 당연하다. 홍보맨은 매일 협상을 한다. 우리가 보고 있는 기사들은 알게 모르게 협상의 결과물이다. 홍보맨과 기자 사이의 유언과 무언의 협상일 것이다. 기사를 어떻게 써야 기업이 아프게 느껴지는지, 또 홍보맨이 아프게 느껴질지에 대해 홍보맨과 기자들은 서로 너무나 잘 안다. 부정적 기사를 보면 이게 기업이 잘못해서 나온 기사인지, 홍보맨이 잘못해서 나온 기사인지, 아니면 그냥 감정 없이 쓴 기사인지 대략 알 수 있다. 긍정적 기사도 마찬가지다. 기사 안에는 특별히 힘이 들어간 칭찬, 은근한 긍정적인 기사, 무미건조한 평가 등 긍정적인 표현에서 여러 가지 행간을 읽을 수 있다. 일상 상황에서 보도 자료 작성부터 취재 응대, 기사 게재 후 수정까지 모든 과정에 협상의 요소가 개입되어 있다. 인간이 하는 일이다. 같은 사건도 톤 앤 매너tone & manner가 다르게 기술될 수 있는 것이다. 협상력은 오랜 경험을 통해야 길러진다. 이 부분은 관련 책들을 읽어 보기 바란다. 입문자에게는 스튜어트 다이아몬드Stuart Diamond의 《어떻게 원하는 것을 얻는가Getting More》가 도움이 될 것이다.

로열티 '3대 필수 역량'에 추가해서 넣어야 할지 많이 고민한 덕목이 하나 있다. 그것은 로열티다. 다른 말로 충성심 혹은 오너십이다. 조직에 대한 로열티가 없는 홍보맨은 위험하다. 워낙 민감한 내용들을 많이 다루는 관계로 입이 무거워야 하기 때문이다. 한편으로 누가 시켜서 하는 것이 아니라 스스로 움직여야 하는 직업이기 때문에 로열티가 없는 홍보맨은 계륵 같은 존재가 될 수도 있다. 또한 앞에서 얘기한 홍보맨의 중요한 역량인 열정과 근성 등도 결국은 로열티에서 나오는 것이다. 로열티가 없는 홍보맨이라면 열정과 근성도 부족할 테니 홍보맨과는 맞지 않는다. 역시 노력해서 얻어지는 역량이 아니다.

인내심과 스트레스 내성 홍보는 인내가 요구되는 직업이다. 억울한 일이 너무나 많이 발생한다. 회사가 잘못한 것이 없는데도 오해를 받는 경우가 많고 이를 입증할 방법이 없어 화가 나는 경우도 적지 않다. 때로 오보가 초기에 진압되지 못하고 기정사실화되는 경우도 있는데 이런 경우 대부분의 홍보맨은 울화통이 터질 것이다. 그러나 인내해야 한다. 홍보맨이 냉정을 잃어버리면 일이 더 커지기 때문이다. 때로는 잘못한 것이 없는 데도 잘못했다고 해야 한다. 그래야 결과를 더 긍정적으로 만들 수 있다. 인내심과 더불어 그 같은 상황들에 대한 스트레스 내성이 요구된다. 홍보 일을 오래 하다 보면 자연스럽게 적응되는 부분이긴 하다. 인내심이 강하고 스트레스를 잘 안 받는 성격이라면 홍보 일에 도움이 된다.

눈치 눈치도 역량인가? 그렇다. 홍보맨에겐 매우 중요한 역량이다. 흔히 '센스'라고도 표현한다. 기자와의 네트워킹에도 중요하고 취재 응대에도 중요하다. 몇 마디만 들으면 바로 무슨 얘기를 하는지 알아차려야 하고 이를 기반으로 발 빠르게 대응도 해야 한다. 통찰력과는 상호 보완 관계에 있는 역량이다. 통찰력이 이성적이고 분석적인 가치인 반면 눈치는 감성적이고 동물적인 영역이다. 이른바 '통밥'이란 것이 있다. 구체적인 정보나 배경 지식 없이 대략 찍어 넘기는 방법이다. 눈치가 빠른 사람들은 통밥, 임기응변에도 강하다.

홍보맨이 모든 취재에 다 대비가 되어 있을 수는 없다. 돌발적 사건이 있을 수도 있고, 홍보맨이 미처 파악하지 못한 내용도 있을 수 있다. "잘 모르니 알아보고 답변 드리겠다"고 할 수도 있겠지만, 사안에 따라서는 '지금' 답변하는 것과 '나중에' 답변하는 것의 결과가 천차만별인 경우가 많다. 때로 알아보고 답변하겠다는 것이 변명 멘트나 논리를 준비해서 답변하겠다는 것으로 이해되는 경우가 있다. 기자의 질문을 들었을 때, 아무리 봐도 바로 응대하는 것이 당당해 보이는 상황이라면 '눈치'를 총동원해야 한다. 눈치와 통밥이 최선인 경우도 적지 않다. 그나저나 눈치는 어떻게 개발해야 하나? 쉽지 않은 질문이다. 필자도 과거 눈치가 없는 편에 속하는 사람이었다. 그런데 어느 순간부터 적어도 기자와 얘기를 할 때에는 눈치가 빨라졌다. 경험의 소산이겠지만 뭔가 극복하려는 강한 의지는 새로운 역량도 개발하게 만드는 것 같다. 개발법을 정확히 얘기하기는 어렵지만 개선될 수 있는 역량이라는 사실만은 분명하다.

매력

눈치에서 한발 더 나간다. 매력도 역량이다. 매력에는 다들 알다시피 외면적 매력과 내면적 매력이 있으니 차례로 얘기해 보자. 외면적 매력, 즉 상대에게 호감을 줄 수 있는 외모라면 분명히 홍보에 유리하다. 인간은 본능적으로 잘생기고 매력적인 사람에게 끌리게 돼 있다. 그렇다고 꼭 성형 수술을 하라는 말이 아니다. (필요하면 할 수도 있다고 생각하지만) 잘 꾸미고 스타일을 바꾸는 노력들이 중요하다는 말이다. 상대에게 다가가기를 원하면서 상대가 좋아할 수 있는 부분들을 채우지 않겠다는 것은 오만으로 해석될 수도 있다. 노력하지 않으면 과실도 없다. 외모도 마찬가지다. 스타일 잡지도 열심히 보고, 가로수길이나 이태원 등 '핫'한 장소에 많이 가보고, 주기적인 쇼핑으로 스타일에 투자도 하고, 화장술도 배우고, 양치질도 자주 하고, 목소리도 부드럽게 내려고 연습하는 등등. 외모의 업그레이드를 위해서 노력해야 한다.

내면적 매력이란 말투, 교양, 눈빛, 마음 씀씀이 등에서 나오는 매력이다. 역시 상대에게 호감을 주는 중요한 변인이다. 사실 외면적 매력보다 더 중요하다. 외면적 매력이야 첫인상 정도에 강하게 영향을 미치는 부분이라면 내면적 매력은 관계를 유지하는 내내 영향을 미치기 때문이다. 이것 역시 노력으로 향상시킬 수 있다. 거울을 보면서 눈빛을 연습하고 교양 있고 세련된 단어를 구사하려고 노력하며, 말투에도 자기만의 개성을 구축하고, 상대를 배려하는 자세로 너그러운 마음 씀씀이를 보여 주면 된다. 물론 그런 '척'만 해서는 한계가 있을 것이다. 실질적으로 변화하려고 노력해야 한다. 인생을 살면서 내면적 매력을 업그레이드해서 손해 볼 일은 전혀 없으니 충분한 시간과 노력을 투자해도 아깝지 않을 것이다.

골프 실력과 음주가무 역량 접대 스킬이다. 자세히 설명하지는 않겠다. 네트워크를 확장하고 공고히 하는 데 중요한 역량이다. 골프도 열심히 연습해야 하고 노래 연습도 하고 맛집도 알아 놓는 등 노력과 시간 투자가 필요하다.

NR맨 역량 위 홍보맨의 역량에 덧붙여 NR맨은 조금은 다른 실무적인 역량들이 더 필요하다. 이에 짧게 덧붙이면, 우선은 네티즌들의 생활양식과 행동 패턴에 매우 익숙해야 한다. 네티즌 언어에 정통하고 그들이 왜 그렇게 말하고 행동하는지 이해할 수 있어야 한다. 각종 온라인 카페가 어떤 성격인지 잘 알고 있어야 하고 직접 드나들면서 글도 올리고 동향 파악도 할 수 있어야 한다. 최소 두세 가지 이상의 소셜 미디어를 사용해야 하며, 실제로도 많이 활용하는 사람이 적합하다. 각종 소셜 미디어 관련 어플리케이션을 구동할 수 있어야 하며, 실시간으로 주요 이슈를 모니터링할 수 있어야 한다. 이미지나 동영상 UCC 제작이 가능하다면 큰 도움이 된다. 이러한 역량에 홍보의 기본 메커니즘과 기업의 생리를 이해하고 있으면 된다. 엄청나게 거창해 보이지만 적극적으로 찾아다니면 찾을 수 있다. 또 찾아서 키우면 된다. 한 사람이 이 모든 역량을 갖추고 있을 필요도 없다. 두세 명이 나눠서 각자 전문 영역을 책임지면 되니까 말이다.

홍보맨의 역량에 대해 설명을 좀 길게 했다. 홍보맨의 애환과 이런 저런 삶에 대한 이야기도 늘어놓았다. 이 장의 결론을 한마디로 하자면 '노력'이다. 이렇게 많은 역량의 덕목들이 필요하고 그 하나하나의 항목들이 깊은 수준으로 요구된다는 것을 이해한다면, 홍보맨이 제대로 역할을 하기 위해서 매우 오랜 세월이 필요하다고 했던 이유가 이해가 되었을 듯하다.

CEO들을 위해 한 가지만 더 덧붙이자면 홍보맨을 제대로 키우는데 잦은 순환 보직 시스템은 도움이 되질 않는다. 홍보 일 자체가 많은 경험을 하게 되는 업무다. 다양한 경험을 통해 입체적으로 기능하는 홍보맨을 키운다고 여러 가지 업무들을 순환 보직시키면, 결과적으로 전문적인 홍보맨이 길러지기 어렵다. 네트워크 형성도 오래 걸리고 여러 홍보 특화 역량 축적에도 오랜 시간이 걸리기 때문이다. 최근에는 홍보맨을 전문직으로 규정하고 순환 보직 대상에서 제외시키는 기업들도 여럿 생겨나고 있다. 참고가 되었으면 한다.

연예인과 보도 자료

홍보를 하다 보면 보람되고 즐거운 일도 많지만, 다양한 애로 사항과 아픔 또한 적지 않다.

약 10년 전 OCN의 〈가족연애사〉라는 드라마를 홍보할 때의 일이다. 당시에는 사회적으로 케이블 TV의 '선정성' 이슈가 별로 문제로 여겨지지 않았을 뿐 아니라 오히려 어느 정도까지는 당연한 것으로 용인되는 분위기였다. 유료 방송이기 때문에 소수의 소비자들이 선택적으로 시청하는 방송이라고 생각했기 때문이다. 〈가족연애사〉는 '섹시 코미디'인지라 여배우들의 베드신이 좀 있었다. 그러다 보니 그와 관련된 기사들도 심심치 않게 나왔다. '배우 ○○○, 파격 베드신,' '○○○, 베드신 첫 경험' 이런 식이었다. 사실 실제 노출 수위는 그렇게 심하지 않아 배우들의 거부감도 크지 않았기 때문에 '베드신'을 홍보에 적절히 이용하곤 했다.

그러던 어느 날 A 배우의 '베드신'이 방송될 예정이어서 방송 예고 보도 자료에 이를 가볍게 다뤘다. 자료를 작성하고 감독, 제작자, 해당 배우 매니저까지 컨펌을 받고 내보냈다. 그런데 몇 시간 뒤 A 배우로부터 연락이 왔다. 기사를 당장 내리라는 거다. 자기는 베드신을 찍은 적이 없단다. 아니 감독한테도 매니저한테도 다 확인을 받은 내용인데, 뒤늦게 이러면 어쩌냐니깐 자기는 모르겠다며 막무가내로 내리라고 했다. 원래 매니저는 배우를 대신해 많은 일을 결정하곤 한다. 그런데 매니저의 컨펌을 받은 내용을 뒤늦게 배우가 자신은 모르는 일이라고 하니 난감하지 않을 수 없었다. 더군다나 '써 주십쇼' 하고 우리가 보도 자료로 내보낸 내용을 기자가 쓴 건데, 그걸 어떻게 내려 달라고 하겠는가. 그러나 A 배우의 요구는 거셌다. 결국 굴복했다. (정말 치명적인 뭔가가 아니라면 자존심이 좀 상하더라도 지는 게 이기는 길인 경우가 많다.) 기자들에게 통사정을 했다. 그러나 기자들은 자기 기사를 고치거나 빼는 것을 밥 거르는 것보다도 싫어한다. 어떤 기자는 그걸 '굴욕'이라고 생각하기도 한다. 그러니 순탄히 이뤄질 리 없다. 어렵게 사정사정해서 대부분의 기사를 내렸다. 그렇게 마무리됐다고 생각했다.

다음날 아침, 〈가족연애사〉 홍보 담당자가 얼굴이 벌게진 채로 울면서 찾아왔다. A 배우가 아침에 전화해서는 심한 욕설을 해대더라는 것이다. 신문 하나가 기사를 안 내렸다는 것이다. 아니 그렇다고 해도 어제 밤늦도록 기자들한테 애걸복걸해서 기사들을 다 내리고 겨우 하나 남은 것인데, (그것도 우리 잘못으로 시작된 일도 아닌데) 그것 때문에 욕까지 하다니……. 내가 직접 당한 것처럼 화가 났다. 화가 나다 못해 홍보 일에 신물까지 났다.

이후 A 배우는 홍보 담당자와 2차전, 3차전을 치루고, 해당 신문 기자와도 대판 싸웠다. 나중에는 언론중재위원회에 홍보 담당자를 고발한다 협박하니, 참다 참다 지친 홍보 담당자가 폭발해 맘대로 하라며 응수

했다. 결국은 하루 뒤, 매니저가 사과 전화를 하면서 겨우겨우 마무리가 됐다.

그 일 이후로 약간이라도 배우에게 민감하다 싶은 내용이 들어가면 무조건 매니저가 아닌 배우에게 직접 컨펌을 받고 있다. 매니저가 자기 선에서 처리하려 할 경우 책임을 져달라는 말과 함께 문서로 반드시 확답을 받고 내보낸다. 그 일 덕분에 얻은 '뼈아픈 교훈'이다.

chapter 2

이슈 메이킹

세상을 움직이는 기술

앞서 홍보 업무를 방향성 측면에서 분류할 때 이슈 메이킹과 위기관리로 나눌 수 있다고 이야기했다. 흔히들 PR(피알)을 '피할 건 피하고 알릴 건 알린다'고 표현하는데, 여기서 피하는 것이 위기관리이고 알리는 것이 이슈 메이킹이라고 할 수 있다. 위기관리에 대해서는 뒤에서 자세히 설명하도록 하고 (최선의 공격이 최선의 방어라 했으니) 이슈 메이킹을 먼저 다뤄 본다.

이슈 메이킹이라 하면, 말 그대로 무언가를 '이슈로 만든다'는 뜻으로, 홍보라는 활동이 단순히 '무언가를 알리는 것'에 그치지 않고 '눈에 띄고 강하게 각인이 되도록 만드는 일'까지 이어져야 한다는 의미를 내포하고 있다. 홍보는 설득의 활동이고 그것이 긍정적인 쪽의 설득이라면 이슈로 만드는 것이 가장 좋은 방법일 것이다. 세상을 움직이는 기술, '이슈 메이킹'의 세계로 들어가 보자.

홍보 플랜은 '대중 소통의 지도'다

우리 삶에 플래닝은 매우 중요하다. 인생에서 플래닝이 중요한 것은 사람이 계획한 대로 살아야 하기 때문만은 아니다. 그보다는 플래닝을 해야 삶을 돌아볼 수 있기 때문이다. 내가 계획한 삶과 지금의 삶이 어떤 차이가 있는지, 계획했던 것과 달라졌다면 어떤 이유에서 달라진 건지, 그렇다면 이후의 삶은 계획을 변경해야 하는 것은 아닌지……. 기준이 있어야 평가 내지 돌아봄이 가능하고 이를 통해서 유의미한 변화도 가능해지는 것이다.

홍보 역시 비슷한 이유에서 플래닝이 중요하다. 먼저 방향을 설정해 두고 끊임없이 이를 진행되는 상황과 비교하면서 계속 계획대로 갈 것인가, 아니면 궤도를 수정할 것인가를 고민해야 하는 것이다. 계획을 세운 후에 홍보를 진행하는 사람과 그렇게 하지 않는 사람은 실행에서 큰 차이가 날 수밖에 없는데, 전자가 큰 그림과 디테일을 동시에 바라보면서 일을 진행하는 반면에 후자는 부분적이고 일시적인 판단으로 일을 진행하는 것이니 확률적으로 전자가 후자를 이기게 되는 것이 당연하다. 더불어 홍보 플랜을 짜고 일을 하는 홍보맨이 발전 속도 또한 빠른 것도 자명하다.

홍보 플랜은 목적, 목표, 타깃, 컨셉, 키 메시지, 전략(시계열 전략, 매체 전략) 등으로 구성된다. 각 요소들을 하나씩 알아보자. 이해를 돕기 위해서 tvN의 인기 드라마였던 〈응답하라 1997〉의 실례를 들어 설명하겠다. 더 성공한 작품인 〈응답하라 1994〉가 아닌 〈응답하라 1997〉로 예를 드는 것은 상대적으로 〈응답하라 1994〉가 〈응답하라 1997〉의 성공을 등에 업고 그다음 단계로 나간 반면 〈응답하라 1997〉은 아무것도 없는 밑바닥에서 화제를 만들어 성공시킨 작품이기 때문이다. 이에 홍보적 관점에서는 〈응답하라 1994〉보다 더 성공적인 프로젝트였다고 할 수 있다.

홍보 플랜에서 목적은 해당 홍보 활동이 궁극적으로 이루고자 하는 지향점을 의미한다. 〈응답하라 1997〉의 홍보 목적은 '화제화를 통한 시청률 극대화'였다. 누군가는 '모든 방송 프로그램의 홍보 목적이 시청률 제고 아닌가?' 하는 생각을 할지도 모르겠다. 그러나 그렇지 않다. 어떤 프로그램의 홍보는 광고주 만족을 목적으로 하기도 하고, 어떤 경우는 특정 프로그램의 홍보를 통한 채널의 정체성 확보를 목적으로 하기도 한다. 드라마의 경우도 그렇다. 물론 대부분의 드라마 홍보가 시청률 제고를 목적으로 하지만 이외에도 채널 인지도 확보, 채널 포지셔닝, VOD 수익 극대화, 특정 시간대 블록 안정화 등 다양한 목적을 가질 수 있다.

목표는 구체적으로 수치화된 곧을 의미한다. 이는 대체적으로 목적과 연동된다. 〈응답하라 1997〉의 목표는 피크 시청률 5%였다. 평균 시청률이 아닌 피크 시청률을 목표로 잡았는데, 평균 시청률은 콘텐츠 자체의 재미 요소가 근본적으로 작용하는 반면 피크 시청률은 화제성에 의해 영향 받는 부분이 크기 때문이다. 목표 설정은 기사 수를 가지고 얘기할 수도 있고, 상품 인지도, 소셜 미디어 트래픽 등을 목표로 산정할 수도 있다. 목적의 성과를 적합하게 표현할 수 있는 방법을 선택하면 되는 것이다.

타깃은 홍보의 타깃을 이야기한다. 흔히들 상품의 시장 타깃과 홍보의 타깃을 혼동하는 경우가 많은데, 홍보 플랜에서의 타깃은 홍보의 타깃이다. 〈응답하라 1997〉의 시장 타깃, 즉 시청 타깃은 10~40대였다. 매우 넓은 연령층이다. 하지만 이런 식으로 범용적인 홍보를 할 수는 없다.

홍보 타깃은 우리가 홍보 활동으로 움직일 수 있는 타깃, 혹은 효율적으로 움직일 수 있는 집단을 선정한다. 〈응답하라 1997〉의 경우 홍보를 통해 움직일 타깃은 20~30대였다. 그보다 어리거나 나이 많은 세대는 2차 바이럴을 통해 확산시킨다는 전략이었다. 타깃을 이렇게 정한 것은 〈응답하라 1997〉이 워낙 새로운 형식의 드라마였고, 드라마 내용상 눈높이 역시 30세 전후에 맞춰져 있었기 때문이다. 즉 홍보를 통해 움직이기에 적절한 세대를 홍보 타깃으로 선정한 것이다. 홍보 목표에서도 20~39세의 피크 시청률로 설정할 수 있었지만 수치가 직관적이지 않아서 그냥 전 연령층의 피크 시청률로 설정했다. 그러나 20~39세의 시청률을 목표로 정하는 것이 훨씬 정교화된 목표였을 것이다.

컨셉은 필자가 가장 강조하는 부분으로, 홍보 플랜에서 다른 부분을 다 버리고 딱 하나만 취하라고 한다면, 두말없이 '컨셉'을 취한다. 컨셉만 보면 그 홍보 플랜이 잘 짜여진 것인지 아닌지를 판별할 수 있다. 그만큼 컨셉은 홍보 플랜의 단연 핵심 항목이라 할 수 있다. 컨셉을 다른 말로 풀어 정의한다면 '홍보 타깃에게 전달해서 그들을 움직일 수 있는 한 문장'이라고 할 수 있다.

여기서 한 문장이라는 의미는 이런저런 얘기 안 하고 명확하고 단순하게 한 가지 얘기만 해야 한다는 의미다. 많은 홍보맨들이 "이 메시지, 저 메시지 마구 던져서 하나만 물면 된다"는 식으로 홍보를 하곤 한다. 그러나 이는 큰 착각이다. 이 메시지, 저 메시지를 던져서는 안 되는 이유가 있다. 우리는 여러 번 던진다고 하지만, 실제로 홍보 타깃에게 메시지가 도달될 확률은 극히 낮다. 한 가지만 꾸준히 전달해도 시원찮을 판에 이것저것 던진다면 어떻게 될까?

63빌딩 옥상에서 보라색 색종이를 열 포대쯤 뿌렸을 때 이를 줍게 되는 시민들의 수를 생각해 보자. 떨어지는 색종이에 닿는 사람도 극소수일 뿐더러 뿌린다고 줍게 될 가능성도 크지 않다. 그런데 이 상황에서 다섯 포대는 빨간색을 뿌리고 다섯 포대는 파란색을 뿌린다고 치자. 둘 다 주워서 보라색을 완성하라는 것이다. 주운 사람도 얼마 없겠지만 그나마 이들도 빨간색을 주운 사람과 파란색을 주운 사람으로 나뉜다. 이 색종이들을 보고 보여 주고자 하는 색이 보라색이라고 유추하는 사람은 거의 없다.

게다가 가끔 노란색도 뿌린다. 우리 상품은 이렇게 화려하다고 자랑하고 싶은 거다. 주운 사람이 보라색을 유추하거나 생각할 가능성은 만무하다. 한 가지 메시지만 계속해서 수십 번이고 수백 번이고 뿌려대야 그나마 정확히 메시지가 인지될 가능성이 생기는 것이다. 또한 그래야 2차 피전달자, 즉 '보라색 색종이를 친구로부터 전달받은 사람들'에게도 동일한 메시지가 전달된다. 컨셉이 명확해야 하고 또한 단순해야 한다는 이유가 여기에 있는 것이다.

컨셉의 정의에서 '타깃을 움직일 수 있는'이라고 했다. 줍도록 만들고 또한 다른 이들에게 전달하도록 만드는 그런 강력한 컨셉을 만들어야 한다는 것이다. 색종이가 아니라 만 원짜리를 뿌린다면 어떨까?

100%에 가까운 메시지가 타깃에게 전달이 되고, 이것을 직접 줍지 않더라도 주변 사람들에게 얘기를 전달했을 것이다. 2차 바이럴이 일어나는 것이다. 임팩트의 중요성을 엿볼 수 있다. 컨셉은 임팩트가 있어야 한다. 한 문장으로 타깃을 움직이지 못한다면 여러 문장을 읊어도 마찬가지다.

〈응답하라 1997〉의 홍보 컨셉은 '1997년의 열성 팬 문화를 통해 젊은 세대의 향수를 자극하는 새로운 색깔의 젊은 복고 드라마'였다. 핵심 키워드는 '젊은 복고'다. 일반적으로 '복고'라 하면 고리타분한 옛날 장면을 연상시킨다. 그러나 〈응답하라 1997〉의 경우 가까운 과거의 이야기를 통해 젊은 세대의 향수를 자극하는 독특한 컨셉의 드라마였다. 또한 '빠 문화'라 일컬어지는 열성 팬들의 이야기를 다뤘기 때문에 10대들도 충분히 공감하면서 즐길 수 있으리라 생각했다. 그래서 '젊은 복고'라는 컨셉이 흥미를 일으킬 만한 포인트라 판단했다. 그 판단은 적중했고, 가까운 과거의 이야기로 향수를 일으키는 '젊은 복고' 컨셉은 많은 이들을 움직여 채널 혹은 VOD로 향하게 했다.

컨셉은 이렇게 저렇게 변형해서 수십 번, 수백 번 타깃에 전달하려는 노력을 기울여야 한다. 키 메시지는 컨셉을 여러 번 전달하는 과정에서 사용되는 무기라고 할 수 있다. 컨셉을 구성하는 각 단어들 중 좀 더 자세히 부각시켜야 할 것이 키 메시지다. 〈응답하라 1997〉의 키 메시지는 '열성 팬 문화,' '젊은 세대의 향수를 자극하는 젊은 복고,' '새로운 색깔' 등이다.

'열성 팬 문화'는 1990년대에나 지금이나 젊은이라면 누구나 함께 공감할 수 있는 내용이다. 나이를 떠나 공감대를 일으키리라 예상했다.

'젊은 세대의 향수를 자극하는 젊은 복고'는 앞에서 설명한 것처럼 기성세대가 아닌 '젊은 사람들의 향수'라는 새로운 가치를 강조한다. 흔히 향수는 기성세대들의 전유물처럼 여겨지는 단어다. 하지만 이를 뛰어넘어 '젊은이의 향수'라는 얼핏 낯설면서도 무릎을 치게 하는 새로운 영역을 점유하고자 했다. '새로운 색깔'이라는 키 메시지는 '새로운 형식,' '새로운 음악,' '새로운 색감'을 동시에 언급하는 단어다. 우선 기존에 없던 새로운 형식과 호흡의 드라마였고, 인디 음악 등 새로운 음악을 많이 사용했으며, 독특한 색감도 보여 줬다.

여기서 주의할 것은 키 메시지가 컨셉과 떨어져서 따로 움직여서는 안 된다는 점이다. 컨셉은 그 자체로 하나의 몸체다. 어느 날 얼굴이 강조되고, 어느 날 다리가 강조되고, 어느 날은 팔이 강조될지언정 각 키 메시지가 별도로 떨어져 나가서 홍보에 활용돼서는 안 된다. 이는 앞에서 언급한 예에서 보라색을 구성하는 빨간 색종이와 파란 색종이를 분리해서 유포하는 것과 같은 결과를 낳기 때문이다. 컨셉은 복잡하게 구성해서는 안 되며 가능한 단문으로 핵심 키워드만 포함시켜 작성해야 한다. 욕심 부릴 필요가 없다. 어차피 설득의 성공 포인트는 강력한 '한 방'에 있다.

전략은 일반적으로 단계적 혹은 시계열적으로 작성하는 것이 보통이다. 홍보 전략을 짤 때는 각 시기별 소구 포인트를 잘 잡아야 한다. 홍보하고자 하는 상품이 타깃에게 얼마만큼 인지되어 있을 것인가, 어떤 생각을 하고 있을 것인가, 어떤 방향으로 확산될 수 있을 것인가 등을 고려해서 전략을 짜야 하는 것이다. 각 시기별로 매체 전략도 함께 언급한다. 각 시기에 어떤 소구 포인트를 잡았느냐에 따라 사실 매체 전략은 자연스럽게 도출된다. 지면 매체, 방송 매체, 온라인 매체, 소셜 미디어, 오프라인 POP물 등 동원 가능한 모든 매체를 다 고려한다. 이렇게 홍보 플랜에서 시계열 전략화하는 것을 다른 말로 '스토리 메이킹'이라고 하는데, 이에 대해서는 이후에 자세히 설명하겠다.

〈응답하라 1997〉의 경우 첫 방송 이전, 첫 방송 전후, 방송 전반기, 방송 후반기 등으로 시기를 나눠 전략을 작성했다.

(1) 우선 첫 방송 이전에는 KBS 〈남자의 자격〉의 신원호 PD와 이우정 작가가 다시 뭉친 프로젝트라는 점을 강조했다. 특히 제작 보고회에서 이 점을 강조했다. 온라인 언론을 중심으로 접근한다는 매체 전략도 세웠다.

(2) 첫 방송 전후에는 전문 배우가 아닌 아이돌 가수 출신의 배우들이 '젊은 세대의 향수'를 자극한다는 점을 강조해 그들의 열성 팬들을 끌어들이고자 했다. 또한 동시에 '빠 문화'를 보여 주는 클립 영상으로 호기심을 자극하고자 했다. '빠 문화'를 보여 주는 영상을 클립으로 잘라 방송 직후 소셜 미디어나 유튜브 등으로 유통하는 계획도 짰다.

(3) 방송 전반기에는 새로운 색깔에 대한 시청자들의 반응, 그리고 새로운 '젊은 복고'에 대한 호평 등을 제작진의 입을 통해 들어봄으로써 새로운 트렌드를 형성하고자 했다. 이 단계에서는 지면 매체로 인터뷰를 내보내는 매체 전략을 고려했다.

(4) 방송 후반기에는 형성된 새로운 트렌드, '신복고 열풍,' 신인 스타들의 부상 등을 중심으로 온·오프라인 매체들을 활용한 총 공세를 계획했다.

여기까지가 홍보 플랜 작성에 대한 대략적인 설명이다. 처음에 설명했듯이 플랜은 작성하는 것보다 실제 적용 단계에서 어떻게 활용할 것인가가 더 중요하다. 〈응답하라 1997〉 플랜을 적용하는 단계에서 어떤 일이 벌어졌는지 살짝 엿보도록 하자.

첫 방송 이전의 홍보 전략은 계획한 그대로 잘 진행이 되었다. 제작보고회를 통해 많은 기자들이 흥미를 갖게 됐으며 이를 기사로 잘 표현해 주었다. 그런데 첫 방송 전후 단계에서는 원하는 반응이 나오지 않았다. 열성 팬들을 끌어들이는 것은 성공적이었으나 전반적인 평은 '너무 새롭다'는 것이었다. 새로움이 과하면 자칫 '거부감'으로 이어지게 된다. 시청률도 원하는 만큼 나오지 않았다. 1%대에 머문 것이다.

이에 과감히 홍보 플랜을 수정했다. '성동일과 이일화 콤비'에서 나오는 안정감을 강조함으로써 안정과 새로움의 적절한 조화를 언급하기로 했다. 방송 전반기에 강조하기로 했던 새로운 색깔에서 새로움과 안정의 적절한 조화 쪽으로 방향을 선회한 것이다. 더불어 제작진과 배우들의 인터뷰를 적극적으로 게재해 잘 올라가지 않는 인지도를 높이고자 했다. 안정과 새로움의 조화를 강조하자는 선택은 잘 맞아떨어졌고 같은 톤 앤 매너의 기사가 쏟아져 나왔다. 기자들의 공감을 얻은 것이다. 시청자 피드백도 긍정적이었다.

그러나 제작진과 배우들의 인터뷰를 게재해 드라마 인지도를 제고하고자 했던 계획은 순조롭지 않았다. 일단 배우들 측에서 인터뷰 협조가 잘 이뤄지지 않았고, 제작진 역시 인터뷰를 꺼렸기 때문이다. 여러 번 설득했으나 이뤄내기가 쉽지 않았다. 지지부진한 상황이 이어졌다. 시청률 역시 1%대를 벗어나지 못했다. 작품이 좋은데 이슈화가 제대로 이뤄지질 않으니 홍보하는 사람 입장에서는 답답해 미칠 지경이었다. 그러다

PD가 나서기 시작했다. 5~6화가 지나갔음에도 이슈화가 부진하자 PD도 다급해진 것 같았다. 몇 번 연출자 인터뷰를 했고, 또 직접 배우들 인터뷰도 독려했다.

여러 온·오프라인 매체들을 통해 인지도는 빠르게 올라갔고, 몇몇 형성되기 시작한 열성 팬들을 중심으로 입소문도 빠르게 퍼져 나갔다. (인지도는 입소문의 필요조건이다. 인지도가 높다고 입소문으로 이어지는 것은 아니다. 안다고 누군가에게 얘기하지 않는 것과 같은 이치다. 그러나 인지도는 입소문의 토대가 된다. 인지도가 낮으면 주변 사람에게 설명을 하려고 해도 그 과정이 너무 번거로우므로 이야기하는 것을 가로 막는 장벽이 되기 때문이다. 이에 인지도가 올라가면 입소문을 위한 기본 여건이 형성되는 셈이고, 입소문을 내고자 안달이 나있는 팬들은 즉시 빅 마우스로 돌변한다.) 빠른 입소문은 시청률 급상승을 불러왔다. 7~8화부터 피크 시청률이 4%대로 급상승했고, 계속적으로 상승 곡선을 그리다가 최종화는 평균 7.6%, 피크 시청률 9.5%라는 어마어마한 시청률을 기록하게 됐다. 원래 목표의 두 배 가까운 성과를 보인 것이다. 〈응답하라 1997〉은 절반쯤은 홍보의 승리작이고, 또한 홍보 플랜의 승리작이다. 홍보 플랜은 이처럼 성과에 직접적인 영향을 미치는 중요한 작업이다.

매체 전략: IMC의 지휘자가 되어라

IMC(Integrated Marketing Communication)는 마케팅에서 많이 쓰이는 용어다. 마케팅에서 커뮤니케이션 효과를 극대화하기 위하여 TV, 신문, 잡지, 인터넷 등에 나가는 광고와 PR, 프로모션 판촉 활동 등을 종합적으로 통제 진행하는 것을 말한다. 그런데 홍보 영역에서도 IMC는 중요하고 필요하다. IMC가 매체 전략의 핵심이기 때문이다.

오케스트라 공연을 보다 보면 지휘자의 지휘 아래 모든 악기 파트들이 일사분란하게 움직인다. 지휘자가 지휘를 하다가 들어올 악기나 파트를 가리키면 즉시 해당 연주자들은 연주를 시작한다. 연주를 시작하는 타이밍과 소리의 크기, 박자 등이 맞아야 전체 오케스트라의 완성도가 높아진다. 그런데 사실 이 부분은 지휘자가 악보를 보고 정해진 가이드대로 행하는 것이다. 기본적으로 지휘자는 어느 시점에 어느 악기가 들어와야 할 것인가를 오케스트라에 알려 주는 역할을 함으로써 악보를 완성한다. 그러나 그의 임무는 여기서 끝나지 않는다. 어떻게 해야 관객들이 더 감동을 느끼게 할 것인가, 어떻게 청중들에게 희로애락의 감정을 전달할 것인가는 지휘자의 역량을 보여 주는 진짜 임무다.

홍보의 매체 전략도 이와 비슷하다. 홍보에 쓰일 수 있는 미디어는 여럿이 있다. 신문, 방송, 잡지, 온라인 등의 언론과 소셜 미디어, 방송 프로그램, 오프라인 행사 및 구조물 등등 이를 활용하고 여기저기에 노출을 늘리는 것은 홍보 업무를 일정 기간 경험한 사람이라면 누구나 할 수 있다. 그러나 이것만 가지고는 부족하다. 매체 노출을 늘리는 것과 대중에게 뭔가 임팩트 있는 메시지를 전달해 피드백을 얻어 내는 것은 전혀 다른 이야기다. 메시지의 문제이기도 하고 메시지 노출에 대한 미묘한 시간차, 메시지를 전달하는 매체별 톤 앤 매너 등 매체 전략의 문제이기도 하다.

홍보 매니저는 여러 미디어와 메시지를 가지고 '지휘'를 하는 것이다. 여론의 흐름을 잘 보고 있다가 적절한 시기에 적절한 메시지를 적절한 미디어를 통해 던진다. 그로 인해 변화된 흐름과 여론을 역시 잘 관찰하면서 적절한 타이밍에 다음 행동을 취한다. 이런 의미에서 보면 홍보 매니저는 스스로를 오케스트라 지휘자라고 여기고 각종 미디어가 연주자, 메시지가 지휘봉이라고 가정한 뒤 행동한다면 훨씬 좋은 성과를 거둘 수 있을 것이다.

그렇다면 구체적으로 어떻게 IMC를 수행하면 좋을 것인가? 제일 처음에 할 일은 해당 홍보 조직이 활용할 수 있는 미디어 자원을 목록화하는 것이다. 오케스트라 단원들을 파악하는 것이라 생각하면 된다. 존재하는 미디어 자원들의 숫자는 많지만 이를 다 활용할 수는 없다. 예산의 문제, 인력의 문제, 효율성의 문제가 있기 때문이다.

또한 너무 많은 미디어를 활용하는 것은 부정적인 결과로 이어질 확률이 높다. 오케스트라 단원이 한 500명쯤 된다고 치자. 50명짜리 오케스트라보다 더 좋은 소리를 내고 더 좋은 앙상블을 만들어 낼까? 아마도 반대일 것이다. 미디어도 마찬가지다. 무조건 많은 미디어에 더 많이 노출하는 것이 더 효과적인 것은 아니다. 적절히 필요한 자원을 목록화하는 것이 그래서 중요하다.

그렇다면 어떤 자원이 필요하고 어떤 자원이 필요치 않은지 어떻게 분별할까? 이 지점은 조금은 주관적이다. 홍보 매니저 혹은 홍보 조직이 잘 다룰 수 있는 자원이 바로 필요한 자원이라고 생각한다. 잘 다루지 못하는 미디어를 동원하는 것은 자칫 역효과로 이어진다. 역량도 안 되는 지휘자가 세계적인 수준의 오케스트라를 지휘한다고 가정해 보자. 결과가 긍정적일 수 있을까? 오히려 오케스트라 내에 불협화음만 야기하고 지휘자는 그나마 통제권도 잃어버리고 말 것이다. 홍보도 마찬가지다. 언론 홍보 외에는 전혀 경험이 없는 사람이 갑자기 노출을 늘리겠다고 소셜 미디어를 남용한다든가 한 번도 진행해 본 적 없는 대규모 오프라인 행사를 개최한다든가 하는 것은 아마도 십중팔구 '실패' 내지는 '문제'로 이어지고 말 것이다. 모르는 자원을 함부로 쓰는 것은 결코 긍정적인 길이 아니다. 따라서 본인이 혹은 조직이 잘 활용할 수 있는 미디어를 선택해야 한다. 새로운 미디어를 활용해 보고 싶다면, 그 분야에 경험 많은 사람의 도움을 받거나 최소한의 노출을 경험해 보는 정도로 해야 할 것이다.

오케스트라 단원 모집이 끝났다면, 단원들의 자리를 배치해야 한다. 일반적으로 오케스트라 단원들의 위치는 대략 결정되어 있다. 지휘자 왼쪽 옆에 바이올린, 비올라 등 작은 현악기, 오른쪽 옆에 첼로, 콘트라베이스 등 큰 현악기, 현악기 뒤 가까운 쪽에 목관악기, 먼 쪽에 금관악기, 제일 먼 곳에 타악기 등 대충 이런 식이다. 가까울수록 지휘자는 더 자주 호출을 하고 모니터도 더 세심하게 한다.

홍보에서도 미디어들의 대략적 위치는 정해져 있다. 아마도 현악기의 위치에는 언론, 목관악기 위치에는 온라인 카페나 소셜 미디어, 금관악기 위치에는 방송 프로그램, 타악기 위치에는 오프라인 행사가 있지 않을까 싶다. 그러나 이게 정해진 규칙은 아니다. 지휘자가 필요나 곡에 따라 오케스트라의 배치를 변환할 수 있듯이 홍보 매니저도 주 사용 매체와 주 모니터링 매체를 가까이 배치할 수 있다. 즉 일반적으로 생각하듯이 언론만이 홍보의 주 매체가 아니라는 말이다. 홍보는 대중 혹은 타깃을 설득하고 움직이는 일이다. 목적에 따라 대중 혹은 타깃을 움직일 수 있는 더 좋은 매체 전략이 있다면, 혹은 청중을 감동시킬 수 있는 수단이 있다면 그게 정답이 될 것이다.

홍보 매니저는 자신이 가장 주력으로 활용할 매체와 보조로 사용할 매체를 대략적으로 결정한다. 주력 매체는 전체 가락을 이끈다. 전체적인 홍보 스토리라인을 그리는 것이다. 보조 매체들은 때로는 가락을 보조하기도 하고, 복제하기도, 확성을 하기도 한다. 물론 경우에 따라 중간에 주력 매체가 바뀔 수도 있다. 각 매체들이 언제 어떤 역할을 하게 될 것인지 계획을 짜둬야 한다.

단원 배치가 끝났으면 연주를 시작한다. 미리 정해둔 계획에 따라 실행을 하는 것이다. 홍보 매니저는 각 미디어들과 대중의 반응을 모니터링하면서 적절한 타이밍을 미세하게 조정한다. 만약 예상과 전혀 다른 반응이 나온다면 전체적인 매체 전략을 재조정하고 매체별 메시지도 새로 점검해야 한다. 각 미디어에 투입되는 메시지는 홍보 플랜상의 컨셉을 고려하여 서로 조화로운 음색을 낼 수 있도록 해야 한다. 여러 미디어라고 해서 서로 다른 컨셉의 이야기를 해서는 안 된다. 같은 컨셉을 유지하되 타깃을 설득하고 움직이는 데 도움이 될 수 있도록 치밀하게 메시지를 변형한다.

지금까지 얘기한 내용을 한 가지 예를 들어 설명해 보자. 〈응답하라 1988〉을 홍보하는 매니저의 입장이 되어 설명해 보려 한다. 다만 이 글을 쓰고 있는 지금, 〈응답하라 1988〉의 스토리도 모르고 주요 출연진도 모르며 이번 시즌의 컨셉도 잘 모른다. 홍보 플랜을 설명하면서 〈응답하라 1997〉의 예를 들었으니 연장선상에서, 그야말로 가정에서 출발해 예를 들어 보려는 것이니 감안해서 들어주길 바란다.

〈응답하라〉 시리즈는 이제 충분히 알려진 사실상 국민 드라마다. 이에 핵심 타깃보다는 브로드 타깃 전략이 적절해 보인다. 그러므로 매체 전략도 대중 매체 전략을 택하는 게 좋을 듯하다. 만약 처음 시작하는 마니아성 드라마였다면 소셜 미디어 및 온라인 중심의 전략이 효율적일 것이다. (실제 〈응답하라 1997〉은 그랬다.) 그러나 〈응답하라 1994〉의 대히트를 거쳐 〈응답하라 1988〉 정도 되었다면 신문 및 온라인 언론이 주 사용 매체로 적절하다. 신문 및 온라인 언론을 작은 현악기 자리에 배치한다. 요즘 세상에 소셜 미디어 및 온라인 카페 등을 배제할 수는 없으므로 큰 현악기 자리에 배치한다. 동영상 클립을 유튜브 등 여기저기 배포해서 초기에 관심을 유도하고 입소문을 만들어 내는 것이 중요하므로 목관악기 자리에 배치한다. 방송 프로그램이라 타 방송 프로그램을 활용하는 것은 조금 어렵겠지만 〈컬투쇼〉 등 라디오 프로그램은 활용의 여지가 있으므로 금관악기 자리에 배치한다. 역시 방송 프로그램이라 방송 언론은 매우 제한적이다. 아마도 신드롬이나 열풍 정도가 되면 확성기 역할로 한번 정도는 활용이 가능할 것이므로 타악기 자리에 배치한다.

배치가 끝났다면 연주를 시작한다. 신문 매체를 중심에 놓기로 했으니 사전 인터뷰는 필수다. 개별 인터뷰라면 더할 나위 없이 좋겠지만 현실적으로 쉽지 않으므로 공동 인터뷰 형식으로 하되 각 신문사의 수요 파악을 철저히 해서 필요한 야마와 임팩트 거리를 제공한다. 만약 이후로 더 이상 〈응답하라〉 시리즈를 계획하고 있지 않다면, 마지막 시즌이라는 것을 사전부터 오픈해서 뉴스 밸류를 높여 놓는 것도 방법이 될 수 있다. 방송 직전에 〈컬투쇼〉 등 라디오 프로그램에 배우들을 출연시키는 것도 사전 붐업에 도움이 될 것이다. 다만 출연해서 이야기할 내용들을 컨셉 중심으로 잘 가이드해 줘야 한다. 지금은 매체 전략 얘기이므로 컨셉 얘기에 대해서는 생략하자. 방송 초기에는 소셜 미디어나 온라인 카페 게시판을 잘 모니터링하고 잘 활용해야 한다. 프로그램의 일부를 잘라서 동영상 클립 형태로 확산시키는 한편, 온라인 카페에서 형성되는 여론을 면밀히 관찰하고 지켜본다. 필요하면 정보를 제공하기도 한다. 여론의 추이와 호흡을 잘 지켜보면서 적절히 대응하면 된다.

중요한 것은 각 매체를 통한 메시지와 피드백이 상호 조화를 이뤄야 한다는 점이다. 서로 다른 내용의 얘기가 나오는 것은 있을 수 있다. 그러나 서로 대치된다든가 의도한 컨셉과 완전히 다른 내용이 되어서는 안 된다. 화음이 안 된다면 묵음시키는 것이 오케스트라의 기본 원칙이다.

홍보의 매체 전략이라는 것은 얼핏 보면 간단해 보이지만 사실은 매우 까다로운, 고도의 역량을 필요로 하는 일이다. 흉내를 낼 수는 있겠지만, 제대로 'IMC가 되도록' 하려면 매우 어렵다. 지휘봉을 휘두른다고 누구나 지휘자가 될 수 있는 것은 아닐 것이다. 중요한 것은 멋진 음색과 화음을 만들어 내는 것이고, 이를 통해 사람의 마음을 움직이는 것이 궁극의 목적일 것이다. 홍보 매니저가 가슴 깊이 간직하고 기억해야 하는 지점이다.

끝으로 매체 전략 이야기가 나왔으니 '메이저 언론 매체 vs 마이너 언론 매체'에 대해서 간단히 언급해야겠다. 과거에 메이저 매체와 마이너 매체를 구분하는 기준은 '해당 매체를 보거나 듣는 사람들의 숫자'에 있었다. 그러나 2010년대에는 그러한 기준만으로 메이저와 마이너를 구분하기가 어렵다. 포털사이트와 소셜 미디어 덕분이다. 좋은 기사는 포털사이트 메인에 올라서 엄청난 열독율로 이어지기도 하고, 소셜 미디어를 통한 무한 확산으로 이어질 수도 있다.

이에 최근에는 언론의 메이저와 마이너를 구분하는 기준으로 '취재력'이 추가된다. 즉 그 매체의 기자들이 얼마나 취재 역량을 지니고 있는가가 매체력 이상으로 중요한 변인이 된 것이다. 사람들의 눈길을 끌고 읽어 볼 만한 기사를 만들 수 있는 언론 매체는 메이저 매체라고 할 수 있다. 반면 어뷰징만 일삼고 타 언론의 기사를 베끼는 일만 한다면 이는 마이너 매체가 된다. 그러므로 함부로 '이 매체는 메이저이고 이 매체는 마이너'라고 규정짓는 것은 위험하다. 그러한 분류와 규정은 결국 여러 매체 전략에서도 알게 모르게 드러나게 되기 때문이다. 나중에 '홍보의 금기 사항'에서 다시 다루겠지만 홍보에서 '매체 차별'은 절대 금기 사항이다. 섣부른 메이저 마이너 나누기로 큰 낭패를 당할 수 있다. 이 지점에서 CEO들에게 당부하고 싶은 말은 홍보 조직에 오래된 전통 매체의 기사만을 주문하지 말라는 것이다. 예를 들어 '조중동' 기사만 의미가 있고, 다른 매체 기사는 의미가 없다는 식의 주문은 홍보 담당자들이 매체 IMC 전략을 쓰지 못하도록 만든다. 이는 이슈 메이킹의 실패로 이어지게 될 것이다. 경우에 따라서는 온라인 기사가 더 강력하게 작용할 수 있는 세상이다. 과거의 프레임으로 현재를 재단하는 우를 범해서는 안 된다.

뉴스 밸류

뉴스 밸류News Value란, 한마디로 '기사로서의 가치'를 의미한다. 뉴스 밸류가 높다면 기사화될 가능성이 크고, 또 지면이나 뉴스에서 톱으로 올라갈 가능성이 커진다. 당연히 보도 자료도 뉴스 밸류를 높여야 채택될 가능성이 커지고 또한 주요 기사로 다뤄질 가능성이 커진다.

뉴스 밸류를 높이려면 어떻게 해야 할까? 본질적으로 얘기한다면 'News'는 'Newth,' 즉 'Newness'가 있어야 한다. 새롭지 않으면 뉴스라는 이름이 어울리지 않는다. 그러나 새로운 내용이라고 해서 다 뉴스가 되는 것은 아니다. "옆집 청년이 오늘 처음으로 개고기를 먹어 봤다"라는 사건이 있다고 하자. 분명히 새로운 내용이지만 뉴스가 되지는 않는다. 즉 '새로움'에 무언가 사람들의 관심이 큰 내용을 더해야 뉴스가 되는 것이다. 사람들의 관심이 높은 내용은 매우 다양하겠지만, 그중에서 필자 방식대로 외우기 쉽도록 정리한 것이 'MASS CT'다. 굳이 해석을 하자면 대중을 CT 촬영으로 분석한다는 것인데, 대중의 입맛을 알아야 뉴스 밸류를 파악할 수 있으니 대중을 CT 촬영하듯이 분석해 보자는 뜻을 가지고 있다. 물론 이는 외우기 좋게 말을 조합한 것이고, 'MASS CT'는 Money, Animal, Star, Sex, Child, Timeliness의 머리글자를 딴 약자다.

Money 대부분의 사람들이 돈에 대해서는 큰 관심을 가지고 있다. 그래서 돈 얘기가 들어가면 사람들의 관심도가 증가하고 당연히 뉴스 밸류 또한 높아진다.

(1) A회사가 B회사를 샀다.
(2) A회사가 B회사를 큰돈을 주고 샀다.
(3) A회사가 B회사를 1조 원에 샀다.

이 세 가지 문장 중 어떤 것에 가장 관심이 많이 가는가? 대부분의 사람들이 (2)와 (3)에 관심이 몰릴 것이고, 대체적으로 (3)이 가장 뉴스 밸류가 높다고 말할 수 있다. 구체적인 액수가 언급될수록 더 이목을 끌기 때문이다. 보도 자료에 '돈 얘기'를 집어넣으면 관심을 받게 될 가능성도 급증하게 된다.

Animal

사람들은 동물을 좋아한다. 그것이 귀여운 동물이든, 맹수든, 가축이든 살아있고 움직이는 것에 관심도가 높은 것 같다. 그래서 동물 얘기가 나오면 이목이 집중된다. 〈동물의 왕국〉, 〈동물농장〉 등의 프로그램이 시청률이 높은 것은 우연이 아니다. 사람들은 동물 이야기를 좋아한다. 그래서 보도 자료에 동물 이야기, 동물 사진 등을 넣으면 뉴스 밸류가 높아진다.

Star

포털사이트 뉴스 중에서 가장 트래픽이 높은 영역은 연예 코너다. 스타들과 연예인들의 이야기는 그만큼 사람들에게 큰 관심거리다. 필자가 몸담았던 엔터테인먼트 콘텐츠 영역에서는 스타를 홍보에 잘 활용하느냐 못하느냐에 따라 사업의 성패가 갈리곤 한다. 단, 어떤 경우이든 스타 본인들에게 허락을 받고 활용해야 한다. 그렇지 않으면 저작권, 초상권 등의 이슈로 한바탕 곤욕을 치를지도 모른다.

Sex 성은 만고불변 동서고금에 인간의 최대 관심사 중 하나다. 그러나 보도 자료에서 이를 직접적으로 활용하기는 쉽지 않다. 노골적으로 드러내기보다는 간접적으로 활용하는 것이 보통이다. '섹시 아이콘,' '아찔한 몸매' 등 성적인 단어들을 직접 활용하는 경우들은 흔치 않다. 하지만 상품이 성적인 것과 전혀 상관없다 하더라도 '(가식을, 형식을) 벗기다,' '늘씬한 곡선,' '첫 경험' 등 성적 연상을 불러일으키는 단어들을 활용하는 경우는 매우 흔하다. 이러한 단어들을 타이틀이나 리드 문장 같은 곳에 구사하면 눈길을 사로잡기가 용이하다.

Child / Baby 어린이 관련 내용들도 뉴스 밸류가 높다. 최근 몇 년 새 여러 어린이집에서 아동 학대 사건이 일어나 충격을 받은 사람들이 많다. 이것이 그렇게 충격적으로 느껴지는 것은 보호해야 할 대상에게 오히려 공격을 가했기 때문이다. 인간은 보호 욕구를 가지고 있다. 그러한 이유로 아이들 특히 아기들에 대한 내용, 사진 등은 뉴스 밸류가 높다. 그러나 이 부분도 조심해야 한다. 자칫 초상권 등의 이슈에 얽힐 경우에 매우 곤란한 상황에 처할 수 있다.

Timeliness　시의성은 가장 강력하면서도 가장 자주 고려해야 하는 뉴스 밸류의 요소다. 시의성을 확보하면 별것 아닌 내용도 뉴스 밸류가 매우 높아지기 때문이다. 예를 들어 목을 확 뚫어 주는 기능성 캔디를 출시한다고 하자. 여름이나 겨울에 출시 보도 자료를 내는 것과 환절기, 특히 황사, 미세 먼지가 화두가 되는 시기에 자료를 내는 것 중 어떤 쪽이 뉴스 밸류가 높을까? 당연히 후자가 훨씬 뉴스 밸류가 높아진다. 시의성은 뉴스의 근본 원리인 '새로움'을 대치할 수도 있을 만큼 중요한 뉴스 밸류의 요소다.

지금까지 뉴스 밸류를 높일 수 있는 방법들을 나열해 보았다. 그런데 이것들은 '시의성' 정도를 제외하고는 사실 뉴스 밸류를 높일 수 있는 액세서리들이지, 이 자체로 뉴스 밸류를 보장하는 것은 아니다. 즉 '뉴스 밸류가 높아 보이게 하는' 요소는 되더라도 '뉴스 밸류 자체를 높이는' 요소는 아니라는 것이다. 재료 자체가 전혀 얘기가 안 되는 내용이면, 이런 것들을 삽입한다고 해도 기사화 가능성은 크지 않다. 새로운 내용이 전혀 없다면 이런 내용들을 집어넣어도 뉴스가 안 된다는 얘기다.

그렇다면 근본적으로 뉴스 밸류를 높이는 방법, 즉 '새로움'을 강화하는 방법은 무엇인가? 다시 말장난을 해 보자. 근본(FM)으로 돌아가면(BE) 된다. 즉 'BE FM'하면 된다. (이것 역시 기억하기 좋으라고 필자가 지어낸 약어다.) 풀어 보면 'Best Extraordinary First Most,' 즉 '최고의 비범한 최초의 최대의'다.

Best First Most 말을 만들기 위해서 이렇게 배치했지만 '최고, 최초, 최대'는 유사한 측면이 있다. 사람들은 처음으로 일어난 사건, 역사상 가장 대단한 사건, 가장 많은 무언가에 반응을 하게 마련이다. 그래서 보도 자료를 작성할 때는 가능한 최고, 최초, 최대의 범주를 찾아내야 한다.

새로운 소형 자동차 모델이 출시된다고 하자. 이렇게 저렇게 봐도 새로울 것이 없다. 모든 자동차들과 비교해 보더라도 연비가 좋은 것도 아니고 안전성이 향상된 것도 아니다. 그렇다고 가격이 가장 저렴하지도 않다. 그렇다면 범주를 나눠서 그 안에서 최고의 가치를 찾아본다. 연비가 좋지 않은 이유를 살펴보니 마력이 좋은 편이다. 그러고 보니 중형차들과 비교할 수는 없지만 소형차 중에서는 시속 100km에 도달하는 속도가 빠르다. 그렇다면 "소형차 중 가장 빠른(최고 속도의) 자동차 출시"라는 야마를 뽑아내고 이렇게 써도 문제가 없을지 마케팅, 법무, 영업 등에 확인해 보라. 자체 조사도 해 보자. 문제가 없다. 오케이! 이렇게 나간다. '최초,' '최대'로도 마찬가지 방법을 사용해서 뉴스 밸류를 만들어 낸다.

Extraordinary '비범한,' '평범하지 않은,' '이상한' 등의 의미로 해석될 수 있다. 평범하지 않은 것은 그 자체로 뉴스가 된다. 뉴스의 가치를 근본적으로 높일 수 있는 방법인 셈이다. 전화기가 전화기로 쓰이면 새로울 것이 없지만 전화기가 무기나 요리 도구로 사용된다면 뉴스가 된다. 홍보하고자 하는 상품에서 '비범한,' 혹은 '차별화된' 측면을 찾는다. 최근 오리온에서 '오!감자 허니밀크'가 나왔다. 먹어 보니 달콤한 맛 외에 밀크 향이 강했다. 기존의 '달콤한 계열'의 과자들과 차별화 포인트가 되는 것이다. 그래서 이 부분을 보도 자료에 강조했다. "기존의 '달콤 트렌드'에 밀크라는 '차별화된 가치'를 더한 상품"으로 포지셔닝한 것이다. 그냥 달콤한 계열의 과자가 하나 추가됐다는 식으로 냈으면 어땠을까?

정리해 보자. 뉴스는 새로운 내용이어야 한다. 그러나 새로운 내용이라고 해서 다 뉴스가 되는 것은 아니다. 우선은 근본적으로 뉴스성을 확보해야 한다(BE FM). 그러고 나서 한 톨이라도 뉴스 밸류를 높일 수 있는 부분이 있을지 대중들의 입맛을 샅샅이 뒤져 보자(MASS CT).

뉴스 밸류의 구성 요소를 잘 기억해야 하는 이유는 '뉴스를 만드는 것'에만 활용되는 원리가 아니라 위기관리를 수행하면서 '뉴스가 되지 않게 만드는 것'에도 중요한 원리이기 때문이다. 뉴스 밸류에 대한 감각은 홍보맨에 있어서 기본 덕목이다. 마치 말장난 같은 'BE FM,' 'MASS CT' 등의 단어를 만들어 낸 이유다.

〈섹스 앤 더 시티〉를 받아 주세요

방송 콘텐츠들을 홍보하다 보면 정말 홍보하기 어렵다고 느껴지는 것들이 있다. 상업성이 너무 강한 것, 재미없는 것, 욕먹지 않고는 홍보하기 어려운 내용, 형식이나 장르가 너무 새로워서 이해시키기 어려운 것 등등. 그런데 엉뚱한 이유로 홍보하기 어려웠던 작품이 있었는데, 그게 바로 2000년대 초반의 미국 드라마 〈섹스 앤 더 시티Sex and the City〉다.

〈CSI〉와 〈섹스 앤 더 시티〉는 2000년대 초반 우리나라에 이른바 '미드 열풍'을 일으킨 작품들이다. 그만큼 〈섹스 앤 더 시티〉는 우리나라에서 인기가 많았던 작품인데, 사실 이 작품을 홍보하기 시작한 시기에는 각종 애로점이 많았다. 제목에 '섹스'라는 단어가 들어가 있기 때문이다. 일단 처음에는 보고 듣는 사람들이 '야동'으로 오해를 했다. 심지어 어떤 기자는, "어휴, 그렇게 야한 건 우리 데스크가 안 받아 줘요"라고 했다. 이름에서 오는 오해 외에 다른 문제도 있었다.

홍보의 역사에서 여러 가지 크고 작은 변화들이 있지만, 그중에서도 큰 변화 중 하나가 보도 자료 배포 수단이다. 1970~1980년대에는 보도 자료를 직접 전달하거나 서신으로 보냈다. 그러다가 1990년대 후반부터는 팩스를 사용하기 시작했다. 2000년대에 들어와 배포 수단은 다시 진화를 해 팩스와 보도 자료 전문 배송업체, 이메일이 병행되기 시작했다. 그러다 보니 그 당시의 기자들도, 홍보맨들도 이메일 보도 자료에 익숙하지 않았다.

지금이야 이메일을 많이 쓰다 보니 그 속성이나 메커니즘을 잘 이해하고 있지만, 2000년대 초반에는 이메일을 그냥 사용할 뿐이지 이메일의 메커니즘까지 이해하는 건 전문가들이나 가능한 일이었다. 〈섹스 앤 더 시티〉에는 '섹스'라는 단어가 제목에 들어가 있으니 이메일이 기자들에게 전달될 리가 없었다. 스팸 메일 차단 기능 때문이다. 이러한 메커니즘을 홍보 담당자가 알고 있을 리 없다.

결국 무지가 해프닝을 만들어 냈다. 한 기자가 〈섹스 앤 더 시티〉 관련 자료를 보내 달라고 해서 보내 줬는데 자료가 안 왔다고 했다. 그래서 몇 번을 보내 줬는데 계속 안 왔다는 거다. 파일 용량이 커서 그런가 싶어서 사진 크기를 줄여 보기도 하고, 우리 메일 서버 점검도 해 봤다. 그런데 아무리 해도 전달이 안 됐다. 기자는 '보내지도 않고 보냈다고 거짓말하는 거 아냐?' 하고 의심하기 시작했고, 우리는 '그 신문사 서버에 문제가 있다'라고 단정하기 시작했다. 결국 서로 감정이 상해서 한바탕 언성이 높아지게 됐다. 그런데 IT팀을 통해 알고 보니 '섹스'란 단어 때문에 스팸 처리가 되었던 것이었다. 나중에 오해를 풀긴 했지만 지금 생각해 보면 말도 안 되는 해프닝이다.

그런 해프닝을 겪고 보니 지금까지 대부분의 신문사들에 〈섹스 앤 더 시티〉 관련 보도 자료가 안 들어갔겠구나 하는 생각이 들었다. 어쩐지 기사가 안 난다 했다. 그날 이후로 모든 〈섹스 앤 더 시티〉 관련 보도 자료에서 프로그램명을 'S&C'라고 쓰기 시작했다. 그 이후로는 홍보도 아주 잘 됐고 콘텐츠에 대한 시청자들의 반응도 폭발적이어서 그야말로 '대박' 콘텐츠로 자리를 잡게 됐다. 대박의 시작에는 왜 꼭 이런 해프닝이 한두 개씩 있는지 모르겠다.

홍보의 예술, 스토리텔링과 스토리 메이킹

인류는 '스토리'를 좋아한다. 같은 사건도 앞뒤에 뭔가 연결되는 이야기가 있으면 훨씬 흥미를 느끼고 관심을 갖게 된다. "철수가 명품 구두를 샀다"고 하면, 뭐 그런가보다 하고 생각하겠지만 "매우 가난하게 사는 철수가 명품 구두를 샀다"라고 약간의 스토리 '요소'만 붙여 줘도 관심이 생긴다. 여기에 "너무나 가난하게 살던 철수가 좋아하는 여자에게 잘 보이기 위해서 명품 구두를 샀다"고 스토리를 전개하면 홍미가 생기기 시작한다.

> 너무나 가난하게 살던 철수가 이웃에 새로 이사 온 여자 미영에게 첫눈에 반했는데, 미영은 명품 마니아였고, 철수는 미영의 관심을 끌기 위해 빚을 내서 명품 구두를 샀다. 결국 둘은 사귀게 되었고 철수가 가난하다는 것을 알게 된 미영은…….

어떤가? 매우 상투적인 스토리임에도 뒷이야기가 궁금해지지 않는가? 스토리의 힘이란 이런 것이다. 인간은 그만큼 스토리를 좋아하고 스토리에 목말라 있다. 이는 아마도 신화, 전설과 같은 원시 서사부터 시작된 스토리에 대한 호감이 우리의 DNA에 새겨져 있기 때문이 아닐까 추측해 본다.

홍보에 있어서, 특히 이슈 메이킹에 있어서 스토리는 매우 중요하다. 훌륭한 홍보맨 중에는 스토리텔링에 능한 사람이 많다. 회사나 상품을 홍보함에 있어 스토리텔링만큼 임팩트를 줄 수 있는 방법은 없기 때문이다. 그런데 여기서 홍보의 스토리텔링은 사실 두 가지 개념을 가지고 있다. '스토리를 말하는 것'과 '스토리를 만들어 가는 것'이 그것이다.

'스토리를 말한다'는 것은 말 그대로 같은 사안을 서사의 구조로, 즉 스토리로 짜서 이야기하는 것을 말한다. 특정 상품을 홍보한다고 하면, 그 상품이 탄생하게 된 배경이라든가 에피소드, 관련된 여러 가지 이야기를 함께 언급함으로써 주목도를 높이고 흥미를 자아낼 수 있다. 어떤 보도 자료를 쓰든 사건을 스토리화할 수 있는지는 반드시 검토해 봐야 한다.

'스토리를 만들어 간다'는 것은 홍보를 진행하면서 하나의 '홍보 스토리'를 만들어 간다는 이야기다. 앞에 언급했지만 홍보는 대중과 '호흡'을 하는 것이다. 한 번 던지고 마는 것으로는 미흡하다. 던진 사안에 대한 반응을 지켜보고 이를 기반으로 다시 다음 이야깃거리를 던지고 또 다시 반응을 기다리고 하는 식으로 대중과 이야기를 나누는 것이 제대로 된 홍보 활동이다. 홍보 활동을 다른 말로 하면 '대중과 나누는 대화'라고도 할 수 있는데, 이 과정을 하나로 엮으면 바로 '홍보 스토리'가 되는 것이다. 이렇게 시계열적인 스토리를 짜놓고 대중의 반응에 따라 수정을 해가면서 하나의 스토리를 완성해 나가는 과정을 다른 의미의 스토리텔링이라고 부를 수 있다. 필자는 이것을 스토리텔링과 구분 지어 '스토리 메이킹'이라고 부른다.

먼저 '스토리를 말하는' 스토리텔링에 대해서 이야기해 보자. 앞에서 '철수 이야기'의 예를 보았듯이 스토리텔링은 그리 어려운 것이 아니다. 스토리텔링을 이야기하면 '창의성'이 중요할 것이라고 생각하는 사람들이 있는데, 그보다는 '의지'가 중요하다고 말하고 싶다. 어떤 사건도 스토리로 만들려고 하면 그것이 조금은 빈약할지언정 만들지 못할 것이 없다. 즉 '스토리로 이야기하겠다'는 '의지'가 있느냐, 없느냐의 문제인 것이다. 훈련이 되어 있지 않으면 스토리텔링은 매우 번잡하고 귀찮은 일로 느껴질 수 있다. 그러나 몇 번의 실전을 겪고 나면 그것이 별것 아니라는 사실을 깨닫게 된다. 왜냐하면 우리는 일상에서 끊임없이 스토리텔링을 하고 있기 때문이다. 친구나 가족들과 나누는 대화, 사람들 앞에서 하는 발표, 심지어 아기나 동물들과 나누는 대화에도 반드시 스토리가 배어 있기 마련이다. 홍보에 있어 스토리텔링이 일상의 스토리텔링과 다르지 않다는 것은 몇 번의 경험이면 자연스럽게 깨닫게 되고, 이후 스토리텔링에 대한 부담감만 떨쳐버리고 나면 이를 업무에 적용시키는 것이 전혀 어렵지 않게 된다.

실무적으로 조금 더 들어가 보자. 같은 사건도 스토리로 말하는 요령은 특정 사건에 대해 시간적으로 앞뒤 내용을 붙여 보는 것이다. 예를 들어 보자. 2015년 초여름, 오리온에서 '스윙칩 허니밀크'라는 과자가 나왔다. 이를 그냥 단순하게 "스윙칩 허니밀크가 나왔다"라고 한다면 아무 주목도 받지 못할 것이다. 그보다는 "'포카칩 스윗치즈,' '오!감자 허니밀크'를 통해 '달콤 계열' 과자의 가능성을 확인한 오리온이, '허니밀크' 양념을 생감자에 적용하면 또 다른 맛이 나온다는 사실을 발견하고 '스윙칩 허니밀크'를 개발하게 됐다"라고 탄생 스토리를 덧붙이게 되면 이전보다는 훨씬 흥미를 끌 수 있다. 이후 오!감자 허니밀크와 스윙칩 허니밀크에 대한 소비자의 서로 다른 반응을 덧붙이면 좀 더 풍성한 보도 자료가 될 것이다. 보다시피 스토리텔링은 무슨 거창한 활동이 아니다. 그냥 상품 출시의 배경 스토리와 사람들의 반응 등을 조금 덧붙여 줌으로써 간단하게 주목도를 높일 수 있다. 이 세상에 배경과 반응이 없는 사건은 없다. 배경과 반응은 만드는 것이 아니라 찾아내는 것이고 이는 '크리에이티비티'가 아니라 '의지'인 것이다.

'스토리를 만들어 가는' 과정을 이야기하는 '스토리 메이킹'은 '스토리텔링'보다는 숙련이 필요한 활동이다. 십여 년 전부터 후배 홍보맨들에게 '스토리 메이킹'을 늘 강조해 왔으나 스토리 메이킹을 제대로 해내는 홍보맨은 많지 않았다. 이는 단순히 '의지' 정도로 이룰 수 있는 것이 아니고, 통찰력에 기반을 둔 예측 능력이나 풍부한 홍보 경험 등이 뒷받침되어야 실현 가능한 활동이기 때문이다. 이렇게 구현이 어렵지만 위기관리와 이슈 메이킹에 스토리 메이킹은 필수적이다. 스토리 메이킹이 되지 않는다면 단편적인 홍보만이 가능할 뿐, 입체적이고 중장기적인 홍보가 불가능해지기 때문이다. 스토리 메이킹을 하는 방법에 대해 간단히 살펴보도록 하자.

스토리 메이킹을 하려면 특정 사안들을 연속적으로 사고하는 연습을 해야 한다. 보도 자료 하나하나를 개별적으로 취급할 것이 아니라 이전에 나갔던 자료들과 이후에 나갈 자료들을 연관 지어서 작성하고 내보내도록 한다.

예를 들어 오리온에서 진행 중인 포장재 개선 활동을 보자. 오리온을 비롯한 국내 제과 업체들은 과거 과대 포장으로 네티즌들의 비난을 크게 받은 적이 있다. 이에 오리온은 2014년 11월에 포장재 축소 및 이를 통한 원가 절감으로 과자 양을 늘리는 개혁안을 발표한 바 있다.

일반적으로 많은 기업들이 이렇게 발표를 하고는 조치 결과에 대해서는 입을 닫아 버린다. 그러나 소비자들은 기억하고 궁금해 한다는 것을 알아야 한다. 홍보는 대화의 활동이다. 기다리고 있는 소비자들을 기억하고 조치 결과를 발표해야 한다. 그래서 홍보실의 설득으로 2015년 3월에 또 한 번의 포장재 개혁안, 즉 2차 포장재 개선안을 발표한다. 이번에는 친환경 포장으로 포장재에 잉크를 축소 사용하는 개혁안을 발표했다. 이 발표와 함께 1차 포장재 개선 작업이 완료되었음을 함께 언급했다. 약속 이행을 보고하면서 동시에 다음 개선 작업을 함께 발표함으로써 일회성 전시 행정이 아니라는 메시지를 함께 줄 수 있는 것이다. 더불어 '오리온은 약속을 지키는 기업'이라는 이미지도 덤으로 얻게 되었다.

이어서 2015년 9월과 10월에는 포카칩과 초코파이의 증량을 발표했다. 이 과정에서 1, 2차 개선 작업의 완료 상황을 함께 언급했다. 또한 3차 포장재 개선안을 준비 중인데, 이를 발표하면서 1, 2차 개선 작업 및 증량에 대한 소비자 반응 등도 함께 언급할 것이다. 하나의 홍보 스토리를 만들어 감으로써 단일 발표나 개혁으로는 얻을 수 없는 여러 가지 긍정적인 이미지들을 함께 확보할 수 있다. 이 같은 스토리 메이킹은 사안에 대한 입체적이고 시계열적인 시각을 갖지 못하면 실현해 내기 어렵다. 연습이 필요하다.

그런가하면 스토리 메이킹에는 IMC적인 사고가 필요하다. 여러 가지 매체를 시계열적으로, 또한 타깃에 맞춰 잘 배열함으로써 스토리 메이킹 효과를 얻을 수 있다. 하나의 메시지가 동시에 여러 매체에서 쏟아지는 것도 효과가 있지만, 상황에 따라서는 홍보 스토리를 만들어 가면서 각 매체의 메시지가 순차적으로 전개될 때 더 큰 효과를 기대할 수 있다.

새로운 A 음료를 런칭하는 상황을 가지고 가상 스토리 메이킹을 해 보자. 먼저 가장 인기 있는 스타 B와 CF 모델 계약을 한다. 그리고는 A 음료의 샘플을 하나 제작한 후에 이를 B의 소셜 미디어에 자연스럽게 노출시킨다. (노골적으로 '신제품이다' 이런 식으로 노출하면 안 된다.) B가

출국을 할 때도 공항에 들고 나가도록 한다. B의 팬들을 중심으로 슬슬 A 음료에 대한 궁금증이 일어날 것이다. 기자에게 제보를 할 수도 있을 듯하다.

어느 정도 바이럴이 일어나기 시작하면 기자들이 본격 취재에 나서기 전에 A 음료의 탄생 스토리를 넣어서 런칭 보도 자료를 낸다. 이어서 스타 B와의 A 음료 CF 모델 계약 사실을 발표한다. 왜 B와 계약하게 되었는지에 관한 흥미진진한 캐스팅 스토리도 함께 발표한다. CF 제작 현장과 관련해서는 TV 연예 정보 프로그램에 노출을 시도하고, 캐스팅 스토리를 담아 라디오 프로그램에 B를 출연시킨다. 뜨거운 도시 한복판에서 A 음료 런칭쇼를 진행한다. 물론 B도 나와야 한다.

소셜 미디어에 A 음료 런칭과 관련한 여러 가지 사진이나 문건들이 돌기 시작한다. B의 팬 카페와 A 음료의 소셜 미디어 공식 계정에 B가 나오는 CF 첫 방영 시기를 예고한다. A 음료 출시와 동시에 예고된 시간에 CF를 1회만 내보낸다. 단 1회만 방영된 CF에 사람들의 호기심이 커진다. A 음료에 찍힌 QR 코드를 찍으면 스마트폰으로 CF를 감상할 수 있게 한다.

어느 정도 바이럴이 되기 시작하면 각 매체를 통해 광고를 내보낸다. 이 시점 즈음에 A 음료에 대한 사람들의 긍정적 초기 반응을 보도 자료로 보낸다. 소셜 미디어상의 반응과 판매 현황 등을 내보내는 것이다. 동시에 관계, 때로는 계약 등을 활용해 몇몇 스타들의 소셜 미디어에 음료를 노출시킨다. (이 부분은 너무 노골적으로 긍정적인 평을 써 달라는 식으로 하면 안 된다. 자칫 조작에 대한 반감이나 비난으로 이어질 위험이 있다. 노출 정도로 충분하다.) 이후 각종 프로모션이나 이벤트, 지속적 홍보를 통해 A 음료 판매

유지 전략을 전개한다.

이 같은 스토리 메이킹 시나리오를 미리 다 작성한 다음 이를 실행하되 혹시 진행 과정에서 원하는 반응이 나오지 않는다면 시나리오를 수정해 가면서 진행을 해야 한다. 스토리 메이킹이 어려운 것은 이 같은 IMC 시나리오를 쓰는 것이 만만치 않다는 점과 이를 실행하는 과정에서 예상치 못한 상황들을 맞닥뜨릴 수 있다는 점 때문이다. 이러니 통찰력과 경험이 부족하면 플래닝도, 실행도 어려울 수밖에 없는 것이다.

정준영 스토리

연예인들은 본인의 의지와 상관없이 기업들을 도와주기도 하고, 부정적인 영향을 미치기도 한다. 일례로 2015년 초, MBC TV의 〈진짜 사나이〉 여군 특집에 배우 강예원이 나온 적이 있다. 이 프로그램에서 강예원은 '오예스'를 먹었다는 오해를 받자 울먹이면서 "나는 초코파이만 먹는다"고 했다. 이를 본 팬들이 초코파이를 대량으로 사서 보내 줬고, 강예원이 이를 페이스북에 올려 기사화되는 등 오리온은 생각지도 못한 홍보 효과를 보게 되었다. 기사와 페이스 북에 달린 댓글을 보니 '나도 초코파이 먹고 싶다,' '가게 가서 초코파이 사먹어야지' 등 긍정적인 반응들이 많았다. 강예원이나 제작진이 초코파이를 띄우자고 그랬을 리도 만무하고, 어쨌든 오리온은 아주 고마운 선물을 받은 셈이다. 이처럼 연예인이 본의 아니게 기업을 도와준 사례는 드물지 않다. 지난해 연말 우리나라를 강타한 '허니버터칩' 열풍도 몇몇 연예인들의 SNS 인증샷에서 비롯되었는데, 해태제과는 예상치 못한 혜택을 입은 셈이다.

그런가 하면 연예인들이 본의 아니게 기업을 괴롭게 만드는 일도 있다. (좋은 일이 아니니 구체적인 사례는 적지 않으려 한다.) 다만 이럴 때 기업들은 가만히 있을 것인지, 발끈해서 법적인 조치 등을 취할 것인지, 그것도 아니면 이를 긍정적으로 전환할 것인지 결정을 해야 한다.

가수 정준영이 〈마이 리틀 텔레비전〉(MBC)에 나와서 벌어진 에피소드가 하나 있다. 그날 주제가 '꿀 과자' 전격 해부였다. '허니 계열' 과자를 한 자루 사다 놓고 하나씩 먹어 가면서 비교하는 것이었다. 그런데 거기에 포카칩 스윗치즈가 포함되어 있던 모양이다. 포카칩 스윗치즈는 허니버터칩과 거의 같은 시기에 출시되어서 허니버터칩 열풍의 덕을 굉장히 많이 본 과자다. 이 프로그램에서는 정준영이 "이건 꿀 과자가 아니잖아" 하면서 포카칩 스윗치즈를 던져 버린 장면이 나왔다. 그리고 방송에는 나오지 않았지만 "치즈 함량이 왜 이렇게 작아?"라며 덧붙였다고 한다. 오리온 입장에서는 사실 분하고 억울할 수 있는 장면이다. 일단 자사 상품이 내동댕이쳐진 장면이 기분 좋을 리 없다. 또한 포카칩 스윗치즈는 생감자에 '치즈 맛'을 입힌 과자이지, 치즈 과자가 아니기 때문이다. 어쨌든 거기다 대고 "포카칩은 감자로 승부하는 과자이지, 치즈로 승부하는 과자가 아닙니다!"라고 외쳐 봐야 뭐하겠는가.

이때 담당 마케팅 매니저가 기지를 발휘했다. 정준영에게 본격적인 치즈 과자인 '마켓오 리얼치즈칩'을 보내자고 제안을 한 것이다. 잠깐 '마켓오 리얼치즈칩' 소개를 하자면, 치즈가 12.1%나 들어가 있는 프리미엄 치즈 과자다. 다들 좋은 아이디어라고 생각했다. 어마어마한 양을 정준영에게 보냈다. 오리온은 이렇게 '양심적인(?)' 과자 회사라는 편지를 동봉해서 말이다.

정준영은 고맙게도 이 스토리를 자신이 진행하는 라디오에서 소개했고, 내가 이것을 한 연예 매체에 제보해서 기사로 소개가 됐다. 이 기사가 정준영 팬 카페에 알려지면서 팬들이 기사에 댓글 수백 개를 남기기도 했다. "정준영, 오리온 둘 다 멋지다" 등 대부분 긍정적인 내용이다. 여기서 끝나지 않고 팬 중 한 명이 '마켓오 리얼치즈칩' 포장 이미지에 정준영의 얼굴을 합성해 공유하는 수고까지 해 주었다. 위기를 기회로, 전화위복이다. 결과적으로 멋들어진 홍보 스토리가 하나 완성되었다.

온라인 이슈 메이킹: 21세기판 〈서동요〉 만들기

홍보의 끝은 입소문이다. 각종 매체를 활용하여 무언가를 알리고 설득하고 하는 과정의 제일 마지막 단계는 입소문이다. 입소문이 퍼지기 시작하면 무엇을 가지고도 저항하기 힘들고, 또한 그 전파력과 설득력은 어떤 매체의 보도보다도 강력하다. 입소문은 아는 사람으로부터 듣게 되는 이야기이고, 그만큼 그 신뢰도가 매우 높기 때문이다. 만약 입소문이 충분히 난 상황이고 특별히 권위와 공정성을 확보해야 할 상황이 아니라면, 굳이 매체를 통한 홍보에 열을 올릴 필요가 없다. 그만큼 홍보의 궁극적 목표는 입소문이라고 할 수 있다.

우리나라의 기록된 역사에서 입소문의 효시 격이라 할 수 있는 사례는 〈서동요〉다. 백제 무왕이 신라 선화공주를 얻기 위해 지어 퍼뜨린

동요인데 '선화공주가 서동과 간통을 했다'는 내용이다. 결과적으로 노래를 통해 광범위하게 입소문이 퍼져 무왕이 원하는 바대로 선화공주를 얻게 되었다는 스토리다. 이 이야기가 단순한 민담 설화이든 실제 사례이든, 홍보맨이라면 궁극의 지향점으로 기억할 만한 사례다. (다만 〈서동요〉는 선화공주 입장에서 보면 매우 억울한 스토리이고 홍보의 관점에서 보면 매우 부도덕한 흑색 전략이다. 이런 식의 홍보 방식은 권하지 않는다. 21세기에 이 같은 날조 스토리는 어마어마한 역풍을 맞을 가능성이 크다.)

온라인 이슈 메이킹 얘기를 하면서 왜 이렇게 장황하게 입소문에 대한 얘기를 하는지 궁금할 수 있겠다. 그것은 21세기 입소문이 곧 온라인 이슈 메이킹이라 할 수 있기 때문이다. 21세기에는 온라인 카페나 소셜 미디어를 통해 입소문이 퍼져 나간다. 물론 이는 오프라인 입소문으로도 이어진다. 21세기 홍보의 끝은 온라인 이슈 메이킹인 셈이다. 그럼에도 많은 홍보맨들이 여전히 조중동 기사가 홍보의 궁극이라고 굳게 믿고 있다. 물론 조중동 기사의 파급력은 강하다. 그러나 궁극적으로는 입소문에 대한 이들의 영향도가 얼마나 큰가에 따라 홍보적 효과가 측정돼야 할 것이다. 그럼 지금부터 '21세기 홍보의 궁극'을 파헤쳐 보자.

온라인 이슈 메이킹 얘기를 하기 전에 한 가지 살펴봐야 할 개념이 있다. 'SEO'가 그것인데, 'Search Engine Optimization'의 약자로 이를 의역하면 '포털 검색 엔진에 맞게 최적화' 혹은 '포털 검색 결과 최적화'가 된다. 원래는 작성한 블로그 포스트가 포털 검색 시 위쪽에 게재되게 하기 위해서 포스트 내에 주요 검색어를 몇 번 넣어야 하며, 어떻게 배치해야 하고, 사진은 어떤 식으로 넣는가 등등의 요령을 말하는 것이다. 그런데 최근에는 특정 검색어를 입력했을 때 뉴스, 사진, 블로그, 웹

문서, 카페 등의 항목이 적절하게 원하는 내용으로 표출되도록 하는 것을 의미하기도 한다. 홍보적으로 보면 양쪽 의미가 다 중요하다. 결국 검색 결과 안에 블로그가 포함되어 있기 때문이다. 하여간 이 책에서는 주로 후자적 의미, 즉 '검색 결과가 원하는 대로 도출되는가'의 의미로 사용하겠다. 이는 온라인 이슈 메이킹에서도 중요하고 PI(President Identity)에서도 중요하다. 여기서는 온라인 이슈 메이킹과 관련된 내용만 연계해서 다룬다.

온라인 이슈 메이킹에 있어서 SEO가 중요한 것은 온라인 이슈 메이킹이 온라인 트래픽과 상관관계가 매우 높기 때문이다. 즉 온라인에서 이슈가 되면 온라인 트래픽이 높아지고, 거꾸로 온라인 트래픽이 매우 높아지면 실시간 급상승 검색어나 많이 본 뉴스 등으로 이어지며 온라인 이슈로 부상하게 된다. 그러므로 온라인 이슈 메이킹을 하려면 온라인 트래픽을 올려야 한다고 볼 수 있다. 눈에 띄어야 이슈가 될 최소한의 조건이 충족된다는 상식을 기억하면 된다. 무언가 검색어를 입력했을 때 SEO가 잘되어 있어야 트래픽이 늘어나게 된다.

예를 들어 '오!감자 허니밀크'를 이슈화해야 한다고 하자. 먼저 '트리거' 역할을 할 도구를 선정한다. 주로 기사가 그 역할을 한다. 때로 자극적인 동영상이 그 역할을 하기도 한다. 하여간 이 트리거 역할을 할 도구가 배포되기 전에 SEO가 이뤄져야 한다. 오!감자 허니밀크 관련 보도 자료가 트리거라 가정하자. 그렇다면 보도 자료 배포 전에 오!감자 허니밀크 관련 사진과 동영상을 미리 올려놓고 관련 블로그 포스트도 충분히 게시해 둔다. 이외에도 오!감자 허니밀크 관련해서 사람들이 관심을 가질 수 있는 여러 가지 콘텐츠를 미리 배치해 둔다. 이는 트리거가 관심을 끌어 사람들이 검색을 했을 때 트래픽을 일으킬 수 있는 여러 가지 볼거리를 미리 배치해 두는 작업이다.

충분히 콘텐츠 배치가 끝났다고 판단되면 보도 자료를 배포한다. 배포와 동시에 소셜 미디어 공식 계정 등을 통해 함께 보조 트리거를 발동시킨다. 잘 준비된 콘텐츠와 훌륭한 트리거가 제대로 작동을 한다면 경우에 따라 포털 '실시간 급상승 검색어'나 '많이 본 뉴스'에 올라 엄청난 마케팅 효과를 볼 수도 있다. 그야말로 이슈 메이킹에 성공한 셈이다. 이러한 작업이 반복적으로 이루어지면 우리가 원하는 궁극의 홍보, '입소문'에 가까워지는 것이다.

온라인 이슈 메이킹 작업이 성공으로 이어지기 위한 관건은 얼마나 풍성하게 또한 적절하게 SEO가 이뤄졌느냐와 트리거 역할을 할 도구가 얼마나 강력한가 하는 것이다. 특히 '트리거'는 매우 중요하다. 수없이 많은 이슈 거리들 중에서 강하게 눈에 띄어야 하는 것이니 간단한 일이 아니다. 그렇다면 트리거 역할을 할 콘텐츠는 어때야 하는 것일까?

첫째, 공유 욕구를 강하게 자극하는 것이어야 한다. 이를 위해서는 희로애락 그리고 감동의 요소를 품는 것을 권한다. 트리거가 매우 웃기거나, 화가 나거나, 슬프거나, 즐겁고 감동적인 것이라면 적절하다. 만약 이 다섯 가지 요소 중 하나도 지니지 못한 것이라면 트리거로는 적절치 못하다. 더 깊이 고민을 해 봐야 한다. 다만 강하게 자극한다고 너무 부정적인 코드를 집어넣으면 역효과가 날 수도 있으니 주의해야 한다. 최근에는 이른바 '병맛' 코드가 트리거로 유행하고 있는데, 이는 지나치면 역효과를 낼 수 있으니 선을 잘 타야 한다. 웃기지도 않고 그냥 '병맛'만 갖고 있는 트리거라면 공유는 되지 않고 부정적 이미지만 양산하게 된다. ('병맛'이란 '병신 맛'의 줄임말로 우스꽝스럽고 바보 같은 행동이나 말이지만 묘하게 친숙하면서도 재미있는 느낌을 주는 경우를 지칭한다.)

둘째, 호기심을 유발해야 한다. 트리거를 접했을 때 그것으로 모든 궁금증이 해결된다면 트리거로는 적절치 않다. 트리거는 그 자체에도 정보를 담아야 하지만 트리거 하나만 가지고 온라인 내에서 화제가 되는 것은 쉽지 않은 일이다. 일단 트래픽이 커져야 더 큰 화제로 확산되는 것이다. 즉 호기심을 자극해서 검색 욕구를 불러일으켜야 한다. 그래서 때로는 일부러 트리거 내에서 모든 것을 설명하지 않고 일종의 여운을 남겨두기도 한다. 이는 추가 검색 욕구를 자극하기 위함이다.

셋째, 이해하기 쉬워야 한다. 봐도 무슨 내용인지 이해가 어려운 내용, 전파하려 해도 설명이 어려운 내용은 트리거로 적합하지 못하다. 입소문을 위한 콘텐츠의 필수 조건은 설명하기 쉬워야 한다는 것이다. 설명이 어려우면 전파 또한 어려워지기 때문에 입소문에 엄청난 장벽이 생긴다. 트리거는 명확하고도 쉬워야 한다.

넷째, 공유가 용이해야 한다. 물리적으로 전파가 용이해야 함을 말한다. 아무리 트리거의 내용이 좋아도 공유가 어렵도록 게재된다면 전파가 일어나지 않는다. 최근에는 대부분의 미디어나 플랫폼이 공유가 용이하도록 제공되지만 일부 온라인 카페 등은 회원에게만 공개가 되는 등 공유가 용이하지 않은 경우가 많다. 따라서 카페 게시물은 대체로 트리거로는 적절치 않다.

마지막으로 시의성 혹은 트렌드성을 확보해야 한다. 너무 오래된 얘기나 다 지난 얘기, 최근의 트렌드에 맞지 않는 소재, 이미 충분히 다뤄진 소재 등이라면 트리거로 적절치 않다. 아무도 공유하지 않을 것이기 때문이다. 공유가 이뤄지지 않으면 당연히 트리거로 기능하지 못한다.

물론 위에 언급한 다섯 가지 요소를 다 갖췄다 하더라도 실패할 확률이 적지 않다. 수도 없이 많은 콘텐츠들 속에서 눈에 띈다는 것은 쉽지 않기 때문이다. 어쩌면 생각처럼 맞아 떨어지지 않을 가능성이 더 클 것이다. 그러나 실망하지 말자. 반복적인 시도 속에 전에 실패한 트리거가 증폭기 역할을 할 수도 있기 때문이다. 콘텐츠는 계속 누적되는 것이고 실패한 트리거가 SEO를 더 풍성하게 하면서 이후 시도의 성공 가능성을 더 높이기 마련이다. 이 점이 한 번의 시도에서 실망하지 말아야 하는 이유다. 실제로 '이후 트리거'를 통해 '이전 트리거'가 증폭기 역할을 한 경우나 의도치 않은 사건으로 인해 이전에 뿌려 놓은 트리거가 갑자기 작동하게 되는 경우들을 많이 경험했다. 실패를 두려워할 필요가 없다는 말이다.

여기까지가 SEO와 온라인 이슈 메이킹에 대한 이야기다. 그런데 온라인 이슈 메이킹과 관련하여 전개한 설명의 행간에 한 가지 성공 비결이 숨겨져 있다. 온라인 이슈 메이킹 작업은 상당히 번거로운 작업이다. 내난히 큰 정성이 들어가야 하며 성공 확률도 그리 크지 않다. 그러나 모순적이게도 그렇기 때문에 정성을 들이는 사람과 그렇지 못한 사람의 성과는 차이가 난다. 번거롭다고 시도를 하지 않는 자는 당연히 이슈 메이킹의 기회를 잡기 어렵다. 반대로 번거로운 여러 정성을 들이는 자는 그만큼 좋은 성과의 기회를 잡게 된다. 시간이 지나면 거둔 성과뿐 아니라 누적된 실력의 격차는 어마어마하게 벌어지게 될 것이다. 노력과 정성 그리고 이를 바탕으로 한 실행이야말로 온라인 이슈 메이킹의 숨겨진 성공 노하우인 셈이다.

이처럼 온라인 이슈 메이킹은 간단해 보이지만 결코 간단치 않은 업무이다. 회사의 인내와 지속적 지원이 필요하다. 온라인 이슈 메이킹 전문 인력을 키우기 위한 노력도 또한 지속되어야 한다. 이 부분은 전적으로 CEO의 몫이다.

기업의 소셜 미디어 활용은 '양날의 검'이다

기업은 소셜 미디어 계정을 운영해야만 하는가

소셜 미디어의 시대다. 뉴스도 소셜 미디어로 소비하고 각종 정보도 소셜 미디어를 통해 얻는다. 소셜 미디어를 통해 감정 표현을 하는가 하면 소셜 미디어 덕분에 인간관계도 유지한다. 이러한 환경이니 기업이 소셜 미디어를 활용하는 것은 너무나도 당연해 보인다. 그렇다면 기업은 당연히 소셜 미디어 계정을 개설하고 활동을 해야만 하는 것일까? 사실 이러한 질문을 심심치 않게 받곤 한다. 이에 대해 단도직입적으로 결론을 얘기하자면, "준비가 되지 않았다면 하지 말라"고 하겠다.

소셜 미디어 계정은 기업에게 양날의 검과 같은 존재다. 기업의 이슈 메이킹이나 때로는 위기관리에도 꼭 필요한 도구지만, 잘못 다루면 위기 요인이 되기 십상이다. 그러므로 능숙한 담당자와 이를 운영할 조직적 준비가 되지 않았다면 차라리 운영하지 않는 편이 낫다. 그럼에도 꼭 운영하고자 한다면, 우선 적절한 전담 인력을 채용한 후에 시작하도록 해야 한다. 조직적 준비도 필요하다. 일단 조직이 열려 있어야 한다.

소셜 미디어의 세계에서 쓰는 용어와 톤 앤 매너, 코드라는 것이 있다. 기업이 이를 받아들일 수 있는 분위기가 아니라면 담당자 내지 담당 조직은 움츠러들 수밖에 없다. 그래서는 활동을 제대로 할 수 없고 적절한 대응을 하지 못함으로써 오히려 리스크로 이어질 가능성이 크다. 회사가 소셜 미디어의 세계를 인정하는 것이 필요한데, 그게 그렇게 간단한 일은 아니다. 특히 보수적인 조직이라면 아무래도 훨씬 더 어려울 것이다. 속칭 '아저씨 문화'로 팽배한 기업이라면 이 같은 문화를 받아들이기 매우 어렵다. 소셜 미디어 세계에서는 소셜 미디어의 코드로 대응해야 하는데, 보수적인 시각과 자세, 코드로 대응을 하려 든다면 아마도 역효과가 나고 말 것이다.

조직적으로 코드를 맞출 자신이 없는데 소셜 미디어 계정을 꼭 운영해야겠다면, 소셜 미디어 계정 운영 조직을 독립적으로 운영하는 것도 방법이다. 다만 이 경우에는 믿을 만한 사람이 그 조직의 수장이 되어야 한다.

적절한 운영 인력과 조직적 준비가 완료되었다면, 다양한 소셜 미디어들 중 어떤 것을 활용할 것인가를 고민해야 한다. 2015년 하반기 현재, 기업들이 가장 많이 활용하는 소셜 미디어는 트위터, 페이스북, 인스타그램, 블로그 등이다. 이 중 블로그의 경우 소셜 미디어에 넣기도 하고 넣지 않기도 하는데, 편의상 여기에서는 소셜 미디어의 하나인 것으로 분류한다. 각 소셜 미디어마다 장단점이 있고 속성이 달라서 무조건 많이 한다고 좋은 것은 아니다. 각 기업의 특성과 소셜 미디어의 활용 목적에 맞게 선택하면 된다.

우선 트위터는 최근 들어서는 조금 하향세에 있는 소셜 미디어지만 실시간 전파력이 가장 강하다는 장점을 갖는다. 특히 불특정 다수를 향한 확산에서는 '리트윗 기능'이라는 무기를 가진 트위터가 가장 강력한 도구다. 포털사이트의 '실시간 검색'에 잡히기 때문에 2차 확산 효과를 노릴 수도 있다. 반면 한 번 글을 올리면 바로 팔로워들에게 전달이 되기 때문에 혹 잘못된 내용이 있어 기업 계정에서 삭제를 해도 팔로워들의 타임라인에서는 제거할 수가 없다는 단점이 있다. 휘발성이 강해 효과가 일시적이라는 점도 단점이다. 불특정 다수에 확산이 된다는 점과 향후 삭제가 불가하다는 속성 때문에 기업의 입장에서는 리스크가 큰 소셜 미디어로 분류되기도 한다.

기업 활동에 가장 적합한 도구는 페이스북이다. 페이스북 '페이지' 기능은 기업 활동을 위해 만들어진 기능이다. 여러 이벤트를 통해 이용자들이 페이지의 '좋아요'를 누르도록 해 팬 수를 기하급수적으로 늘릴 수 있기 때문이다. 실제 지인들과 지인들의 지인들 중심으로 네트워킹이 확장되기 때문에 '신뢰성을 확보한 전파'가 가능하다는 장점도 갖는다. 게시한 문건들에 대한 사후 수정이나 삭제도 용이해서 상대적으로 게시에 부담감이 적은 점도 장점이다. 동영상이나 이미지 공유도 매우 용이하다. 이처럼 다양한 장점을 가지고 있어 페이스북은 기업의 소셜 미디어 활동에 가장 좋은 도구로 자리매김하고 있다. 다만 전파력은 아무래도 트위터보다 떨어진다. 또한 포털사이트에서는 검색이 불가능하다는 한계점도 있다.

인스타그램은 최근 가장 주목 받는 소셜 미디어다. 사진 공유를 중심으로 발달된 소셜 미디어인데, 특히 20대 여성들이 가장 활발히 활동하고 있다. 20대 여성을 주 타깃으로 하는 기업이라면 활용을 고민해 봐야 한다. 단점은 사진 외에 복잡한 정보를 게시하기에는 적합하지 않고 공유가 활발히 일어나지 않는다는 것이다. 또 기업 계정 활동이 활발히 이뤄지고 있는 소셜 미디어가 아니어서 그만큼 기업 활동에는 부담이 있다.

21세기 들어 블로그는 필수 도구다. 특히 5년여 전부터는 블로그가 과거의 홈페이지와 유사한 역할을 한다. 기업과 관련된 각종 정보를 얻기 위해서 고객들은 블로그를 검색한다. 그렇기에 기업들이 블로그만큼은 반드시 운영해야 한다고 생각한다. 블로그가 강력하고 필수적인 도구가 된 것은 포털사이트의 검색 기능 때문이다. 기업들은 회사 관련 주요 검색어를 잘 활용해야 하고 SEO 활동을 적극적으로 전개해야 한다. 이에 있어 공식 블로그의 활용은 필수적이다. 블로그는 많은 정보를 전달할 수 있다는 장점을 가지고 있다. 또한 블로그를 통해서는 언론을 통해 공개하기는 애매하지만 대중에게 알렸으면 하는 정보들을 공개할 수도 있고, 특히 특정 정보에 목말라하는 고객들을 위한 자세한 설명을 기술할 수도 있다. 때로 기업 및 상품과 관련해 오해가 있다면 블로그를 통해 오해를 풀어낼 수도 있을 것이다. 단, 다른 소셜 미디어들에 비해 운영에 품이 많이 들어가는 편이다. 이 때문에 일부 콘텐츠 제작을 외부 대행사에 맡기기도 한다.

소셜 미디어에는 이외에도 다양한 것들이 있다. 메신저의 성격을 지닌 카카오톡, 텔레그램, 바이버, 폐쇄형 소셜 미디어인 밴드, 카카오스토리, 인스타그램과 유사한 사진형 소셜 미디어 플리커 등등이다. 이것들은 상대적으로 기업 활동에 적합지 않거나 활동에 결정적 한계가 있거나 해서 따로 소개하지는 않는다. 다만 기업이 취급하는 상품의 특성에 따라서 때로는 이러한 도구들을 고려해야 할 수도 있을 것이다.

여러 기업들이 너나없이 소셜 미디어 운영에 열을 올린다고 해서 무턱대고 따라 해서는 안 된다는 점을 강조하고 싶다. 이것저것 여러 가지 소셜 미디어를 활용하거나 계정을 남발하는 것 또한 부정적이다. 조직적으로 잘 운영할 수 있고 회사의 성격과 잘 부합하는 소셜 미디어만을 선정해서 소수 정예의 계정을 운영하는 것이 좋다. 괜한 욕심으로 여러 계정을 만들다가는 하나도 제대로 운영하지 못하게 될 가능성이 매우 크다. 잘못된 소셜 미디어 운영으로 낭패를 본 기업의 사례는 적지 않다. 언론과 달리 기업들이 직접 고객들에게 메시지를 전달하는 것이기 때문에 훨씬 민감하고 생각지 못한 난관이 있을 수도 있다. 긍정적 효과를 보려고 시도한 것이 엉뚱한 리스크로 돌아온다면 얼마나 우습겠는가. 모든 일이 그렇지만 준비 없는 시도에는 항상 대가가 따르는 법이다.

CEO의 소셜 미디어 활동은 긍정적인가, 부정적인가?

우리나라 최고경영진들 중에 소셜 미디어 활동을 하는 기업인들이 꽤 있다. 특히 트위터 초창기에 몇몇 얼리어답터 성향의 CEO들이 활발하게 트위터를 사용해 큰 화제가 되곤 했다. 두산 박용만 회장, 신세계 정용진 부회장, 현대카드 정태영 사장, 스마트앤소셜 이찬진 사장, 롯데렌탈 표현명 사장 등이 대표적이다. 그 이후로 여러 CEO들이 트위터와 페이스북 활동을 하면서 경영자들의 소셜 미디어 활동은 '신기하지 않은' 일이 되고 있다.

그렇다면, CEO들의 소셜 미디어 활동을 어떻게 봐야 하는 것일까? 고객이나 투자자의 눈높이에서 직접 소통을 하는 긍정적 측면을 봐야 하는 것일까, 아니면 소셜 미디어 활동상 일어날 수 있는 여러 부정적 리스크를 더 크게 봐야 하는 것일까? 실질적으로 위에 언급한 CEO들 중 다수가 소셜 미디어상의 발언이나 과격한 표현 때문에 구설수에 오르기도 하고, 언론에 논란으로 다뤄지기도 했다. 그렇다고 CEO의 소셜 미디어 활동이 부정적 측면만 있는 것이 아니다. 부정적 측면만큼이나 강력한 긍정적인 면도 있다. 그 득실의 줄다리기에 대해 간단히 살펴본다.

CEO가 직접 소셜 미디어 활동을 하는 것에는 몇 가지 커다란 긍정적인 면이 있다. 우선 사회적 저명도나 영향력이 크다 보니 마케팅 효과를 볼 수 있다. 신상품이 출시되었을 때 그 인지도를 높이기 위해서 기업들은 천문학적인 돈을 쏟아 붓는다. 이럴 때 기업 CEO가 소셜 미디어에 올리는 글 하나로 수억 원 이상의 마케팅 비용과 상응한 가치를 얻을 수 있다. 과거 스티브 잡스의 신상품 소개 행사가 수천 억 달러의 가치를 했다고 봤을 때, 이를 SNS로 유사하게 구현한다고 생각하면 된다. 비용도 줄이고 임팩트도 높이는 일거양득의 효과가 있으므로 이를 결코 가볍게 볼 수 없을 것이다.

둘째, 위기관리 상황에서 강력한 힘을 발휘할 수 있다. 기업과 관련하여 어떤 오해 상황이 있거나 무슨 문제의 상황이 있을 때 CEO가 직접 입장을 밝히고 바로 사과한다면 일이 커지기 전 조기에 진압할 수 있다. 이후에 살펴보겠지만 위기관리에서 가장 중요한 것은 발 빠른 적시 대응이다. CEO의 소셜 미디어 글 하나가 수차례의 회사 공식 발표 혹은 변명보다 강력할 수 있다.

셋째, 기업의 긍정적 이미지 제고에 도움이 된다. 소통하는 열린 기업의 이미지를 줄 수 있는 것은 물론이고, CEO의 정제된 메시지는 회사에 대한 신뢰감을 높이고 대내외에 비전을 제시하는 효과가 있을 것이다. 특히 무엇보다도 인재를 끌어 모으는 데 있어 매우 긍정적 작용을 하게 된다. 취업을 고민하는 인재들에게 CEO가 제시하는 메시지만큼 영향을 미치는 것이 또 뭐가 있을까.

CEO의 소셜 미디어 활동은 이처럼 여러 가지 장점들이 있지만 부정적 측면도 크다. CEO의 정제되지 않은 글 하나가 기업을 곤경에 빠뜨릴 수도 있다. CEO는 회사를 대표하는 사람이다. 따라서 그가 보여 주는 말과 글은 곧 그 기업의 공식적 행보로 여겨진다. 기업의 여러 임원들 중 하나가 실수나 잘못된 언사를 했다면, 최악의 경우 기업 CEO라도 나서서 수습해야 한다. 그러나 기업 CEO의 잘못된 언행이라면 이를 누가 바로잡을 수 있단 말인가. 이런 점에서 CEO의 모든 대외적 말과 글은 잘 정제되고 다듬어진 것이어야 한다. 그러나 소셜 미디어는 기본적으로 개인 미디어로 여겨진다. (사실은 개인 미디어라고 생각하지 않는 것이 안전하다.) 이에 CEO가 정제된 메시지만 올린다는 것이 쉽지 않고, 또한 개인적인 말과 글을 올리는 것을 막는다는 것도 이상하다. 이러한 이유로 종종 생각지도 못했던 리스크를 맞게 되고 수습하기 어려운 상황에 처하기도 한다.

물론, CEO가 본인의 언사에 대한 세상의 반응을 정확하게 예측할 수 있고, 글 하나 올릴 때마다 참모들과 충분히 논의해서 진행하는 등 전략적으로 소셜 미디어 계정을 운영한다면, 부정적 측면보다는 긍정적 측면이 클 것이다. 그러나 우리나라처럼 대체적으로 상하 커뮤니케이션이 폐쇄적이고 윗사람에게 직언이 어려운 환경이라면 설사 이렇게 전략적으로 운영한다 해도 빈틈이 작지 않을 가능성이 크다.

이처럼 CEO의 소셜 미디어 활동에 대해 종합적으로 본다면 대체적으로는 리스크가 크다고 할 수 있다. 그렇다고 지양해야 한다는 말은 아니다. 앞에서도 말했듯이 긍정적인 측면도 적지 않다. CEO가 열린 마인드를 갖고 진정으로 세상과 소통하고자 한다면 소셜 미디어만큼 좋은 도구도 없다. 전략적으로, 글 하나도 매우 신중하게 다루겠다는 각오가 있다면 한 번쯤 해 볼 만한 시도가 아닐까 싶다. 단, 소셜 미디어에는 오프라인에서는 상상도 할 수 없을 만큼 거칠고 직설적인 사람들이 많이 있다. 이에 대한 마음의 준비도 해야 한다.

홍보 실무에 대해 이해하기

실무에 대한 이해 없이 입체적인 그림을 보기는 어려울 것이다. 때로 이해하기 어려운 홍보 실무자들의 행보도 홍보 실무를 알고 나면 왜 그런 일이 생겼는지 이해하게 되는 부분들이 많다. 이에 홍보를 이해하고 실무자들의 잘못된 부분을 바로잡기 위해서 꼭 필요한 실무 내용을 살펴보려고 한다.

보도 자료 작성은 홍보 업무의 시작

보도 자료를 쓰는 형식은 업계마다 회사마다 조금씩 다르다. 그중에 어떤 것이 맞고 어떤 것은 틀리다라고 말할 수는 없다. 일종의 개성 같은 것이니까. 그럼에도 대체로 공통적으로 적용되는 몇 가지 가이드라고 할 만한 것들이 있다. 이는 어떤 회사이든 간에 보도 자료가 '기자들에게 주기 위한 것'이며, '기사화를 위한 것'이라는 목적성은 동일하기 때문이다. 가장 좋은 보도 자료는 기자들이 기사화하기에 용이한 자료다.

그런 의미에서 가장 좋은 보도 자료의 형식은 '기사의 형식'이다. 기자들의 눈에 가장 잘 들어오는 형식이기도 하고, 문장을 많이 바꾸지 않고도 기사에 인용하거나 활용할 수 있으니 시간을 아껴 줄 수 있는 방법이기도 하다. 그래서 보도 자료 작성법은 기사 작성법이라고도 할 수 있다. 다만 기사가 독자를 위한 B-to-C의 글인 반면 보도 자료는 기자를 거쳐 독자에게 가는 B-to-B-to-C의 글이니 약간의 차이는 있을 수밖에 없다.

우선 보도 자료는 '두괄식'으로 작성해야 한다. 흔히 역삼각형 형태라고도 하는데, 핵심적인 내용이 제일 앞으로 오고 부차적인 내용일수록 뒤로 가는 형식을 취하는 것이다. 이는 기사 작성의 원칙이기도 하다. 기사를 두괄식으로 쓰는 것은 두 가지 이유가 있다. 하나는 독자들을 위해서다. 특별히 관심이 없는 기사라고 생각하거나 시간이 없는 독자들의 경우 기사 전문을 읽지 않고 제목과 앞의 한두 문장 정도만 읽고 만다. 이런 독자들이 앞의 몇 문장만 읽고도 기사 전체의 핵심 내용을 파악하도록 하기 위해서 두괄식이라는 형식을 쓰는 것이다. 또 하나의 이유는 지면 편집을 위해서다. 편집 기자들이 기사들을 한정된 면에 앉히기 위해서는 기사의 양을 줄여야 하는 경우가 많다. 이를 용이하게 하기 위해서, 즉 기사의 뒷부분을 잘라내도 내용에 문제가 없도록 하기 위해서 역삼각형의 형식을 취하도록 한 것이다. 따라서 첫 문장의 경우 핵심적인 내용을 모두 포함하는 것이 좋다. 좋은 보도 자료는 제목과 첫 리드 문장만 읽고도 전체 내용이 파악되는 자료다.

보도 자료의 문장은 이해하기 쉽게, 가능한 짧은 단문으로 작성하는 것이 좋다. 기사의 목적이 '전달'에 있기 때문이다. 전달에 가장 좋은 문장은 쉬운 단어로 작성된, 한눈에 읽히는 단문이다. 주술 관계가 복잡하고 문장을 해독해야 하는 수준이라면, 한번 읽고 바로 이해하기도 어렵고 그래서는 '전달'이라는 본연의 목적을 달성할 수가 없다. 문장의 길이에 어떤 규칙 같은 것이 있지는 않지만, 대체로 한 문장이 두 줄을 넘어가지 않는 정도의 길이로 작성하는 것이 좋다. 소설 《노인과 바다》로 유명한 작가 어니스트 헤밍웨이는 매우 짧고 명쾌한 문장을 구사하는데, 이는 그가 기자 출신이기 때문이라고 한다.

전달이 목적이기 때문에 보도 자료의 '야마'는 한 가지여야 하고 또한 명확해야 한다. 잘못된 보도 자료들 중에 야마가 분명하지 않거나 여러 가지 야마를 하나의 보도 자료에 넣으려고 욕심을 부린 것들이 있다. 야마가 두 가지가 있다면, 두 개의 보도 자료에 나눠 담아야 한다. 야마가 두 가지라고 뉴스 밸류가 커지는 것이 아니다. 오히려 야마가 복잡하면 기사로 이어질 가능성이 더 적어진다.

여기까지는 보도 자료의 작성 원칙이자 기사의 작성 원칙이다. 그런데 앞에서 말했듯이 보도 자료와 기사의 작성 원칙이 일치할 수는 없다. 1차 수신자가 '독자'와 '기자'로 서로 다르기 때문이다. 지금부터는 기사와 다르게 보도 자료만이 가지고 있는 작성 요령을 들여다보자.

우선 보도 자료의 제목은 자극적이어야 한다. 자극적이어야 한다는 것이 선정적이어야 한다든가 그런 뜻은 아니고, 기자의 구미를 당기는 제목이어야 한다는 뜻이다. 기자들은 하루에도 수십, 수백 개의 보도 자료를 받는다. 그중에서 선택을 받기 위해서는 눈에 띄어야 한다. 기사도 선택을 받아야 한다는 점에서는 비슷할 수 있지만 기사는 내용에 따라 제목이 자극적이지 않아야 하는 경우도 많기 때문에 같다고 볼 수는 없다. 예를 들어 사건 사고 기사의 경우 제목이 자극적이면 욕을 먹기 십상이다.

자극적인 제목이라고 해서 무조건 감각적이거나 센 단어, 문장을 고르라는 뜻이 아니다. 물론 그런 것도 하나의 방법이겠지만 뉴스 밸류가 높아 보이도록 하는 것이 자극적인 제목이다. 뉴스 밸류가 높아 보이도록 하는 방법에 대해서는 앞에서 비교적 자세히 설명해 두었다.

제목과 관련해 흔히 저지르는 실수 하나는 기자들이 선택할 가능성을 높이겠다고 여러 개의 제목을 붙이는 것이다. 이 중에서 하나만 걸리라는 심정일 터인데, 그렇게 하면 오히려 선택의 가능성이 낮아진다. 제목이 여러 개가 붙으면 보도 자료가 산만해 보이고 야마가 명확하지 않아 보인다. 따라서 선택 가능성은 오히려 줄어든다.

보도 자료는 가능한 자세하게 써야 하고, 양은 조금 많은 것이 좋다. 좋은 보도 자료는 기자가 추가 취재를 하지 않아도 되는 자료이고 이를 위해서는 때로 기사에서는 제거될 만한 내용들도 들어갈 필요가 있다. 기자의 이해를 도울 만한 내용이 있으면 넣는 것이 낫고 때로 의심을 살만한 내용이 있다면 증거를 제시할 필요도 있기 때문이다. 풍부하고 풍성한 보도 자료가 좋다고는 하지만 지나치게 많은 양은 좋지 않다. 기자도 사람이니 읽다가 지칠 정도의 양이라면 오히려 부정적일 수 있다. 이렇게 얘기하면 헛갈릴 수도 있겠지만, 자세히 쓰되 지나치게 많은 양은 좋지 않다. 대략적으로 본문은 A4 용지 기준으로 두 페이지 정도가 적절한 양이라고 본다. 거기에 필요하다 싶은 부가적 내용들은 별첨하는 것이 좋은 방법이다.

보도 자료의 마무리 즈음에는 관계자의 멘트가 들어가야 한다. 관계자 멘트를 넣어야 기사가 생생해지기 때문이다. 보도 자료에 멘트를 넣음으로써 기자가 멘트를 받기 위해 전화를 해야 하는 수고로움을 덜어 줄 수 있다. 또한 보도 자료 본문에서 언급하기 애매한 내용들을 관계자 멘트에서 처리할 수도 있다. 많은 경우 관계자 멘트는 홍보맨 혹은 회사가 '진짜 하고 싶은 이야기'를 담고 있는 경우가 많다. 희망 사항, 강조점, 당부 사항, 회사 자랑, 애로 사항 등을 비교적 자유롭게 넣을 수 있는 영역이 관계자 멘트이기 때문이다. 보도 자료 작성의 고수들은 관계자 멘트를 효율적으로 잘 활용한다. 그래서 보도 자료의 멘트 처리 부분을 보면 작성자의 실력을 가늠할 수 있다. 반면 멘트를 그냥 형식적으로 넣는 사람들도 있다. 넣으나 마나 한 멘트는 차라리 없는 것이 낫다. 멘트에는 반드시 새로운 사실이나 의미, 계획 등이 들어가 있어야 한다.

이 정도가 보도 자료 작성을 위해 고려할 내용들이다. 그러나 이렇게 늘어놓고 보니 이래저래 많이 부족하다. 글로 설명하기 어려운 여러 가지 사소한 기술들이 존재하기 때문이다. 예를 들어 기사를 보면 문장 중에 '~하는 것'이나 '~라고' 등의 표현이 자주 보이는데, 이는 기사의 관행적 문체이지만 이러한 표현들을 통해 자료가 훨씬 완성도가 높아 보이게 된다. 이러한 사소한 기술들까지 여기에 모두 담기는 어렵다. 그 대신 보도 자료를 작성하는 실력을 키우는 왕도를 제시한다면, '기사를 많이 읽어 보라'고 말하고 싶다. 주마간산 격으로 읽지 말고 정독을 하고, 기사를 그대로 옮겨 써 보는 것도 도움이 된다. 많이 읽고 쓰다 보면 자연스레 '기사의 문법,' '보도 자료의 문법'에 익숙해지고 자연스럽게 훌륭한 보도 자료를 작성할 수 있게 된다.

슈퍼액션이 아니라 수퍼액션입니다

모든 일이 그런 법이지만 홍보 일을 하다 보면 간혹 엉뚱한 곳에서 스트레스를 받곤 한다. 예전에 재직하던 회사의 홍보맨들에게는 '수퍼액션'이란 채널 이름이 그런 경우였다.

수퍼액션은 2001년에 탄생한 OCN ACTION의 채널명을 2003년에 변경해 리런칭한 채널이다. 채널명을 바꾸고 몇 년이 지나서도 꽤 많은 기자들이 수퍼액션보다 'OCN ACTION'을 언급하곤 했다. 당연히 홍보맨 입장에서는 보자마자 수정 요청을 해야 했다.

방송 담당 기자들이야 그런 사람이 적었지만 다른 분야, 특히 스포츠 담당 기자들이 수퍼액션 기사를 쓸 때 간혹 오기가 발생하곤 했다. (수퍼액션에서는 여러 종합격투기 중계나 야구 중계를 했기 때문에 스포츠 담당 기자들이 기사를 자주 썼다.) 속으로는 '아니 수퍼액션으로 바뀐 지가 몇 년인데 아직도 OCN ACTION이야' 하는 생각이 들었지만, 그만큼 홍보가 부족한 탓이니 그들만 탓할 수도 없었다. 이로 인한 스트레스가 적지 않았다.

그런데 이 같은 일이 반복되게 된 강력한 원인을 제공한 사람이 있었다. 바로 정삼흠 전 야구 해설위원이다. 2004년에 수퍼액션이 이승엽 일본 프로야구를 중계한 적이 있었다. 당시 수퍼액션 해설위원이었던 정삼흠 위원이 여기저기 소개하면서 중계 채널을 'OCN ACTION'이라고 언급했다.

영향력 있는 인물이다 보니 상당히 많은 기자들이 그의 말을 인용했고, 그 인용문이 다시 재인용되면서 급속도로 'OCN ACTION'이란 '과거'의 채널명이 퍼져 나갔다. 하나를 막으면 또 다른 데서 다시 언급되었다. 그래서 야구 담당 기자들에게, "이승엽 중계를 하는 채널은 수퍼액션입니다. 2003년에 OCN ACTION의 이름이 변경된 것이며……" 등등 자세히 설명하는 메일을 보냈다. 그리고 정삼흠 위원에게도 자세히 설명했다. 그러자 이후부터는 기사들이 제대로 나오나 싶었다. 그런데 어느 날 한 기자가 뜬금없이 'OCN 수퍼액션'이라고 썼고, 그게 유행이라도 되듯 연이어 터져 나왔다. 얼마 후 어떤 기자는 아예 '온미디어 OCN 수퍼액션'이라고 쓰기까지 했다. 두 손 두 발 다 들었다.

시간은 흘러 'OCN ACTION'이라는 이름은 점차 사라져 갔다. 하지만 '수퍼액션'이라는 이름은 그리 호락호락한 녀석이 아니었다. 수퍼액션 초창기부터 스트레스를 유발하는 또 하나의 이유가 있었으니 바로 '슈퍼액션'이라는 표기다. 우리나라 외래어 표기법에 따르면, 'super'는 '슈퍼'라고 쓰게 돼 있다. 따라서 언론들은 그에 따라 '수퍼액션'을 '슈퍼액션'이라고 쓰곤 했다. 이것이 홍보맨들로 하여금 엄청난 노이로제에 시달리게 했는데, 이 부분이 당시 수퍼액션의 총책임자가 대단히 신경 쓰는 사안 중 하나였기 때문이다.

'슈퍼액션'이라고 표기가 되면 여지없이 전화벨이 울렸다. 당시 수퍼액션 홍보 담당자는 이것을 바로잡고자 정말 많은 노력을 기울였다. 보도자료를 릴리스할 때마다 서두에 "'슈퍼액션'이 아니라 '수퍼액션'입니다"라고 삽입하는 한편, 기자들과 만날 때마다 이 부분을 강조하고 다녔다. 채널 이름은 고유 명사이니 외래어 표기법을 따르는 것보다는 고유 철자를 반영해 달라고 요청했다. 그럼에도 어떤 기자는 '슈퍼액션'이 맞다고 바득 바득 우기기까지 했다. 화를 내는 기자도 있었다.

급기야 기자 대상으로 이벤트를 하기도 했다. 검은 바바리 코트를 입은 도우미들과 함께 각 신문사 방송 및 연예 담당 기자들을 찾아가서 "○○○ 프로그램을 방영하는 채널 이름은 무엇일까요?" 하고 물었다. 기자들이 "수퍼액션"이라고 대답하면 도우미가 바바리 코트를 열어 티셔츠 가슴 부위에 새겨진 '수퍼액션' 로고를 보여 주었다. 그리고 상품으로 수퍼액션 나이프를 줬다. (대부분 기자들이 재밌어 했고, 호응도 좋았지만, 수줍음이 많은 기자 중 하나는 민망함에 화를 내기도 했다.) 이처럼 채널 이름을 바로잡는 눈물겨운 작업을 수년간 계속 반복했는데, '수퍼액션'이란 이름이 제대로 자리를 잡기까지 무려 만 5년이란 세월이 필요했다.

당시 그 홍보맨들은 '슈퍼마켓', '슈퍼맨'이란 표기만 봐도 화들짝 놀라곤 했다. '수퍼마켓,' '수퍼맨' 아닌가요? 하고 말이다. 사실 이 글을 쓰면서도 그런 생각이 든다. 이것을 보고 누군가는 '아, 그러니까 수퍼액션이 아니라 슈퍼액션이라는 얘기지?' 하지 않을까? 자칫 이전에 근무하던 회사에 누가 되면 어쩌지?

아이템 잡기

홍보 실무자들이 의외로 보도 자료 아이템을 잡는 데 어려움을 호소한다. 단적으로 말하자면, 앞에서 설명한 '홍보 플랜 세우는 법'과 '뉴스 밸류 이야기'를 합치면 되는데, 좀 더 자세히 살펴보자.

우선 목적부터 분명히 해야 한다. 목적도 없이 '그냥 보도 자료 하나 쓰면 된다'는 식으로 접근한다면 '보도 자료를 위한 보도 자료'가 나올 것이고, 그 결과물은 '기사를 위한 기사'가 나올 수밖에 없다. 기껏 힘들게 기사화했는데 그 작업의 성과물이 아무것도 없다면 그런 일을 왜 할까. 그래서 항상 모든 보도 자료는 목적의식이 분명해야 한다. 먼저 우리 회사가 지금 상황에서 필요Needs로 하는 부분이 무엇인가를 찾아야 한다. 신제품이 출시된다든지 하는 새로운 사건으로 니즈가 주어지는 경우에는 굳이 찾지 않아도 된다. 그러나 니즈가 주어지지 않은 상황에서도 니즈를 파헤쳐 찾아내야 한다. 없는 니즈를 만들라는 얘기가 아니라 잠재되어 있는 니즈를 찾으라는 것이다. 이 지점에서는 경영자들이 직접 필요한 니즈를 설명해 주는 것도 필요하다. 물론 홍보맨은 그렇지 않은 경우에도 찾아야 하지만 말이다. 회사의 이미지를 긍정적으로 제고하고 상품 판매에 도움을 주는 것이 홍보 본연의 목적이니 그 연장선상에서 니즈를 찾아내면 된다.

이제 니즈를 찾아냈으면 목적을 확정한다. 예를 들어 최근에 출시된 A 상품이 판매가 부진하다고 하자. 원인을 살펴보니 초기 인지도가 너무 떨어진다. 그렇다면 니즈를 찾아낸 것이다. A 상품의 인지도를 높이는 것을 목적으로 확정한다.

목적을 확정했으면 목표를 정한다. 인지도를 수치화하면 좋지만 별도 인지도 조사를 하지 않는 상황이라면 대략 '주변 지인들 4명 중 1명이 알게 하도록' 하는 식으로 대략적인 목표를 잡을 수도 있다. 개별 보도 자료의 목표를 잡는 상황이라면 '기사 30개 내기' 같은 식으로 목표를 잡기도 한다. A 상품의 인지도를 제고하려면 최소 어느 정도의 기사가 나야 가시적인 효과를 느낄 수 있을 것인지를 생각해서 목표를 잡는다.

다음은 타깃이다. 보도 자료의 1차 타깃은 물론 기자다. 여기서는 기사를 통해 설득하고자 하는 타깃까지를 이야기한다. 보도 자료 하나로 모든 고객들에게 다가갈 수는 없다. 상품 자체의 메인 타깃과 인지도 제고에 효과를 볼 수 있는 집단을 동시 고려해서 타깃을 잡는다. 이번 상품의 경우는 20대 여성이 자주 애용하는 품목이고, 그들이 이 상품과 관련해서는 입소문의 핵이 될 것 같다고 판단했다고 가정하자. 그렇다면 20대 여성을 타깃으로 하면 된다.

이제 본론이다. 컨셉을 잡는다. 보도 자료라면 야마를 잡는 거다. 20대 여성들에게 A 상품을 알리기 위해서 어떤 아이템이 좋을까? 30개 정도의 기사가 나오려면 어떤 식으로 잡아야 할까? 등을 고민해서 아이템을 정한다. 우선은 시의성을 고려한다. 시즌, 계절, 각종 기념일, 명절, 사건, 트렌드 등을 고려해서 아이템을 잡는다. A 상품에 뭔가 'BE FM 요소,' 즉 '최고, 차별화, 최초, 최대'의 요소가 없을까 고민해 본다. 그런 게 딱히 없다면 브레인스토밍이 필요하다. A 상품과 관련하여 20대 여성들이 좋아할 만한 요소들을 고민해 본다. 다음과 같이 브레인스토밍을 해 볼 수 있다. 잡지나 사전을 준비해서 아무 페이지나 편 다음에 그 페이지 첫째 줄에 있는 첫 단어와 A 상품을 억지로 연결해 보라. 예를 들어, A 상품이 기능성 목캔디인 '민티'라고 하자. 잡지를 폈더니 첫째 줄 첫 단어로 바닷가가 나왔다. 지금부터는 머리를 굴려야 한다. '바닷가에서 먹기 좋은 캔디……. 왜? 바닷바람에 목이 칼칼해 질 수 있으니까? 바닷가라면 바캉스 가는 길이 막힐 때 졸음 방지용으로 좋을 듯하다. 그렇다면 민티는 바캉스 필수품이 되는구나. 바캉스 필수 품목들을 한번 정리해 보자. 20대 여성들이 좋아할 아이템들로 엄선하면 좋겠다.

그중에 민티에 대해서는 이동 중에, 바닷바람에 칼칼해진 목을 푸는 데도 좋은 아이템으로 끼워 넣으면 된다. 최근 날씨가 무척 더워지고 있으니 업체들의 여름 준비 현황으로 묶어서 작성해도 좋겠다.' 이런 식으로 아이디어를 발전시켜 나간다. 그래서 "식음료 업체들, 이른 여름 시장 잡기에 구슬땀"과 같은 야마를 도출해 낸다.

자료 작성에서는 'MASS CT(Money Animal Star Sex Child Timeliness)'도 동원한다. 여름을 앞둔 시점에서 여름철 얘기를 하는 것이므로 어느 정도 시의성은 이미 확보된 것이고, 4월 중순 들어 갑자기 더워진 날씨를 살짝 언급하면 시의성은 더 강화된다. 여름을 느낄 만한 섹시한 의상의 모델이 민티를 지니고 있는 사진을 찍어 보도 자료와 함께 배포하면 기사화될 확률과 가시성은 더욱 높아진다.

이런 식으로 홍보 아이템을 잡는다. 보다시피 간단한 과정이다. 단순히 프로세스를 따라서 약간의 재치를 발휘하면 아이템을 잡을 수 있는 것이다. 두세 명이 함께 고민하면서 아이템을 잡으면 훨씬 정교화되고 재미있는 아이템을 만들어 낼 수 있다.

CEO들도 자주 참석하는 행사, 기자간담회는 어떻게 진행하나

일반적으로 기자들을 모아 놓고 기사화를 목적으로 진행되는 언론 행사를 통칭해 기자간담회라고 한다. 그런데 그 형식을 살펴보면 매우 다양한 형태의 기자간담회가 존재한다. 조금은 공식적으로 사안이나 입장을 발표하는 형식의 기자 회견, 배우나 제작자, PD, 감독 등을 동원해서 영화나 방송 프로그램의 제작 전이나 제작 중에 갖는 행사인 제작 발표회, 제작을 마치고 상영이나 방영 직전에 갖는 제작 보고회, 몇몇 기자들을 모아 놓고 식당이나 커피숍 등에서 비공식적인 형식으로 얘기를 나누는 기자간담회, 제작 현장이나 작업 현장 등에서 촬영신이나 작업 공정 등을 공개하는 현장 공개, 사진 기자들을 대상으로 하는 포토 행사 등등.

이렇게 다양한 형태의 기자간담회가 있지만 홍보 담당자 입장에서는 동일하게 네 가지를 준비해야 한다. 행사장 세팅, 큐시트, 스크립트, 보도 자료가 그것이다. 이 중에서 잡다하게 손이 가장 많이 가는 부분은 행사장 세팅이다. 음향 시설, 무대 세트, 영상 및 프레젠테이션 장비, 마이크, 사진 기자석, 영상 카메라용 단, 인터뷰이 대기석, 동영상 인터뷰 룸, 인터넷 망, 전기 공급 시설(멀티탭 등), 라운드 테이블 인터뷰용 좌석 배치, 인비테이션 테이블, 명함볼, 다과, 엑스배너, 월 배너, 사회자 섭외 등등. 준비해야 할 것이 한두 가지가 아니다. 그래서 보통 행사장 세팅의 경우 대행사에 맡기곤 한다. 언급한 내용들은 체크리스트로도 활용할 수 있다.

이렇게 많은 것들을 준비하는 행사장 세팅에 있어서 반드시 기억해야 할 것이 하나 있다. 이는 기자들에게 최적화된 취재 환경을 제공해야 한다는 것이다. 행사장 세팅과 관련된 모든 것은 이를 중심으로 결정해야 한다. 예컨대 기자간담회 장소는 되도록 언론사에서 가까운 곳에, 대중교통이 편리한 곳에 마련하는 것이 좋다. 주차 시설 역시 반드시 고려해야 할 항목이다. 기자석 배치의 경우 무대를 기준으로 제일 앞자리에 사진 기자석을 배치하고 그 뒤에 취재 기자석, 그 뒤에 단을 쌓아 영상 카메라 기자석을 배치하는 것이 일반적이다. 보통 제일 앞 두 줄 정도를 사진 기자석으로 할당한다. 기자석 배치는 절대적인 것이 아니니 변화의 여지는 있다. 행사장의 모양은 앞뒤로 긴 것보다는 좌우로 긴 장소가 좋다. 앞뒤로 너무 길면 뒤쪽에 앉은 기자는 무대가 보이지 않게 되고 영상 카메라 역시 줌을 해도 각이 잘 나오지 않는 상황이 벌어지기 때문이다. 기자가 많고 행사장 규모가 크다면 질의응답 시간에 기자들을 위한 무선 마이크와 이를 운반할 요원도 미리 배치해 둬야 한다.

큐시트는 기자들이 행사장에 들어오는 시간부터 돌아가는 시간까지 행사 전체 스케줄을 담은 계획표다. 여기에는 음향 변화, 조명 변화까지 행사 전반의 모든 움직임을 담는다. 특히 인터뷰이 등장 타이밍과 순서, 배치도 등에 대해서는 세심하게 신경 쓸 필요가 있다. 동선이 복잡한 행사장이라면 동시 다발적으로 일어나는 이벤트 간의 동선이나 음향 간섭 등도 고려해야 한다.

일반적으로 행사 진행 순서는 이러하다. 먼저 사회자가 당일 행사 개최 인사말을 하고 이어 회사나 제품 소개 영상물을 하나 정도 상영한다. 이어 회사 측 인사가 환영의 말을 하고 필요하다면 참가자나 제품의 포도 다임을 갖는다. 이어 참가자들의 PT나 설명을 진행한 후에 공동 인터뷰 시간을 갖는다. 좀 더 자세한 인터뷰가 필요할 경우 무대에서 내려와 라운드 테이블 인터뷰를 추가한다. 무대에서 공동 인터뷰를 가졌음에도 별도 라운드 테이블 인터뷰를 갖는 것은, 이것이 일대일 인터뷰와 비슷한 효과를 내기 때문이다. 일반적으로 기자들은 매체 수십 군데가 공동으로 하는 인터뷰 자리에서는 진짜 궁금한 것을 물어보지 않는다. 남들과 똑같은 기사를 쓰고 싶지 않기 때문이다. 가장 좋은 것은 일대일 인터뷰겠지만 그것이 불가능하다면 소수 기자들만 모아서 진행하는 라운드 테이블 인터뷰를 선호한다. 라운드 테이블 인터뷰가 끝나면 행사를 마무리하고 개별적으로 영상 인터뷰를 갖는다. 대략 이런 순서로 진행되는 것이 보통인데, 순서는 사정과 상황에 따라 변경이 가능하다.

스크립트는 사회자나 인터뷰이의 대사를 적어 놓은 것이다. 가능하면 단문으로, 명쾌한 문장으로 작성하는 것이 좋다. 때때로 스크립트를 전략적으로 작성하면 보도 자료보다도 더 효과적인 수단으로 활용할 수 있다. 사회자를 통해 꼭 전달하고자 하는 내용을 임팩트 있게 전달할 수 있기 때문이다. 더구나 인터뷰이를 통해서 기사의 주제나 방향성을 원하는 내용이나 방향으로 유도할 수도 있다. 스크립트는 기자간담회를 개최하는 목적과 직접 연결되어 있는 만큼 홍보 매니저급에서 자세하게 읽고 보완할 필요가 있다. 흔히 스크립트는 형식적인 멘트들이 들어 있다고 생각해서 별로 중요하지 않게 취급되곤 한다. 하지만 필자는 보도 자료보다는 스크립트를 통해 진짜 말하고자 하는 내용들을 기사화하곤 했다. 현장에 온 기자는 보도 자료를 보고 기사 쓰는 것을 별로 즐기지 않는다. 현장에 오지 않은 기자와 차별성이 없는 기사가 나온다는 느낌 때문에 취재하러 온 기자들은 되도록 보도 자료보다는 현장 이야기를 중심으로 기사를 작성하는 경향이 있다. 이런 이유로 보도 자료보다 스크립트를 잘 활용하라는 것이다. 때로 마치 돌발적인 상황이 발생한 것처럼 대사를 넣는 기술도 효과적인 방법이 될 것이다.

보도 자료의 경우, 현장에서 사전에 배포하는 보도 자료 외에 행사 직후에 나눠 줄 보도 자료도 따로 준비하는 것이 좋다. 행사 직후 보도 자료의 대략적인 내용을 미리 준비해 놓고, 홍보맨 한 명이 행사장에서 일어난 일이나 인터뷰 내용들을 반영해서 행사가 끝나자마자 배포를 한다면 기사화에 큰 노출이 될 것이다. 혹시라도 기사가 잘못 나가거나 잉

뚱한 내용이 나가게 되는 일을 방지하는 효과도 있다. 다만 행사 직후 뿌려지는 보도 자료의 경우 현장에 온 기자들이 불만을 토로할 때도 있다. 현장에 오지 않은 기자와 차별성이 떨어진다는 것이다. 이러한 정서도 잘 감안하고 고려해서 배포해야 한다.

보도 자료는 문서형 자료 외에 영상형 보도 자료, 즉 'EPK(Electronic Press Kit)'도 준비해야 한다. EPK는 방송사들을 위한 보도 자료라고 할 수 있는데, 방송 뉴스용 영상 소스들을 모아 놓은 것이다. 방송 뉴스의 경우 자료 화면이 없으면 기사화가 어렵기 때문에 이를 위한 준비다.

기자간담회의 비용은 어느 장소에서 하느냐, 다과나 식사를 어떻게 준비하느냐, 어떤 기념품을 준비하는가, 축하 공연 등 이벤트를 넣을 것인가, 사회자는 누구를 쓸 것인가, 대행사를 활용하는가 등에 따라 달라진다. 호텔에서 비교적 고급스럽게 준비한다면 5000만 원에서 1억 원 정도가 들어간다. 간소화해서 진행을 하면 호텔 행사도 3000만 원 내외로 가능하다. 회사의 내부 장소를 활용하고 내부 자원을 활용하는 등 매우 실용적으로 진행한다면 100~200만 원으로 개최할 수도 있다. 기자간담회 비용은 그야말로 고무줄이라고 할 수 있는데, 일반적으로 기업체들이 큰 힘을 주지 않고 개최를 할 때는 500만 원에서 3000만 원 정도를 쓴다고 생각하면 된다.

기자간담회를 성공시키기 위한 주요 요소 중 하나는 기자들을 '어떻게 모셔오느냐'이다. 기자들이 일단 간담회 장소에 오면 기사가 게재될 가능성이 매우 높아지기 때문이다. 반면 참석율이 너무 저조하면 홍보맨들은 문책을 당하기 십상이다. 돈 들여 행사를 개최해 놓고 고객(기자)이 오지 않는다면 질책을 받는 건 당연한 일이다. 그래서 기자간담회를 개최하면 홍보맨들은 '기자 모셔오기 전쟁'을 한바탕 치르기 마련이다. 언론사가 많은 광화문 등지에 버스를 동원해 행사장으로 오는 편이성을 높이기도 하고, 때로 승용차를 보내 말 그대로 '모셔오기'도 한다. 행사 시작 직전까지 계속해서 전화와 문자 등으로 참석을 종용하는 것은 말할 것도 없다. 그러다 보면 때로 기자들은 "비록 못 가지만 마치 행사장에 갔던 것처럼 잘 다뤄 주겠다"고 얘기하고, 홍보맨은 "기사 안 써도 되니 참석만 해 달라"는 코미디 상황이 벌어지기도 한다.

기자간담회가 끝나고 난 뒤 수십 개 매체가 쏟아 내는 수백 개의 기사를 보면 흐뭇하지 않을 수 없다. 때로 포털사이트 실시간 급상승 검색어에 오르기라도 하는 날에는 환희와 전율이 느껴지기도 한다. 이런 기대 효과 때문에 힘들고 적지 않은 비용이 들어감에도 많은 기업체들이 끊임없이 기자간담회를 개최하는 것이 아닐까 싶다. 다만 너무 남발하는 것은 부정적이다. 기자간담회를 너무 남발하게 되면 기자들도 행사의 뉴스 밸류를 더 면밀히 살피게 되고 그만큼 참석율도 저조해지기 마련이다. 당연히 개별 행사의 성과는 작아질 수밖에 없다. 과유불급, 맛있는 것일수록 아껴 먹어야 하는 법이다.

팸투어

팸투어(Fam Tour, Familiarization Tour의 약자)는 원래 특정 관광지를 홍보하기 위해 여행사나 언론을 초청하는 사전 현지답사 행사를 말한다. 그러나 홍보에서는 해외 원격지나 지방 등에 기자들과 동행 취재를 떠나는 것을 지칭하는 것이 보통이다. 일반적으로 기업이 모든 비용을 부담하거나 숙박이나 항공 등 일부 비용만 부담해서 원격지 취재에 나서곤 한다. 취재 온 기자가 최소 하루 이상의 시간을 투여해야 하는 일인 만큼, 사전에 꽤 큰 지면이나 온라인 및 방송 기사가 보장되기 마련이다. 이에 기업 입장에서는 상당히 의미 있는 홍보 성과를 기대할 수 있는 방법이다. 반면 수도권에서 기자간담회를 개최하는 것에 비해 비용이 많이 들고 원격지 취재인 만큼 변수가 많아 사전 준비를 철저히 해야 하기 때문에 때로 비효율적인 이벤트가 될 수도 있다.

말했듯이 출발은 수요에서 시작된다. 팸투어에 들어가는 직간접 비용 규모를 다른 프로모션 수단과 비교한다면, 매체 광고보다는 작고, 기자간담회 등 다른 이벤트에 비해서는 큰 편이다. 어느 지역이냐, 어느 정도 기간이냐에 따라 비용이 달라지겠지만 해외라면 대략 기자 한 명당 100만 원에서 500만 원 정도가 들어간다고 생각하면 된다. 크다면 큰 비용이지만, 매체 광고 비용 및 효과와 비교한다면 상당히 효율적인 수단이라고 할 수 있다. 즉 무언가 크게 홍보할 수요가 있다면 적극적으로 고려해 볼 만하다. 다만 앞에서 얘기했듯이 진행이 간단치 않아, 때로 부정적인 잡음이 생기기도 하므로 노련한 홍보맨이나 경험 많은 홍보 대행사의 도움을 받기 어려운 상황이라면 권하고 싶지 않다.

팸투어를 결정했다면, 우선 철저한 계획을 짜야 한다. 계획을 세우는 것부터 간단치가 않다. 팸투어 플랜을 세우기 위해서는 세 가지의 연동되면서도 독립적인 플랜을 짜야 하기 때문이다. 기사화 플랜과 행사 플랜, 투어 플랜이다. 기사화 플랜은 말 그대로 팸투어를 어떻게 기사로 연결시킬 것인지에 대한 전략이다. 행사 플랜은 팸투어 현장에서 기사를 위해 전개하는 각종 이벤트, 기자간담회, 인터뷰 등에 대한 플랜이다. 투어 플랜은 기자들과 함께 하는 전체 일정에 대한 계획이다. 비행기, 호텔, 차량, 식사, 관광 등 모든 제반 사항을 포함한다. 하나씩 짚어 보도록 하자.

기사화 플랜은 팸투어의 목적과 연결된다. 때로 어떤 홍보 조직은 행사 플랜과 투어 플랜에 지나치게 집중한 나머지 기사화 플랜을 놓치는 경우가 있다. 이렇게 되면 힘들게 팸투어를 진행하고 행사를 진행한 후에 정작 결실을 맺지 못할 가능성이 커진다. 원치 않는 방향으로 기사화될 수 있는 것은 물론이다. 따라서 기사화 플랜은 매우 심도 있게 고민해야 한다. 즉 '어떤 야마로 어떤 기사가 나오도록 유도할 것인가?' '이를 위해서 어떤 보도 자료를 어느 시점에 어떤 방식으로 전달할 것인가?' '인터뷰를 활용한다면 어떤 방식으로 할 것인가?' '혹 엠바고(보도 시작 시간 제한)가 필요하지는 않은가?' '매체별 수요에 따라 별도의 자료를 전달할 필요는 없을 것인가?' 등을 종합적으로 고민해야 한다. 우선 기사 내용과 관련해서는 욕심을 부리지 말고 선택과 집중을 분명히 해야 한다. 꼭 나와야 할 내용을 중심으로 계획을 짠다. 관련된 참고 자료를 준비하고 필요하면 회사 관계자 인터뷰를 동원한다. 보도 자료 전달 시점도 중요하다. 비행기 탑승 전에 전달할 것인가, 목적지 도착해서 전달할 것인가, 행사장에서 배포할 것인가 등 배포 시점과 온·오프라인 배포 여부도 결정해야 한다. 엠바고 여부도 사전에 고민해야 한다. 조간, 석간, 방송, 온라인 등 매체별 상황을 고려해서 신중하게 선택해야 한다. 각 매체별로 이해관계가 다르기 때문에 엠바고 문제는 매우 민감한 고려 사항이다. 방송 뉴스도 함께 간다면 EPK도 미리 준비해야 한다. 현장 화면만으로 모자랄 수 있기 때문이다.

행사 플랜은 현지에서의 기자간담회, 현장 투어, 인터뷰 등의 계획이다. 행사를 진행할 인력은 가능하면 투어 동반 인력과 별도로 배치하는 것이 좋다. 투어를 따라 다니다 보면 정작 중요한 행사 준비에 소홀할 수 있기 때문이다. 행사 진행 인력은 투어 일정과 별개로 미리 현장에 가서 준비하고 마친 후 정리까지 할 수 있도록 해야 한다. 행사장 세팅, 행사 진행 큐시트, 행사 진행 사회자, 사회자 스크립트 등을 사전에 계획하고 준비해야 한다.

행사장 세팅은 별도 대행사를 쓰되 인터넷 망에 대한 부분은 사전에 철저히 체크해야 한다. 일반적으로 해외는 우리나라처럼 인터넷 망 환경이 좋지 않으며 구축 비용이 상당히 비싸다. 유선, 무선 인터넷 망의 구축 비용을 살펴보고 여의치 않다 싶으면 아예 한국에서 휴대용 와이브로 기기를 준비해 가는 것도 고려할 필요가 있다. 인터넷에 대해서는 지나치다 싶을 정도로 충분히 준비할 것을 권유한다.

현장 취재 계획이 있다면 미리 동선을 잘 짜두어야 한다. 버스 하차 지점부터 이동 경로, 관람 경로, 소요 시간 등을 철저히 짜야 하다. 팸투어의 경우 일반적으로 십여 명 이상의 기자단이 움직이기 때문에 현장 혼선이 올 수 있다. 함께 움직이는 것도 힘든데 취재를 위해서는 개별 행동이 일어날 수밖에 없기 때문에 동선을 치밀하게 짜지 않으면 현장에서 우왕좌왕하게 될 가능성이 매우 크다.

아무래도 원격지이니 투어 플랜이 가장 품이 많이 들어갈 것이다. 투어 플랜은 국내 공항 집결부터 귀국 후 공항까지의 모든 동선을 머릿속에 그림으로 그릴 수 있을 정도로 자세하게 짜야 한다. 특히 원격지에서의 동선이 중요하다. 시간이 너무 많이 남아도 문제가 생기고, 부족해도 문제가 된다. 가능하다면 선발대가 미리 이동하면서 여러 변수를 통제하길 권한다. 요일과 시간대에 따른 현지 교통 사정을 잘 점검해서 이동 시간을 치밀하게 계산하고, 사전에 식당과 술집 등을 미리 예약해 좌석도 점검하고 비용 흥정도 해 둬야 한다. 메뉴는 현지 음식과 한식을 적절히 섞는 것이 좋다. 또한 여러 사람의 기호가 다를 수밖에 없으므로 너무 극단적인 메뉴는 피하는 것이 좋다.

투어에 시간적 여유가 있다면 가벼운 현지 관광 일정을 고려하는 것도 좋다. 투어 일정을 짤 때는 아무리 시간이 빡빡해도 휴식 시간과 쇼핑 시간은 배려해야 한다. 도저히 두 가지 다 배려할 여유가 없다면 둘 중 하나를 선택하도록 하는 것도 방법이다. 이 시간들을 배려하지 않으면 정성껏 준비하고도 좋지 않은 말을 듣기 십상이다. 식사나 간식 등도 잘 준비하는 것이 좋다. 배가 고프면 절경이 다 무슨 소용이랴. 너무 당연해 보이지만 투어 계획을 짜다 보면 의외로 간과하고 실수하는 부분이다. 가벼운 기념품이나 선물도 준비하면 투어에 화룡점정을 찍을 수 있다. 기자단 규모가 클 경우 투어 진행 인력도 두 파트로 나누면 좋다. 식당이나 각 장소에 미리 가서 준비 및 계산을 마무리를 지을 인력과, 일행을 같이 수행할 인력으로 나눈다. 그냥 무작정 투어 플랜을 짜는 것보다는 현지 가이드나 주재원 등의 도움을 받기를 권한다.

팸투어는 아무리 정교하게 준비해도 지나침이 없는 이벤트다. 그렇게 준비해도 틀어지는 일들이 생기고 예측 못한 크고 작은 사건들이 일어나기 마련이다. 하지만 그럼에도 불구하고 팸투어를 진행하는 것은 십여 개, 많으면 수십 개 매체에서 동시에 비중 있는 분량의 기사가 쏟아져 나오는 '장관,' 즉 다른 방법으로는 얻기 어려운 매력이 있어서다. 또한 잘 진행하면 투어 기자단과 친밀도가 매우 높아진다. 네트워킹의 덤도 있는 것이다. 가능하다면 투어 기자단과 사전 미팅과 사후 뒤풀이를 진행해서 결과물에도 긍정적인 영향을 주고, 사후 네트워킹을 더욱 강화하는 것도 좋을 것이다. 팸투어의 어려우면서도 매력적인 속성은 홍보라는 일의 속성을 가감 없이 보여 주는 것 같다. 홍보는 힘들고 눈물겹고 어려우면서도 하면 할수록 보람이 느껴지는, 꽤나 묘한 매력을 지닌 일이니까 말이다.

사내 홍보의 새로운 패러다임

십여 년 전만 하더라도 기업 홍보 조직은 거의 예외 없이 사내 홍보팀과 대외 언론 홍보팀으로 나뉘어져 있었다. 물론 아직도 사내 홍보 조직이 있는 회사들이 있지만 점차 사내 홍보 조직이 없어지는 추세다. 십 년 사이에 무슨 일이 일어난 것일까? 이제 더 이상 사내 홍보가 필요 없어졌다는 말인가? 엄밀히 얘기하자면 '그 반대'다. 사내 커뮤니케이션은 예전보다 훨씬 더 중요해졌다. 스마트폰 덕분에 수도 없이 많은 커뮤니케이션 툴들이 생겨남에 따라 사적 사내 커뮤니케이션이 극도로 활성화되었다. 심지어 각 회사별 익명 게시판을 제공하는 '블라인드'나 '컴퍼니' 같은 어플리케이션도 속속 늘어나고 있는 등 사적 사내 커뮤니케이션은 점차 활성화될 수밖에 없는 환경이다. 문제는 사적 커뮤니케이션이 이렇게 활발히 진행되고 있음에도 그에 상응하는 '회사 차원의 공적 커뮤니케이션,' 혹은 '경영층의 소통'이 그 보조를 맞추지 못하고 있다는 것이다. 그 결과는 '불통 이미지'로 낙인이 찍히거나, 각종 오해와 불만이 팽배한 조직 분위기로 이어지게 된다.

그렇다면 이렇게 사내 커뮤니케이션이 중요해지고 있음에도 사내 홍보 조직이 사라져 가고 있는 이유는 무엇인가? 그것은 과거의 사내 홍보 조직이 사실상 '사보 제작 조직'이었기 때문이다. 주간이나 월간 단위로 사보를 제작하려면 사내 기자 두어 명에 사진 담당, 인쇄 담당 등 3~5명의 인력이 필요했다. 그러다가 주지하다시피 최근에는 그 효용성과 효율성 문제로, 혹은 트렌드의 영향으로 오프라인 사보를 만드는 기업이 점차 줄어들고 있다. 아예 사보를 제작하지 않는 기업들이 대다수이고, 혹 제작한다 해도 이메일 사보나 블로그 등의 형식으로 제작을 하다 보니 기술적으로 기존 사내 홍보 조직이 담당하기에 적절치 않게 된 것이다. 홍보와 IT 조직의 협업 형태로 전환이 되거나 사보를 폐기하고 내부 커뮤니케이션 자체가 인사나 CSR 조직 등으로 기능이 이관된 회사가 대다수를 이루게 되었다.

그런데 사내 홍보를 홍보 외 조직에서 담당하는 상황은 기업의 전체적 소통 차원에서 보면 긍정적이지 않다. 앞에서도 이야기했듯이 기사를 통해 가장 큰 영향을 받는 사람은 임직원들이다. 홍보맨들은 대외 커뮤니케이션을 할 때 항상 내부 임직원들의 반응과 영향을 고려해야 한다. 기사 외의 내외부 커뮤니케이션도 항상 방향과 톤 앤 매너를 일치시켜야 한다. 하지만 회사 외부와 내부의 커뮤니케이션 주체가 분리되어 있으면 그것이 쉽지 않다. 회사에서 나오는 내외부 커뮤니케이션의 내용이 다르고, 방점이 다르게 찍히다 보면 신뢰성에도 문제가 생긴다. 임직원들은 양쪽 커뮤니케이션을 동시에 지켜보고 있기 때문이다. 이에 대내외 커뮤니케이션은 같은 조직이 주관해서 진행하는 것이 좋다. 사내 홍보 주체에 대한 얘기는 이쯤 하고, 사내 홍보의 수단들을 살펴보도록 하자.

우선 가장 많이 이뤄지고 있는 사내 홍보의 형식은 사내 웹진이나 이메일 사보다. 사실상 오프라인 사보를 온라인으로 옮겨 놓은 형태로, 이러한 형식적인 문제 때문에 홍보실 내부에서 해결하기가 어려워지고 외주를 맡기거나 IT팀과의 협업이 필요하게 된 것이다. 그나마 최근에는 사내 웹진이나 이메일 사보도 점차 사라져 가고 있다. 온라인으로 만든다 해도 손이 많이 가고 가뜩이나 이메일이나 문건들이 많이 오가고 있는 상황이라 열독률이 매우 떨어지기 때문이다.

조금 큰 기업의 경우 사내 방송을 하기도 한다. 사보도 없애는 마당에 사내 방송은 더 비효율적인 것이 아닌가 생각될 수도 있지만, 커뮤니케이션의 임팩트와 도달율을 생각하면 효과적인 방법이 될 수 있다. 방송의 경우 특정 시간에 강제 시청의 형태를 띨 수도 있고, 최근에는 VOD를 통한 접근도 가능하기 때문이다. 또한 활자를 기피하는 젊은 세대의 성향에 맞는 적절한 커뮤니케이션 수단이라 볼 수도 있다. 사내 방송으로는 라디오와 TV를 고려할 수 있으며, 최근에는 방송 장비를 간소하게 구축할 수 있어 생각보다 비용도 그리 많이 들어가지 않는다.

인트라넷을 통한 소통은 즉각적이면서도 간단명료하다는 장점이 있다. 인트라넷 내에 공지 내지 소통 코너를 만들어 수시로 메시지를 전달하는 방식이다. 형식에 구애받지 않고 간단하게 꼭 필요한 내용 위주로 전달할 때에는 이 방법이 매우 효율적일 듯하다. 다만 너무 공지의 느낌으로 접근하면 소통이라기보다는 일방적 발표의 느낌이 들어 역효과가 날 수도 있으니 주의해서 운영해야 한다.

최근 효율적인 사내 홍보 방식으로 활용되는 것은 회사 블로그를 활용하는 것이다. 일종의 사외보를 인터넷으로 구현하는 셈이다. 대외 커뮤니케이션의 형식을 띠되 사실은 사내 커뮤니케이션의 목적을 갖는 것으로, 메시지가 임직원들로부터 신뢰를 얻을 수 있다는 장점이 있다. 회사가 내부만을 대상으로 무언가 이야기할 경우 혹시 상황에 따라 말이 바뀔 수 있을 것이라고 생각하지만, 외부에 전달한 내용의 경우 약속을 지키지 않는 것에 대한 부담감이 더 클 것으로 여겨지기 때문이다. 블로그를 통해 내부 조직원들 이야기도 담고, 회사의 여러 가지 제도나 이벤트를 소개하는 과정에서 자연스럽게 내부 공감대를 얻을 수 있다.

기사 역시 사내 홍보에 중요한 도구다. 말했다시피 기사에 가장 큰 영향을 받는 것은 내부 임직원이다. 임직원만큼 회사 일에 관심이 많은 사람은 없다. 때로 외부 목소리의 형태인 기사를 통해 내부 임직원들에게 하고자 하는 메시지를 담는 경우가 있다. 내외부 커뮤니케이션이 한 조직에서 이뤄져야 한다고 하는 이유도 여기에 있다. 기사를 통해 내부로 향하는 메시지는 강력하다. 특히 내부 개혁이 필요한 순간에 가장 강력한 도구는 외부의 목소리, 기사일 가능성이 크다. 예를 들어 회사의 방향성을 내부에 제시할 때나 임직원들의 동의를 얻어야 할 때 CEO 인터뷰는 매우 강력하다. 많은 조직들이 내부의 방향성을 공고히 하기 위해서 언론 인터뷰를 활용한다. 알아 두면 좋은 수단이다.

이외에 경영진의 이메일 레터나 신년사 역시 내부 홍보의 중요한 도구가 된다. 신년사는 1년에 한 번 내부 혹은 외부에까지 발표되는 문건이지만 특정 시점에 조직원들을 단결시키고 마인드와 태도를 각성시키는 효과가 있어 상당히 효과적이고도 강력한 도구다. 신년사 작성법에 대해서는 이후에 별도로 설명하겠다.

이렇게 해서 사내 홍보의 도구들에 대해 간단히 짚어 봤다. 그런데 읽으면서 이런 생각이 들 수도 있겠다. '아니, 외부에 나가는 메시지와 내부에 나가는 메시지는 달라야 하는 것이 아닌가? 저러한 도구를 쓰면 내부를 향한 메시지가 외부에 다 공개되는 것인데 이래서야 전략적인 내부 메시지나 조금은 비밀스런 내용들을 어떻게 담을 수 있겠는가?' 여기에는 이런 답을 하고 싶다. '요즘 세상에 비밀이 있나? 전 임직원들 혹은 다수의 임직원들에게 발표되는 메시지가 비밀로 유지될 수 있다고 생각하는가?'라고 말이다. 그렇다. 2010년 이후로 세상에 비밀은 사라졌다. 적어도 기업의 일은 다 드러나게 되어 있다. 앞서 말했듯이 사적 사내 커뮤니케이션이 너무나 활성화되어 있어서 삽시간에 문건과 정보가 공유되곤 한다. 최근 있었던 '대한항공' 땅콩 회항 사건도 회사별 익명 게시판을 통해 처음 정보가 공유되었다고 한다. 이제 비밀이 없다는 말이다. 비밀을 지키라고 떠들어 봐야 소용없다고 가정하는 편이 안전하다. 2010년 이후 공유의 행위는 일반적으로 잘못으로 받아들여지지 않는다. 또한 회사일에 대해 어떤 것은 공유해도 되고, 어떤 것은 공유하면 안 되는가에 대해 모든 임직원이 분별할 수 있다고 생각하는 것은 무모하다. 비밀이 유지되는 세상은 이미 끝났다. 또한, 반대 측면에서 외부에 공유된 내용 역시 모든 내용이 내부에 공유된다는 사실을 기억하자. 이를 제대로 활용하는 것이야말로 진짜 사내 홍보라고 생각한다.

열린 소통이 중요한 세상이다. 반면 커뮤니케이션 통제는 불가능한 세상이다. 이런 세상에서는 비밀보다는 진정성 있는 오픈 커뮤니케이션이 주효하기 마련이다. 임직원들에게 열린 자세로 소통하고 공감을 얻게 된다면, 임직원들 하나하나가 긍정적인 메시지를 전파하는 스피커가 될 것이다. 임직원 한 사람 한 사람이 SNS 등 자기 매체를 가지고 있는 시대이기 때문이다. 도구가 중요하지 않다. 불통을 버리고 진실한 자세로 대화에 임하면 된다. 그것이야말로 사내 홍보의 진정한 핵심 노하우일 것이다.

신년사 작성하기

신년사 작성에 정해진 법칙이나 고정된 절차가 있는 것은 아니다. 회사마다, 경영자마다, 쓰는 사람마다 각자의 스타일이 있을 터, 상황과 조건에 맞게 쓰는 게 정답이라고 해야겠다. 여기서는 필자의 경험에 비추어 설명하므로 이 점을 감안해 참고하면 될 듯하다.

작성 과정을 설명하기 전에 한 가지 기억해야 할 것은, 신년사는 내부뿐 아니라 외부에서도 볼 수 있음을 염두에 두어야 한다는 점이다. 몇몇 기업의 경우 아예 신년사를 외부에 공개하기도 한다. 주식 투자자나 경제 매체 등 기업들의 신년사에 관심이 큰 사람들이 적지 않다. 이는 기업의 신년사에서 그 회사의 해당 연도 방향성이나 큰 전략을 엿볼 수 있기 때문이다. 이러한 관계로 신년사를 작성할 때는 보통 외부에 발표되는 것을 염두에 두고 작성한다. 공식적으로 외부에 발표할 계획이 없다 하더라도, 임직원들을 향해 발표하는 장면이 외부로 중계되고 있다고 상상하면서 쓰면 좋다.

신년사는 원래 홍보맨이 아니라 CEO가 쓰는 것이다. 가능하면 CEO

들이 직접 쓰는 것을 권하되 불가능하다면 가능한 핵심들을 대면으로, 혹은 서면으로라도 전달해야 한다. 신년사 발표를 그냥 연례 의식 정도로 생각하고 대충 때우며 지나가는 기업들이 종종 있다. 그러나 신년사는 기업의 방향타를 설치하는 일이다. 한 해의 화두를 설정하고 중점적인 일을 지정하는 행위인 것이다. 따라서 잘 정제해서 작성해야 하고, 반드시 CEO의 계획과 생각, 경영 방침을 담아야 한다. CEO 역시 신년사를 계기로 한 해의 화두를 정리하게 되니 매우 중요한 일로 받아들일 필요가 있다.

이렇게 정해진 해당 연도의 화두를 중심으로 전체 '윤곽'을 짠다. 회사의 신년사는 대체적으로 전해 내려오는 형식이 있기 마련이다. 전년도 신년사를 참고해서 전체적인 틀을 짜도록 한다. 일반적인 신년사 구조는 '인사말 → 전년도 주요 실적 및 성과 요약 → 전년도 부족했던 사항 지적 → 이와 연결된 올해의 목표 및 화두 피칭 → 피칭된 내용의 중요성 강조 → 독려 및 당부의 말 → 인사말' 이런 식으로 이뤄진다.

전체 구조를 짰다면 이제 직접 문장을 작성하는 단계다. 신년사는 구어체에 존댓말로 작성한다. 비록 CEO가 직접 읽거나 발표를 하지는 않더라도 직접 구두로 발표를 한다고 가정하고 작성해야 하는 것이다. 문장은 단문으로, 이해하기 쉬운 단어들을 사용한다. 역시 연설문이라는 가정이 있기 때문이다. 참고로 한해를 정리하는 송년사라면 개인적인 편지 형식도 나쁘지 않을 듯하다. 차분하게 정리를 하는 데에는 편지글만한 것이 없기 때문이다.

신년사를 작성하는데 한 가지 팁을 제시한다면, 전반적으로 차분한 톤 앤 매너로 출발하되 중간부터는 약간은 흥분된 듯한 어조를 넣어 주는 것이 좋다. 한 해를 시작하는 글인 만큼 전쟁에 나서는 조직원들의 사기를 진작시키고 화이팅 분위기를 조성할 필요가 있기 때문이다. 신년사 하나로 그런 분위기 조성까지 가능하겠냐고 반문할 수 있겠지만, 적어도 마중물 역할은 할 것이라고 확신한다. 한 해를 시작하는 시점에서 공식적으로 CEO가 발표하는 신년사만큼 주목도가 높은 텍스트가 있을까? 주목도가 높은 만큼 내용으로 인한 각성 효과도 클 것이다. 좋은 신년사는 오랫동안 임직원들의 마음을 사로잡기 마련이다. 이외에도 옛말이나 위인, 명사의 문장을 인용하거나 사자성어, 격언 등을 활용하는 것도 신년사 전체에 생기를 불어넣는 방법이 될 수 있다.

초안 작성이 완료됐다면 반드시 소리를 내어 읽어 봐야 한다. 만약 어색하거나 너무 긴 문장이 있다면 수정을 한다. 문장 연결 역시 자연스럽게 이루어지고 있는지 확인한다. 논리적으로 비약이 있거나 너무 급히 진행되고 있는 것은 아닌지, 반대로 중언부언으로 너무 더딘 진행이 이뤄지고 있는 것은 아닌지 점검한다. 연설문은 일종의 산문시라고 생각해야 한다. 자연스럽게 흐르지 않는다면 듣는 이는 이해하지 못하거나 지루함을 느끼게 된다.

백문이 불여일견. 아래에 가상 회사의, 가상 연도를 가정해서 가상의 신년사를 작성해 보았다. (실제 상황이 아니라 구체성이 떨어지다 보니 아무래도 공감 견인은 어려운 듯하다.) 실제 신년사라면 1.5배에서 2배 정도의 원고량이어야 할 것이다. 감안해서 참고하길 바란다.

임직원 여러분 201×년 한 해 동안 고생이 많으셨습니다.

지난해 우리는 참으로 많은 일들을 해냈습니다. 어려운 경제 환경 속에서도 15% 성장이라는 고성장을 이뤄냈고, 창사 이래 사상 최대의 이익을 내면서 주가도 많이 오르게 되었습니다. 우리를 향한 세상의 시선도 이전과 다르게 각별해지고 뜨거워지고 있습니다. 그만큼 우리는 이제 앞으로의 행보에 책임감과 신중함을 느껴야 할 것입니다.

전년도의 화려한 성장을 경험하면서 한 가지 미진한 점이 있었다면 미래에 대한 준비가 소홀했다는 것입니다. 새로운 성장 동력을 개발하는데 미진했으며, 신상품 개발에도 적극적이지 못했습니다. 이에 올해는 새로운 미래를 준비하는 제2 도약의 원년이 되어야 하겠습니다.

올해는 단기보다는 중장기를 준비하는 한 해로 만들어 갈까 합니다. 현재 준비 중인 D 프로젝트를 통해 새로운 시장에 노크를 하면서 한편으로는 제3의 또 다른 성장 동력도 고민을 하려 합니다. 해당 프로젝트를 준비 중인 분들께서는 물러서면 미래가 없다는 필사의 각오로 임해 주시길 바랍니다.

미래가 중요하다고는 하지만, 현재가 없는 미래는 없습니다. 우리 회사의 근간을 이루고 있는 사업이 원활히 탄탄하게 돌아가야 미래를 준비할 여력이 생길 것입니다. 따라서 전 직원이 미래를 위한 현재를 만들어 간다는 심정으로 각자 맡은 자리에서 최선을 다해 주시길 부탁드립니다. 미래는 절대 혼자서 만들어 갈 수 없습니다. 우리 회사 모든 임직원들이 한마음으로 현재에 충실하고, 미래를 열망하지 않는다면 우리가 원하는 미래 시장은 절대 열리지 않을 것입니다. 모두가 함께 맡은 바 본분에 최선을 다해 주시길 부탁드리겠습니다.

올해를 여는 이 자리에 서서, 지금까지 우리가 만들어 온 역사를 지켜보면서 저는 가슴이 뜨거워집니다. 그동안 고생했던 전우들과 우리가 바친 땀과 열정에 찬사를 보냅니다. 그러나 이제 다시 출발해야 합니다. 과거의 성취감에 안주한다면 우리는 머지않은 미래에 기쁨이 아닌 슬픔의 뜨거운 눈물을 흘리게 될 것입니다. 10년 뒤 이 자리에 우리 모두가 기쁨의 눈물을 흘리면서 감격적인 순간을 맞을 수 있기를 기원합니다. 이에 올해 함께 후회 없는 열정과 혼신의 노력을 쏟아 넣읍시다.

하늘은 스스로 돕는 자를 돕는다고 했습니다. 우리가 최선을 다해서 201×년을 만들어 간다면 하늘은 반드시 우리에게 풍성한 과실을 내릴 것입니다. 함께 그 과실을 나눕시다. 여러분의 열정을 믿습니다. 201×년도 잘 부탁드립니다.

감사합니다.

글로벌 시대, 해외 홍보로 개척한다

우리는 툭하면 '글로벌화'의 중요성을 외치면서도 '글로벌 홍보'에 대해서는 그 중요성과 필요성을 간과하고 있는 듯하다. 국내에 몇몇 대기업을 제외하고 해외 홍보 조직을 가지고 있는 기업이 거의 없다는 것이 그 증거일 것이다. 이런 현상에 비추어 보면 필자가 전 직장에서 몇 년간 경험한 글로벌 홍보 경험은 상당히 의미가 있는 것 같다. 전 직장에는 5명으로 이루어진 글로벌 홍보 파트가 있었는데, 그 조직의 책임을 함께 맡으면서 직간접적으로 여러 글로벌 홍보 경험을 하게 되었다.

글로벌 홍보는 크게 세 가지 형태로 나눌 수 있다. 국내에 들어와 상주하는 외신들을 대상으로 하는, 즉 외신 기자 클럽을 대상으로 하는 홍보, 한국에서 각 국가의 현지 언론을 대상으로 하는 원격지 홍보, 현지로 건너가 직접 진행하는 해외 현지 홍보가 그것이다. 국내 기업들이 진행하는 홍보 활동은 대부분의 경우가 첫 번째에 해당하고, 가끔씩 세 번째의 활동을 전개하고 있는 듯하다. 두 번째의 경우는 매우 드물게 진행되는 편이다.

우선, 국내에 들어와 있는 외신들을 대상으로 하는 홍보는 가장 보편적인 해외 홍보의 형태다. 그 이유는 각 외신들의 국내 상주 특파원들이 대부분 한국 사람이나 교포들이어서 한국말에 능통하기 때문에 별도 해외 홍보 인력이 없어도 업무 수행이 가능하고, 적은 비용으로도 활동을 전개할 수 있기 때문이다. 특히 우리나라에는 '외신 기자 클럽'이라고 하는 외신 기자단이 형성되어 있어서 조직적이고 효율적인 네트워킹과 보도 자료 배포가 용이하다. 외신 기자 클럽에는 글로벌 외신과 세계 각국 유력 언론사의 특파원들이 소속되어 있기 때문에 보도 자료 릴리스를 위해 별도로 기자 명단을 수집한다든지 하는 수고를 덜 수 있다. 또한 한 달에 한 번, 원하는 기업이 있을 경우에 모임을 주최할 수도 있도록 조직화되어 있다.

국내에 상주하는 외신들을 대상으로 하는 홍보는 한계도 있다. 일단 여기 상주하는 특파원들은 대체로 정치나 외교, 거시 경제와 관련된 뉴스에만 관심이 있다. 그도 그럴 것이 글로벌 언론이나 각국의 유력 언론의 입장에서 우리나라는 세계의 수없이 많은 국가들 중 하나일 뿐이고, 본사가 한국에 거주하는 특파원으로부터 원하는 소식은 북한 소식, 대미(대중, 대일) 외교, 돌발적으로 일어나는 대형 사고 등에 한정될 수밖에 없다. 웬만한 뉴스 가치 아니고서는 뉴스화가 어렵다는 얘기다. 외신 기자 클럽을 통해 1년에 기사 2~3개를 만들어 내는 것도 만만한 일이 아니다.

이러한 장벽을 극복하기 위해서는 두 번째 수단으로 해당 국가의 언론을 원격지에서 직접 접촉하는 수밖에 없다. 해당 국가에 진출한 상품을 직접 현지 언론에 홍보하는 것이다. 현지 홍보 대행사를 활용하는 방법과 국내에 있는 해외 홍보팀을 활용하는 방법이 있는데, 국가별로 둘 중 한 가지를 선택하거나 두 가지를 병행할 수도 있다.

보도 자료 릴리스 등 일상의 홍보를 위해 현지 대행사를 활용하는 것은 현지 언어와 현지 언론 문법 등을 고려할 때 여러 가지로 필요해 보인다. 그러나 비용이 많이 들고 신뢰의 문제가 발생할 수 있다. 신뢰의 문제가 있다는 것은, 원격으로 현지 홍보 대행사를 관리하다 보니 성과 측정의 문제, 보도 자료의 질적 문제 등이 발생하기 때문이다. 실제로 개인 블로그에 가까운 매체들에 기사화를 해놓고 마치 유력지에 기사가 나간 것처럼 리포팅을 하기도 하고 엉터리로 쓴 보도 자료를 함부로 뿌려대는 홍보 대행사도 있다. 아무래도 원격지이기 때문에 면밀히 하나하나 신경 쓰기가 어렵다 보니 질적 관리가 어려운 것이다.

이에 타깃 국가의 유력 언론 리스트와 기자들 이메일 주소를 수집한 후 한국에서 직접 해당 국가의 언론들에게 릴리스를 할 수도 있다. 특히 영어권 국가들이 용이할 것이다. 그러나 원격지인 관계로 기자의 취재에 대한 응대가 어렵고 매체 게재 결과에 대한 수집이 어렵다는 단점이 있다. 또한 비영어권 국가의 경우 해외 홍보팀 내에 해당 언어와 한국어를 둘 다 전문가 수준으로 구사하는 '바이링구얼'이 있어야 한다는 전제가 있으므로 간단치는 않은 방식이다.

현지 대행사 고용이나 직접 릴리스 방식이 각각 장단점이 있으므로 두 가지를 병행하는 것이 가장 적합한 방식이다. 현지 해외 대행사를 고용해서 홍보 활동을 진행하되 전면적으로 맡겨 놓지 않고 경우에 따라서는 원격지 릴리스를 진행하거나 현지 홍보 대행사 자료를 꼼꼼하게 검토하면서 홍보를 진행하는 것이다. 이는 양쪽 방식의 장점만 모아 놓은 방식이지만, 비용이 가장 많이 드는 방법인 만큼 비용 대비 효율성 문제가 발생할 수밖에 없다.

이처럼 원격지 해외 홍보는 상당히 어려운데다 비용도 많이 든다. 해외에 지사나 자회사가 있는 경우라면 현지 홍보팀을 꾸리면 되겠지만, 그렇지 못한 경우 원격지 홍보가 반드시 필요한 경우들이 있을 것이다. 오리온의 경우에도 중국, 러시아, 베트남 등 자회사가 직접 진출해 있는 나라가 아니라면 수출액에 따라 원격지 홍보 수요가 있으리라 본다. 이에 대한 판단은 필자가 앞으로 결행해야 할 과제이기도 하다.

세 번째로 해외 현지에서 진행하는 홍보가 있다. 자회사나 지사 내에 홍보 조직이 있는 경우 자체 진행을 하겠지만, 대규모 행사나 이슈의 경우 협업을 하거나 본사 홍보팀이 현지로 날아가서 직접 홍보를 진행해야 하는 경우들이 발생한다. 이 경우 대개 현지 대행사를 고용하는 것이 보통이다. 현지 유력 언론사 섭외 문제도 있고, 현지 언론을 많이 경험한 사람이 필요하기 때문이다. 간혹 의지가 앞서서 혹은 비용을 아껴 보고자 현지 대행사 없이 진행하는 기업들이 있는데 위험하다고 본다. 언론은 어느 나라를 막론하고 양날의 검 같은 존재다. 잘 진행되면 좋은 성과를 얻을 수 있겠지만, 잘못될 경우 행사를 하지 않느니만 못한 결과로 이어질 것이다. 그 나라의 언론에 매우 정통한 기업이 아니라면 현지 대행사의 도움은 반드시 필요하다.

해외 현지에서의 홍보는 일회성인 경우가 보통이지만 프로젝트에 따라서는 몇 달씩 진행되기도 한다. 현지 홍보가 몇 달씩 진행이 되는 경우 원격지 홍보와 비슷한 양상을 띠게 될 것이다. 현지 홍보 대행사의 도움하에 내용에 대한 면밀한 통제는 국내에서 하는 형태가 된다.

해외 홍보에 대해 간단히 살펴보았다. 해외 홍보 업무와 관련해서 가장 필요하고 중요한 것은 경영진의 의지라고 생각한다. 눈에 보이는 매체들의 성과가 아닌 관계로, 조직을 꾸리고 인력을 유지하는 것에 대해 경영진의 회의와 부정적 의견이 있는 것이 보통이다. 그러나 홍보는 시장 진출의 첨병 역할을 한다. 어느 정도 이상의 해외 진출이 이루진다면 해당 국가에서의 홍보가 반드시 필요하다. 그래야 그 시장에 대해 빠르게 감을 잡을 수 있다. 해당 국가의 대중과 호흡하고 이야기를 해 봐야 우리 상품의 현주소와 시장의 현 상황을 알게 될 것이 아닌가. 홍보는 나를 알고 남을 아는 작업이다. 글로벌하지 못하면 미래가 없다고 얘기하는 우리나라의 현실에서 해외 홍보에 대한 인식이 너무나 빈약한 것이 아쉽다. 경영자들의 관심과 결단이 필요한 시점이다.

chapter 3

홍보의 베이스,
위기관리

언론 관련 위기는 어떻게 극복하는가

우리나라의 꽤 많은 홍보인들과 경영자들은 위기관리가 홍보에서 가장 중요한 업무라고 생각한다. 위기관리가 핵심 업무 중 하나인 것은 분명하다. 위기관리를 못해서 맨날 시끄럽다면 무슨 상품을 알리고 긍정적 이미지를 쌓겠는가. 그러나 위기관리는 설득을 위한 필요조건이지 가장 중요한 업무라고 보기는 어렵다. 가장 중요한 미션은 이슈 메이킹을 통해 대중을 움직이는 것이기 때문이다. 어쨌든 위기관리는 홍보의 베이스라고 할 수 있다. 최근 우리나라의 여러 기업들을 지켜보면 위기관리가 제대로 되지 않는 모습들을 많이 볼 수 있다. 특히 기업의 최고경영진과 관련된 여러 가지 위기들에 제대로 대응하지 못하는 모습들이 자주 눈에 띈다. 위기관리에 대해서 제대로 알고 대응할 수 있는 노하우가 아쉽다.

위기관리와 관련해서는 대언론 위기관리와 가상 공간의 리스크에 대한 대응으로 나누어 설명할 것이다. 우선 언론 관련 리스크 대응은 크게 두 가지로 나뉜다. 사전 위기관리와 사후 위기관리가 그것이다. 사전 위기관리는 기사화를 막는 것을 말하고 사후 위기관리는 기사화 과정에서의 활동과 기사화 이후의 대응 업무를 말한다. 이 중 사전 위기관리는 '일상 속에서의 위기관리'와 '기자 취재에 대한 초기 응대'로 다시 나뉜다. 사후 위기관리는 '부정적 사건에 대한 사후 논리 및 메시지 마련'과 '부정적 기사 및 여론에 대한 대응'으로 나누어 설명할 것이다.

모든 리스크는 사전에 관리되어야 한다

위기관리의 최선은 리스크 요인을 뿌리째 뽑아 버리는 것이다. 리스크가 없으면 당연히 리스크 대응의 업무도 없다. 따라서 일상 속에서 리스크를 제거하려는 노력이 매우 중요하다. 물론 어떤 조직이든 리스크를 '전무全無'로 만드는 것은 어려울 것이다. 그렇다 해도 의외로 '대부분'의 리스크는 제거가 가능하다. 홍보맨이 얼마만큼 집요하고 입체적으로 움직이느냐에 달렸다고나 할까. 필자의 경우 평소 두 가지 단계를 거쳐 리스크를 제거한다. 우선 첫 단계는 리스크의 원인을 끝까지 파고드는 것이다. 그냥 대충 파서는 맥락이나 원인을 명확히 파악하기 어렵다. 필요 이상으로 철저하게 조사해야만 한다. 두 번째 단계는 리스크를 원인부터 확실하게 제거하는 것이다. 필요하다면 최고경영진을 동원해서라도 집요하게 추진한다. 경험에 따르면 대략 90%의 리스크는 이러한 과정을 거쳐서 사전 제거가 가능했다. 대부분의 리스크가 사전에 제거 가능하다는 얘기다. 결국 '어떤 리스크가 있는가'만 인지한다면 일상 속에서 리스크 제거가 가능하다고 할 수 있다.

그럼에도 제거할 수 없는 리스크가 있기는 하다. 최고경영진을 설득할 수 없는 경우도 있고, '기업을 운영하는 데 치러야 할 대가cost of doing business'라고 하는 비즈니스상의 불가피한 리스크도 있는 것이다. 이런 경우 언론의 취재가 있기 전에 미리 사전 논리를 만들어 둬야 한다. 이 리스크가 왜 발생하는 것이며, 이를 극복하기 위한 회사의 노력은 어떻게 이뤄지고 있으며, 향후 어떤 대책을 가지고 있는지 등을 철저히 준비해 둔다. 이런 준비를 통해서 다시 대부분의 리스크가 '기사로서 적합지 않은 사례'로 변모한다. 비판은 기업이 무책임하거나 아무 준비도 안 하고 있을 때 의미가 있는 법이다. 미리 철저히 준비가 돼 있는데 그것을 비판한다면 '비판을 위한 비판'이 되기 때문이다. 함량 미달의 악성 언론이 아니라면 이런 경우 기사화하지 않는다. 언론의 기능 중 하나가 '비판을 통한 개선'이고 비판 기사의 목적도 이와 비슷한 맥락이라고 본다면 개선을 위한 준비가 되어 있는 사안에 대해서는 비판할 명분이 없어지기 때문이다.

때로는 미리 사전에 논리를 세우지 못한 경우도 있을 것이다. 홍보맨이 모든 것을 알고 있을 수는 없다. 이런 리스크가 있다는 것조차 몰랐던 경우도 있는 법이다. 이때는 초기 응대를 잘해야 하고, 순발력으로 기사화를 막는 전략이 필요하다. 당황한 내색을 보여서는 안 되며 상황 파악 및 논리 마련을 위한 시간을 벌어야 한다. 시간을 벌었다면, 제일 중요한 것은 즉각적인 '팩트 파인딩'이다. 리스크 사안에 대한 전후 맥락을 빠르게 파악해야 한다. 가능하면 자세히 철저히 파악하는 것이 중요하지만, 시간 변인도 매우 중요하다. 타이밍을 놓쳐 그냥 기사가 나와 버린다면 조사한 수고가 아무 의미가 없기 때문이다. 팩트 파인딩이 끝났다면 역시 빠르게 논리 및 메시지, 이른바 '원 보이스' 마련이 이뤄져야 한다. 원 보이스는 기사화 억제를 목표로 작성되지만 억제가 불가능한 사안의 경우에는 가장 치명적인 내용들에 대한 제거 내지는 완화를 염두에 둔 전략적 메시지 작성이 필요하다. '원 보이스' 작성이 끝났다면 언론 응대를 시작한다. 또 다른 언론의 취재가 있을 수 있으므로 응대 창구를 단일화하고 누가 응대 창구인지 조직 내에 공유를 하며, 응대 창구자가 복수인 경우 창구 역할을 할 멤버들에게 '원 보이스'를 공유한다. 이 같은 과정을 통해 사전에 논리를 세우지 못한 사안들의 상당수도 사전에 기사화를 억제할 수 있으며, 기사화된 경우에도 비교적 덜 치명적인 결과물로 유도할 수 있게 된다.

이 모든 사전 위기관리 과정을 다 빗겨 나간 경우들도 있다. 우선 사고가 발생한 경우다. 여기서 사고란 인사 사고 외에도 각종 규제 기관과 연관된 사건들을 통칭한다. 이 경우 주로 사회부를 통해 기사화가 이뤄지기 때문에 응대가 매우 까다롭다. 또한 사전 위기관리 과정에도 불구하고 부정적 기사화로 이어진 경우도 있다. 이런 경우들은 사후 위기관리가 필요하다. 이에 대해서는 다음 장에서 이어 가도록 하자.

사전 위기관리 이야기를 마무리 짓기 전에 한 가지를 더 언급하려 한다. 사전이든 사후든 언론 관련 리스크에 대응하려면 각 언론 매체들과 긍정적인 관계를 맺고 있어야 한다. 폭넓고 친밀한 네트워킹이 형성돼 있어야 하고, 또한 '믿을 만한 정보원'이라는 인식을 미리 형성해 둬야 한다. 이런 것이 없다면 아무리 철저한 논리로 무장했다 해도 제대로 먹히지 않을 것이다. 기자가 해당 홍보맨이나 회사에 부정적 감정이 크다면 같은 상황에서도 더 부정적인 톤 앤 매너의 기사가 나올 확률이 높아진다. 물론 반대의 경우도 있을 것이다. 이 때문에 평소 관계를 잘 유지하기 위해 여러 가지 노력을 기울이는 것이다.

사건 사고에 대처하는 사후 위기관리

위기관리는 사전 위기관리가 원칙이다. 위기관리의 최상책은 리스크 원인을 포함해 리스크 자체를 제거하는 것이다. 이것이 용이치 않다면 그 다음 상책으로는 위기가 발생하기 전에 있을 수 있는 리스크에 대한 대응 논리와 메시지, 대응 체계 등을 철저히 세팅해 두는 것이다. 미리 준비가 되지 않은 사안들에 대해서는 중책으로 논리적이고도 즉각적인 대응으로 기사화를 막는다. 그리고 이것도 실패한다면 하책으로 지금부터 설명하려 하는 사후 위기관리 대응이 이뤄지는 것이다.

그런데 재밌는 것은 일반적으로 위기관리라 하면, 사후 위기관리를 말하는 것이 보통이다. 사고가 터지고 나서 수습하는 것이 밖에서 보기에도 뭔가 일을 하는 것처럼 보이고 또한 홍보맨들도 매우 고생스러워서 그야말로 임팩트가 세게 느껴지기 때문이다. 그래서 몇몇 사람들이 위기관리가 홍보의 꽃이라고 주장하는 것도 가만히 들어보면 사후 위기관리에 대해서 말하는 것이다.

하책이긴 하나 사후 위기관리를 제대로 해내지 못하면 절대 홍보 전문가라고 인정받을 수 없을 것이다. 홍보맨은 본의 아니게 소방관 역할을 해야 하는 경우가 많은데, 여기서 소방수라 하면 벌어진 사건 사고의 진화나 게재된 부정적 기사에 대해 대응하는 역할을 말한다. 직접 몸으로 경험하기 전에 충분한 학습을 통해 미리 배워 두는 것이 당연히 필요하다. 직간접 경험도 없이 무턱대고 화재 현장에 뛰어 들었다가는 화재를 진압하기는커녕 다치기 십상일 테니까.

사후 위기관리는 사건 사고에 대한 대응과 부정적 기사에 대한 대응, 이렇게 크게 두 가지로 분류할 수 있다. 여기서는 사건 사고에 대한 대응만 다루고 부정적 기사에 대한 대응은 이후 장에서 다룬다.

우선, 사건 사고라 하면 화재나 교통사고 같은 물리적인 사고만을 의미하는 것이 아니다. 검찰 조사, 국세청 특별 조사, 규제 기관의 징계 결정 등 사정 기관과 연관된 사건들도 사건 사고로 분류한다. 홍보맨은 가능하다면 일어날 수 있는 사건 사고의 원인을 제거하고 만일에 있을 사고에 대한 대응책도 가지고 있어야 한다. 그러나 홍보맨이 회사의 모든 것을 관장할 수 없고 돌발적인 사건 사고를 모두 예측할 수도 없는 만큼, 크고 작은 사건 사고에 대한 사후적 대응은 홍보맨이라면 누구나 몇 번씩은 겪기 마련이다. 필자의 경우 자잘한 사건 사고 대응은 수백 번, 큰 건도 수십 번은 경험했다. 이렇게 많은 경험을 얻은 것을 행운이라 해야 할지, 불행이라 해야 할지 모르겠다. 하여간 홍보맨은 여러 가지 사건 사고에 대한 직간접 경험을 통해 준비를 하는 것이 중요하다.

사건 사고가 발생하게 되면 대응 요령은 앞에서 설명한 기자 취재 단계의 '초기 대응을 통한 기사 억제'와 유사하다. 우선 제일 먼저 해야 할 것은 즉각적이고 입체적인 '팩트 파인딩'이다. 가능한 자세히 철저하게 파악해야 하지만, 대응의 타이밍을 놓쳐서는 안 된다. 이때 대응 타이밍은 '상당수의 사람들이 알게 되었을 때'다. 여기서 '사람들'이라고 하면 해당 사고에 관심이 크고 이로 인해 영향을 받을 사람들을 말한다. 대형 참사나 큰 사고가 발생한 경우라면 일반 대중이 다 관심을 갖겠지만, 아주 전문적인 영역의 사고, 즉 B2B 기업의 복잡한 기술이 타 기업으로 넘어갔다든지 하는 경우에는 그 업계에 있는 사람이거나 유관 정부 기관에 있는 사람들만이 이 사건에 관심이 있을 것이라고 짐작할 수 있다. 다시 말해서 관심을 갖고 있지 않거나 영향을 받지 않을 만한 사람들에게만 알려진 상황이라면 아직 대응의 타이밍이 오지 않았다고 말할 수 있다. 물론 많은 경우 '사람들'이라 하면 기자를 말하는 경우가 태반이다. 언론에 노출이 이뤄지면 결국 '사람들'도 다 알게 될 테니까. 즉 기자들이 알고 취재가 들어오기 시작하는 시점이 대응의 타이밍이 되는 경우가 일반적이다. 경우에 따라서는 사건 사고가 언론사에 알려지지 않고 지나가는 경우도 빈번하다. 이런 경우 굳이 입장을 발표해서 오히려 부정적인 내용을 알리게 되는 결과를 초래할 필요는 없다. 이건 솔직하고 그렇지 않고의 문제가 아니다. 아무도 모르는 일을 굳이 알려서 부정적인 결과를 초래하는 자를 홍보맨이라 부를 수 있을까?

한편, 타이밍을 판단하는 기준에서 '상당수'의 사람들이라고 표현했다. '상당수'가 정확히 몇 명인지는 여기서 명확히 정의할 수는 없다. 이 부분은 현장에서의 '감'에 의존할 수밖에 없다. 예컨대 기자의 경우라면, 한 명이 알게 된 시점이 대응의 타이밍인지, 세 명이 알게 된 시점이 적절한 타이밍인지는 홍보맨의 감에 따를 수밖에 없다. 어떤 타이밍이 최선인지는 회사마다 상황마다 사건마다 다 다르기 때문이다. 그보다 중요한 것은 이른 과잉 대응도, 소극적인 늦장 대응도 이슈를 키울 수 있다는 점이다. 정확한 대응 타이밍을 잡는 것은 매우 중요하다.

본격적인 대응을 하기 전에는 발표 메시지 작성, 발표의 방식, 대언론 원 보이스 작성, 대언론 창구 및 스피커 단일화, 대언론 창구가 누구인지에 대한 조직 내 공유, 응대 창구자가 복수인 경우 해당자들에게 원 보이스 공유 등이 이뤄져야 한다. 우선 발표 메시지는 '톤 앤 매너'가 중요하다. 요즘 트렌드를 보면 가능한 솔직하고 겸허한 태도가 정답이다. 조금이라도 가식적이거나 책임을 돌리려는 뉘앙스가 풍기면 바로 역효과가 난다. 발표 방식은 앞에서 얘기한 '사람들'의 접근성이 가장 높으면서 해당되지 않는 '사람들'에게는 접촉이 적은 방식이 가장 좋다. 피해를 최소화하는 방법인 셈이다. 예를 들어 '사람들'이 네티즌인 경우라면 인터넷 홈페이지에 팝업창을 띄우거나 공식 소셜 미디어 계정을 통해 발표하는 방식을 택할 수 있다.

대언론 원 보이스에는 사건에 대한 회사의 객관적 입장과 책임 있는 태도를 담아야 하며, 가능하면 동정 내지 지지를 얻을 수 있는 포인트를 포함하면 좋다. 기자도 사람이며, 대중 역시 사람의 집단이기 때문에 인정에 호소하는 것이 답이 될 수 있다. 그러나 지나치게 인정에 호소하게 되면 책임을 피하려는 듯한 모습으로 비춰질 수 있으니 적절한 균형을 잡아야 한다. 대언론 창구는 가능하면 한두 명으로 하는 것이 좋다. 동일 사안을 여러 명이 응대하게 되면 메시지의 톤 앤 매너도 달라질 수 있고 말이 꼬이게 되는 경우도 있을 수 있기 때문이다. 대형 사고가 일어난 경우라면, 발표 방식 및 대언론 창구로 '상황실'을 꾸려 주기적으로 진행 상황을 공유하는 방식도 고려해 봐야 한다. 이렇게 하면 각 언론사도 상황실 담당 기자를 배정하기 때문에 이런저런 잡음을 줄일 수 있고, 보도의 방향도 비교적 주도적으로 끌고 갈 수 있게 된다.

준비가 되었으면 공식 발표, 보도 자료 배포 등의 방식으로 세상과의 소통을 시작한다. 물론 공식 발표나 보도 자료 배포 등을 생략하는 경우도 있다. 공식적으로 발표를 하거나 보도 자료를 내는 경우, 이슈가 오히려 커질 수도 있기 때문이다. 이럴 때는 언론 취재에 대한 대응만으로 끝내는 것이 긍정적일 수도 있다. 사건 사고에 대한 대응은 언론 및 대중과의 '소통의 과정'이다. 발표 이후 '사람들'의 반응을 살펴야 하며 동시에 기타 '사람들'의 반응도 참고해야 한다. 기타 '사람들'이 우리 타깃의 '사람들'에게 영향을 미칠 수도 있기 때문이다. 이러한 종합적인 피드백을 참고로 해서 2차 대응안을 만든다. 이후 2차 발표 내지는 대응을 하고 역시 반응과 피드백을 살핀다. 대응 과정에서는 공식 채널을 활용한 대응 외에 비공식 채널을 활용한 대응도 필요하다. 온라인 게시판 등을 통해 대중 내지 타깃과 직접 소통이 가능하다면 그러한 채널도 적극 활용하는 것이 좋다. 물론 비공식 채널을 활용할 때는 이것이 '꼼수'로 비춰질 수도 있기 때문에 매우 조심스럽게 진행해야 한다.

부정적 기사에 대한 대응, 최악보다는 차악

사후 위기관리 중 부정적 기사에 응대하는 요령에 대해서 알아보자. 많은 사람들이 부정적 기사에 대응하는 것이 홍보맨의 가장 중요한 업무라고 생각한다. 그러나 이것은 위기관리 방법 중에서 최하책이다. 이미 나와 버린 기사를 수정한들 얼마나 수정할 수 있을 것이며, 이미 다 읽고 나서 내용을 고쳐 봐야 무슨 의미가 있을까? 물론 그렇다고 부정적 기사에 대응하는 것이 필요 없다는 얘기는 아니다. 특히 요즘 세상은 기사가 인터넷에 계속 남아 있고, 검색을 통해 예전 기사도 쉽게 눈에 띄어 일종의 레퍼런스 역할을 하는 만큼 부정적 기사에 대한 대응이 더욱 중요해졌다. '최악보다는 차악'인 셈인데, 최악을 피하고 상황을 순화시키는 것에 대해 얘기해 보자.

부정적 기사가 나오게 되는 상황, 혹은 신문 가판상에 부정적 기사가 나온 상황에 제대로 된 홍보 조직이라면 이미 팩트 파인딩은 끝났으리라 생각된다. 그럼에도 혹시라도 그렇지 못하다면 일단 팩트 파인딩이 최우선이다. 사안에 따라 유관 부서와 공유하고, 최고경영진에게까지 보고를 해야 한다. 이와 동시에 타 매체 및 추가 취재를 위한 대응을 준비해야 할 것이다. 이 부분은 앞에서 설명한 사건 사고에 대한 대응과 유사하다. 원 보이스를 만들고, 대응 창구를 지정하며, 원 보이스를 공유한다.

이미 나온 기사에 대해서는 수정을 시도해야 한다. 지면 기사의 경우 전날 저녁 가판을 보고 수정을 의뢰한다. 기자에게 기사 수정을 의뢰할 만한 부분은 일곱 가지 정도다. 우선 가장 중요한 항목은 기사 제목이다. 어떤 기사이든 가장 중요한 부분은 제목이라고 할 수 있는데, 대부분의 독자들이 특별히 관심을 갖고 있는 내용이 아니라면 기사의 제목만 보기 때문이다. 다만 제목을 순화시키는 것은 각 언론사마다 데스크의 고유 권한이므로 해당 기자만 설득해서는 어려운 경우가 많다. 해당 기자는 물론이고, 데스크까지 설득해야 한다.

제목 다음으로 임팩트가 큰 부분은 사진이다. 독자들이 제목과 더불어 가장 많이 보는 것이 사진이기 때문이다. 부정적 느낌이 덜 드는 사진으로 바꾸기 위해 노력해야 한다. 사진은 제목보다는 수정이 용이하지만 적절한 사진을 제시하는 것이 쉽지 않고 편집부에서 추가 작업도 필요하기 때문에 지면 기사의 경우 좀 더 어려울 수 있다.

세 번째는 본문 중 팩트에 어긋난 내용이다. 이것은 필수적인 일이기도 하고, 당연히 해야 하는 일이기도 하다. 기자도 팩트와 다른 내용은 쉽게 수정해 주는 편이다. 다만 가끔 팩트를 입증하기가 어려운 경우가 있는데, 이런 경우 팩트를 입증하기 위한 여러 노력을 해야 한다. 어떤 경우에는 이것이 어려워 포기해 버리기도 하는데, 여기서 홍보맨의 근성이 어느 정도냐에 따라 결과가 달라질 것이다. 때로는 기사의 기본 팩트가 잘못된 경우도 있다. 이런 경우 기사를 들어내야 하는 셈인데 해결이 만만치 않다. 기본 팩트가 잘못되었다는 점이 입증이 되었다 하더라도 기사를 통째로 들어내거나 삭제하는 것은 쉬운 일이 아니다. 기사를 삭제하는 것은 기자 및 언론사의 자존심이 걸린 일이기도 하고 때로는 대체할 기사가 없어서 곤란해지는 경우도 있다. 홍보맨이 대체 기사까지 제공해야 하는 경우도 있다. 이에 대한 준비는 상시적으로 해두는 것이 좋다.

네 번째는 해당 조직의 입장 반영이다. 일방적으로 비판당하는 것보다는 우리 쪽의 입장을 반영하는 것이 훨씬 나을 것이다. 다만 이 경우 사실은 인정하면서 변명하는 것처럼 비춰질 수 있으므로 그것을 경계하면서 수정을 시도해야 한다. 또한 이런저런 얘기를 반영해 달라고 해 봐야 반영되기 어려우므로 핵심 사안 한두 개 정도만 선택해서 부탁하는 것이 현명하다.

다섯 번째는 멘트에 대한 수정이다. 기사의 기존 멘트는 물론이고, 입장 반영을 통해 새로 들어간 멘트에 대한 재수정도 종종 발생한다. 특히 회사 관계자 멘트의 경우 잘못 들어가면 오히려 기사를 더 부정적으로 느껴지게 만들 수도 있으므로 신중하고 민감하게 접근해야 한다. 때로는 잘못된 멘트 하나가 한 사람의 인생을 바꿔 놓을 수도 있다. 따라서 실명으로 멘트가 들어간 경우에는 더욱 보수적으로 접근해야 한다. 입장에 대한 멘트의 경우 '인정,' '부분 인정,' '부인,' '전면 부인' 중 어디에 해당되느냐를 정확히 따져 봐야 한다. 말의 뉘앙스에 빠지지 말고 논리적으로 어디에 해당되는 말인가를 판별해야 하는 것이다. 예를 들어 특정 사건이 조직에 미치는 영향에 대한 멘트를 넣는다고 하자. "영향이 크지 않다"라고 한다면, 영향이 있긴 있다는 말이다. 부분 인정인 셈이다. 반면, "영향이 거의 없다"라고 한다면 부인에 가깝다. 일반적으로 두 가지 표현을 비슷한 표현이라고 생각하는 경우가 많은데, 사실 이 두 가지 표현은 전혀 다른 의미다. 인정과 부정의 차이는 매우 큰 것이기 때문이다. 말하는 사람은 비슷하다 생각할지 몰라도 읽는 사람은 전혀 다른 표현으로 받아들인다. 이 점을 충분히 고려해서 멘트 수정에 임해야 할 것이다.

여섯 번째는 익명 처리 여부다. 부정적 기사라면, 당연히 사명, 사람의 이름 등이 A 회사, A 씨 등 익명으로 처리되는 것이 훨씬 낫다. 특히 형사 사건의 경우 피의자 신분이나 수사 중인 상황이라면 정당하게 요구할 수 있다. 형이 확정되지 않은 피의자 신분일 때는 기사에 실명을 쓰지 못하도록 법으로 엄격히 제한되어 있기 때문이다. 이외의 경우는 익명으로 처리해야 하는 이유에 대해 논리적이거나 또는 온정적인 근거를 잘 구성해 볼 필요가 있다.

마지막으로 논조다. 가장 어려운 미션이고 가장 막연한 항목이다. 특히 전체적인 논조를 수정한다는 것은 기사를 다시 쓰는 것과 비슷하기 때문에 관철시키기 어려운 경우가 보통이다. 따라서 일반적인 경우의 논조 수정은 결정적인 몇 단어 정도를 수정하는 것이다. '챙겼다,' '일당이 붙잡혔다' 등 지나친 비하, 범죄자 취급, 강한 비난 등의 단어에 대해 순화를 요청한다. 이 부분은 사실 인정에 호소할 수밖에 없다. 기자나 데스크 입장에서는 수정해 줘야 하는 의무는 없기 때문이다. 그러나 단어 몇 개 차이로 인해 독자가 받는 느낌은 천지 차이일 수 있다. 책임감 있는 홍보맨이라면 포기하지 말고 끝까지 매달려야 한다.

언론과 관련한 위기관리에 대해 대략의 이야기를 마무리한다. 홍보맨은 때로는 방패 역할을 하고 때로는 칼 역할을 해야 한다. 위기관리는 방패의 역할이라고 볼 수 있다. 그런데 사실 위기관리를 제대로 하기 위해서는 내부에서 칼을 들어야 한다. 회사의 문제점에 대해 '좋은 게 좋은 거'라는 식으로 적절히 타협하게 되면 언젠가 그 문제점들이 회사에 칼이 되어 돌아오게 된다. 그러므로 방패 역할을 똑바로 하려면 칼 역할을 잘해야 한다. 칼 역할을 잘해서 위기관리를 사전에, 근본적인 리스크 제거 방향으로 해야 한다는 얘기다. 물론 홍보맨에게 그러한 권한이 주어지지 않을 수도 있다. 그럼에도 홍보맨은 하는 데까지 해 봐야 한다. 홍보맨은 회사의 수호자이자 전사니까 말이다. 홍보맨이 물러서면 회사가 다친다. 홍보맨이 근성을 가져야 하고 회사에 대한 로열티가 커야 하는 이유가 여기에 있다. 이 지점에 이르면 CEO의 역할이 중요하다. CEO는 홍보맨에게 리스크에 대응할 수 있는 적절한 권한을 줘야 하고, 또한 리스크와 관련된 홍보맨의 목소리에 귀를 기울여야 한다. 물론 CEO 본인이 위기관리의 사령탑 역할을 할 수 있다면 그보다 좋을 수는 없을 것이다.

포털이 잠들어 있을 때

몇 년 전, 내가 몸담았던 회사의 한 TV 채널에 '럭셔리 유치원'을 소개하는 프로그램이 있었다. 채널에서 홍보 요청이 왔고, 해당 유치원으로부터 언론 홍보에 대해 허락도 얻었다. 그러나 나 역시 아이들의 아빠이고, 아이가 연예인 지망생이 아닌 이상 '럭셔리 유치원'에 다니는 아이로 소개되는 것은 다소 꺼림칙할 것이라는 생각이 들었다. 그렇지만 담당 홍보맨은 다 허락을 얻었다며 괜찮다고 했고, 그냥 보도 자료 하나 나갈 뿐이라는 생각에 대단치 않게 넘어가 버렸다.

홍보 일을 하며 자주 느끼는 것인데, 찜찜한 예감은 항상 적중한다. 몇 시간 뒤에 일이 터진 것이다. 관련 기사가 나가고, 그 유치원에 다니는 아이들의 사진이 게재되기 시작하면서였다. 해당 유치원 학부모들이 난리가 난 것이다. 알고 보니 유치원에서 부모들의 동의를 얻지 않은 채 언론 노출을 허락한 것이었다. 부모들은 고소를 하겠다며 흥분한 상태였고, 우리는 그야말로 난감하기 이를 데 없는 상황에 처했다. 그때부터 해야 하는 일은 뻔했다. 각 언론사에 전화해서 기사를 내리는 것이다. 대부분의 언론사들이 특별한 문제없이 기사를 내려 주겠다고 했다. 별로 대단한 기사도 아니었고, 사정도 공감이 가는 상황이었기에 조금 번거롭긴 하지만 그간 만나 온 관계도 있으니 흔쾌히 들어주는 분위기였다. 문제는 당시 시각이 저녁에 가까운 때였다는 것이다. 각 언론사가 기사를 내려 주겠다고 해서 인터넷 포털들에 바로 반영이 되는 것이 아니기 때문이다. (언론사에서 특정 기사를 수정하거나 내려 달라고 각 포털에 요청을 해도 야간에는 바로 처리가 되지 않는다.) 각 포털에 전화를 해서 내려 달라는 부탁을 했지만, 담당자가 자리에 없고, 데스크가 자리에 없는 등 여러 가지 이유로 기사가 내려가는 데 시간이 걸렸다. 그래도 대부분의 포털에서 기사가 삭제되었기에 담당자에게 마무리하라고 지시하고 퇴근을 했다.

그런데 밤 11시가 넘어 해당 프로그램의 홍보 담당자가 울먹이는 목소리로 전화를 했다. 한 포털사이트의 뉴스 책임자가 연락이 닿지 않아 기사가 내려지지 않았고, 한 아이의 부모가 난리가 났다는 것이다. 11시가 넘는 시간에 그런 전화를 받고 나니 황당할 수밖에……. 뭘 어떻게 해야 할지 막막했다. 그러나 급할 때 돌아가는 것이 머리라고 했던가, 갑자기 메이저 포털사이트 한 곳에 근무했던 친구 생각이 났다. 당시 회사를 옮겨 한 인터넷 언론사에서 대포털 관련 영업을 책임지고 있던 친구였다. 다행히도 통화가 됐다. "어, 그런 일이 있었으면 진작 전화하지. 거기 뉴스 책임자가 내 친한 후배인데……." 사실 포털사이트의 뉴스 관련 책임자들은 몇 년 전까지만 하더라도 베일에 싸여 있는 편이었다. 워낙 여러 홍보 대행사, 언론사들에서 접근을 해 오는 통에 공정성 논란에 휩쓸리지 않게 하기 위해서 숨겨 놓았던 것이다. 하여튼 친구를 통해 그 베일에 싸인 사람에게 간접적으로 연락이 닿았고, 거짓말처럼 1분 뒤에 문제의 기사가 삭제됐다. 그것 때문에 11시가 넘도록 퇴근도 못하고 몇 시간째 실랑이하며 눈물을 짜고 있던 담당 홍보맨에게는 정말 허무하도록 깨끗한 해결이 아닐 수 없었다.

그때 나 역시 새삼스러운 것을 배우게 됐다. 정말 중요한 사안이라면, 혼자 머리 싸매고 고민할 것이 아니라 자기 주변의 모든 네트워크를 동원해서 해결해야 한다고. 자존심 때문에, 혹은 공명심에, 혹은 무책임한 자신감에 자기 혼자 끙끙거리는 것은 어쩌면 조직에게, 주변 사람들에게 자기도 모르게 누를 끼치게 되는 것이다. 자기 혼자 해결해 보려다가 호미로 막을 것을 가래로 막게 되는 일이 비일비재하다.

세상일이라는 게 노력만으로 되는 건 아닌 것 같다. 가능한 최선을 다

하고 나서는 인맥도 동원해야 하고, 신에게도 도움을 구해야 한다. 사람이 자기 힘만으로 할 수 있는 게 얼마나 있을까. 그러니까 '진인사대천명'이라는 말도 있는 게 아닌가.

갈등 표출: 행정적 절차로 보도 정정하기

기사의 팩트나 균형에 문제가 있어, 기자에게 또 데스크에게 기사를 정정해 달라고 부탁했음에도 이뤄지지 않은 경우, 행정적 절차를 밟아야만 하는 상황이 올 수도 있다. 기사에 어떤 종류의 이권이 걸려 있어 반드시 수정이 필요하게 된 경우도 있고, 손해배상 등 법적인 문제가 걸려 있는 경우도 있다. 타 회사나 정부 기관과의 관계상 수정이 꼭 필요한 경우도 있다. 그러나 피치 못할 상황이 아니라면 행정적 절차는 권하고 싶지 않다. 정정 보도 청구 절차가 진행되거나 언론중재위원회에 가게 되면 해당 기자나 데스크들은 매우 번거롭게 되거나 곤란한 상황에 처하기 마련이다. 정정 보도를 얻어내는 대신 해당 매체 및 기자와는 관계가 나빠질 것을 각오해야 한다. 판단은 내외부 상황과 여러 가지 환경에 따라 달라질 것이다. 행정적 절차를 밟을지 여부는 잘 판단해서 결정해야 한다.

행정적 절차로 보도를 정정하는 데에는 언론사에 직접 요청하는 방법과 언론중재위원회에 정정을 요청하는 방법, 법원에 손해배상을 청구하는 방법 등이 있다.

우선, 언론사에 공식적으로 보도 정정을 요청하는 경우, 정정을 요청하는 내용의 성격에 따라 정정 보도 청구, 반론 보도 청구, 추후 보도 청구 등으로 나눠진다. 정정 보도 청구는 기사가 사실 측면에서 오류가 있을 경우 청구하는 수단이다. 객관적으로 기사의 오류를 입증할 수 있는 자료가 있을 경우 적합하다. 때로는 제3자의 공식적 발표 및 증언도 청구의 요건으로 활용될 수 있다. 반론 보도 청구는 사실 여부와 상관없이 보도로 인해서 피해를 입었다고 판단되는 사람이 보도와 반대되는 자신의 주장이나 입장을 게재해 달라고 요청하는 것이다. 이는 어떠한 사안도 양자의 입장을 들어 봐야 객관적인 판단이 가능하다는 생각에 기반을 둔 제도이며 아무래도 정정 보도 청구보다는 관철되기가 어려운 편이다. 추후 보도 청구는 형사적인 범죄 혐의나 처분 보도와 관련 무죄 판결 이후에 명예 회복 차원에서 무죄 판결 보도를 요청하는 것이다.

세 가지 모두 직접적 피해자나 피해 기관의 단체장 명의로 언론사 대표를 상대로 서면으로 청구하며, 정정 대상인 보도의 내용 및 정정을 요청하는 이유, 게재하고자 하는 정정 보도문 등을 명시해야 한다. 정정 보도 청구와 반론 보도 청구는 오류를 인지한지 3개월 이내에, 보도 후 6개월 이내에 청구해야 한다. 추후 보도 청구는 무죄 판결 후 3개월 이내에 청구할 수 있다. 해당 언론사는 청구일로부터 3일 이내에 수용 여부에 대해 답변을 해야 하며, 오류를 인정할 경우 청구일로부터 7일 이내에 정정 사항을 게재해야 한다.

보도 정정이 해당 언론사로부터 수용된 경우 별다른 통보 없이 정정문이 게재될 수도 있겠지만, 경우에 따라 수정된 정정 보도문이 역제안 형태로 들어올 수도 있다. 일종의 합의를 보자는 것인데, 상황과 관계, 득실 등을 따져 수정된 정정 보도문의 수용 여부를 결정하면 된다.

정정 보도 요청에 의해 문제가 해결이 되면 좋겠으나 수용이 되지 않은 경우, 언론중재위원회에 제소를 할 수도 있다. 물론, 언론사로 요청하는 절차 없이 바로 언론중재위원회에 제소할 수도 있다. 직접 언론중재위원회에 조정 및 중재 신청을 할 경우 보도를 인지한 날부터 3개월 이내에, 보도 날로부터 6개월 이내에 청구해야 한다. 언론사 청구 절차가 결렬된 경우에는 14일 이내에 조정 및 중재를 신청하면 된다. 손해배상 청구 역시 언론중재위원회를 통해 진행할 수 있다.

언론중재위원회는 위원장 1인, 부위원장 2인 등 총 90명의 위원으로 구성되어 있으며, 위원총회 아래 운영위원회와 시정권고소위원회, 서울 8개, 지방 10개 등 총 18개의 중재부로 이루어져 있다. 언론 보도 분쟁의 조정 및 중재 역할과 시정 권고, 불공정 선거 기사 심의 등을 수행한다. 홍보맨 및 기업의 입장에서는 분쟁을 합의에 이르게 하는 '조정'과 양자 합의하에 중재된 판결을 얻는 '중재' 기능을 기억하면 된다. 그 절차는 비교적 간명해서 접수된 날로부터 2주 내에 결론이 나오도록 되어 있다.

정정 보도 요청이나 언론중재위원회 제소 외에 가장 번거롭고 장기간이 소요되는 조치는 법원에 민사 손해배상을 청구하거나 명예훼손죄로 형사 고발을 하는 것이다. 변호사를 선임하고 보도로 인한 손해를 입증해야 하는 등 간단치 않으나 가장 강력한 조치라고 할 수 있다. 언론사 입장에서도 변호사를 선임해야 할 뿐 아니라 대응 절차가 매우 까다로워진다. 그만큼 후폭풍도 각오해야 한다는 홍보맨으로서의 현실적인 조언도 덧붙인다.

행정적 절차를 진행할 때에는 '무엇을 얻고자 하는가'를 반드시 기억해야 한다. 막상 정정 보도를 얻어내고 나서 실리적으로 얻을 것이 아무것도 없다면 뭐하러 이러한 조치를 진행하겠는가. 절차를 밟기 전에, 얻을 것은 무엇이고 이를 통해 잃을 수 있는 것은 무엇인지 꼼꼼하게 따져 보기를 권한다. 기분이 나쁘다는 이유로, 순간적인 감정으로 임할 일은 아니라는 뜻이다. 홍보는 '관계'를 기반으로 하는 직무다. 그 관계가 틀어지면 회사가 위험해질 수도 있다. 홍보 리더와 CEO는 엄격하고 냉정한 자세와 판단을 버려서는 안 된다.

기업들의 공공의 적, 유사 언론

한국은 전 세계에서 인구 대비 언론 매체 수가 가장 많은 나라다. 등록된 인터넷 언론과 전통 언론 등을 합쳐 6000개가 훨씬 넘는 것으로 추산된다. 그러나 이 역시 추정되는 숫자일 뿐, 등록되지 않은 매체들까지 합치면 훨씬 더 많은 언론 매체가 있을 것이다. 이렇게 많은 매체가 있는 것은 물론 인터넷 발달의 영향이다. 인터넷이 발달하면서 블로그를 기반으로 하는 1인 매체들이 급증했으며, 이들 중 일부는 본인이 블로거가 아닌 '언론 매체'임을 표방하고 나서기 시작했다. 이렇게 언론 매체가 넘쳐나다 보니 일탈하는 언론의 형태도 적지 않게 발생하기 시작했다.

이른바 유사 언론 매체가 그것이다. 유사 언론을 이해하기 위해서는 '사이비 언론 행태'라 불리는 '유사 언론 행위'를 먼저 이해해야 한다. 이는 기업에 불리한 기사나 기사 소재를 볼모로 광고나 금전을 요구하면서 협박이나 괴롭힘을 일삼는 행위를 말한다. 유사 언론 매체는 이 같은 유사 언론 행위를 상습적으로 반복하면서 기업들을 괴롭히는 이들을 말한다. 그러다 보니 어느 순간부터 유사 언론 매체들은 기업들의 '공공의

적'으로 부상하기 시작했다. 광고주협회 등을 통해 유사 언론을 퇴출하고자 하는 노력을 지속적으로 하고 있으나 이것이 그렇게 간단한 문제가 아니다. 유사 언론 매체들은 마치 아메바처럼 잘라내면 다시 생겨나고 또 분할하는 식으로 자가 복제를 하기 때문에 대응이 까다롭고 잘못 대응했다가는 오히려 골칫거리를 키우는 결과로 이어진다. 우선 이들의 유사 언론 행위 수법의 유형을 살펴보고 그 대응책에 대해 고민해 보자.

유사 언론 행위의 첫 번째 유형은, '기사 써 놨다' 형이다. 언론이 기업을 비판하는 것을 뭐라 할 수는 없다. 언론의 본질 기능 중 하나가 '비판'이기 때문이다. 그런데 유사 언론들은 비판 기사를 출고하기 전에 이러한 기사가 출고 예정임을 먼저 밝히고는 하루 이틀을 기다리겠다고 얘기한다. 즉 "대가를 치르면 기사를 내지 않겠다"는 것이다. 가장 많은 유형이다.

두 번째 유형은, '최고경영진 이름으로 비판 기사 지속하기'다. 기업과 관련된 비판적 기사에 그 내용의 연관성과 상관없이 최고경영진 이름을 제목에 명시하는 것이다. 이렇게 해 두고 홍보 담당자가 연락하기를 기다린다. 우리나라 홍보 조직이 최고경영진 관련 기사에 유독 민감하다는 것을 악의적으로 이용하는 것이다. 홍보 조직의 입장에서는 최고경영진 이름을 제목에 언급하면서 기사를 내면 현실적으로 견디기가 매우 어렵다.

세 번째 유형은, '돈 줄 때까지 쓴다'이다. 특정 기업과 관련된 억지 비판 기사를 계속해서 내면서 기업이 찾아오기를 기다리는 것이다. 두 번째 유형과 비슷해 보이지만 약간 차이가 있다. 두 번째 유형이 대체로 정당한 비판 기사를 게재하면서 내용상 연계성이 떨어지는 최고경영진

이름을 언급하는 것이라면, 세 번째 유형은 말도 안 되는 억지 내용을 언급하면서 기업을 공격하는 것이다. 처음 한두 번은 기가 막혀서 응대도 하지 않지만 이것이 계속 지속되면 기업의 입장에서는 손을 들 수밖에 없다. 저러다 소 뒷걸음질 쳐서 치명적인 부분을 건드리면 어쩌나 하는 불안감 때문일 것이다. 이외에도 다양한 수법들이 있지만 대체로 세 가지 유형의 변종이라 보면 된다.

이 같은 유사 언론 행위에 대해서 대응책은 사실 명확하지가 않다. 타협하거나 강경책을 쓰거나 하는 것이겠지만, 어느 쪽도 결코 만만치가 않기 때문이다. 우선 타협책을 보자. 타협이라 하면 굴복하고 광고를 주거나 요구를 들어주는 것이다. 정의롭지 못하다고 생각하지만 '기업을 운영하는 데 치러야 할 대가'라고 생각하고 타협하는 것이다. 그런데 이것이 화근이 된다. 유사 언론들은 그들 간에 직간접적 커넥션이 존재한다. 서로 정보를 공유하기도 하고, 서로서로를 지켜보면서 어느 기업 기사가 어느 시점에 없어지는지를 관찰하고 있는 것이다. 이에 '어느 기업에서 이러이러한 내용으로 대가를 받았다'는 내용이 그들 사이에 순식간에 퍼진다. 즉 하나를 막아서는 안도할 수 없다는 것이다. 하나를 막았으니 나머지는 눈감을 수가 없다. 그야말로 일파만파다.

그렇다면 강경책은 어떠할까? 강경책이라 하면 앞에서 본 바와 같이 언론중재위원회로 가거나 소송을 하는 것이다. 그런데 기사라는 것이 소송을 통해 무언가 얻어내기가 상당히 힘들다. 더군다나 점조직처럼 생겼다 사라졌다 하는 유사 언론의 입장에서는 한 번 맞으면 열 번 때리면 된다고 생각한다. 그러니 기업의 입장에서는 강경책을 쓰기도 쉽지 않다. 그나마 엄청난 비용을 들여 명예훼손 등의 혐의로 민사 소송을 건다면 상대에게도 변호사 비용 등으로 적지 않은 비용을 지불하게 만들기 때문에 큰 타격을 줄 수 있다. 그러나 어쨌든 기업도 큰 비용을 써야 하고, 승소 가능성도 확실치 않기 때문에 선택하기가 쉽지 않다.

결국 유사 언론에 대한 대응은 CEO의 몫이라고 생각한다. CEO가 홍보 조직에 '유사 언론에 대응하지 말라'는 지침을 주고, 경우에 따라 결단을 통해 민사 소송 등 강경책을 쓰는 것이 유일한 방법이라 본다. 이를 통해 다른 유사 언론 매체들에 경고 메시지를 보낼 수도 있을 것이다. 타협은 미봉책이다. 언젠가 반드시 다시 터진다. 이것을 해결책이라고 들고 나오는 홍보 조직의 입장은 결국 CEO의 눈치를 보기 때문에 생기는 것이다. 그러므로 유사 언론 대응은 CEO에 달렸다고 말할 수밖에 없을 것 같다.

기자에게 '오프 더 레코드'를 강요할 수 있을까?

오프 더 레코드off the record는 녹음기를 끈다는 뜻이다. 인터뷰를 할 때, 특히 서양의 경우 거의 반드시 녹음을 하는 것이 관례다. 이는 인터뷰 내용을 빠뜨리지 않기 위한 것이기도 하지만 사후 기사화되었을 때 정보원이 "그런 얘기를 한 적이 없다"는 식으로 나오거나 법적으로 제소를 하는 경우를 방지하기 위한 것이다. 이에 녹음되지 않은 것은 기사화하지 않는 것이 또 다른 관례가 되었다. 이러한 연장선상에서 '녹음기를 끄라'가 '기사화하지 말라'는 의미로 쓰이게 됐다. 다만 어원이 그렇다는 말이고, 녹음되지 않은 내용이나 쓰지 말라고 한 내용이라고 해서 절대 기사화되지 않는다고 생각하는 것은 매우 순진한 생각이다.

때로 기자와 사담을 한 것이 기사화됐다고 하소연을 하는 사람들을 종종 본다. 오프 더 레코드라고 말한 것이 기사화됐다고 화를 내는 사람들도 있다. 한번 생각해 보자. 기자에게 말한 것은 모두 기사화가 될 수 있는 것인가? 기자들은 약속을 어겨도 되는 것인가? 결론부터 얘기하자면 기자에게 한 모든 이야기는 기사화가 될 수 있다고 가정해야 한다. 그것이 공식적인 인터뷰이든 사적인 티타임에서 나온 말이든 말이다. 이러한 것이 가능한 것은 기자에게 주어지는 의무, 즉 '알려야 하는 책임' 때문이다. 언론의 존재 이유는 '국민의, 대중의 알 권리'에 있다. 언론은 알려야 하는 의무가 있고, 이 때문에 알릴 수 있는 권한도 주어진다. 이에 기사화의 가치가 있다고 판단되는, 즉 뉴스 밸류가 있는 내용을 접하게 될 때 기자는 고민에 빠지게 된다. 정보원과의 관계 및 약속을 중요시 할 것인가, 아니면 '알릴 책임'을 크게 볼 것인가? 이 부분에 이르면 그 결정은 기자의 성향과 가치관, 또는 데스크의 가치관에 달렸다고 봐야 할 것 같다. 두 가지 다 중요한 가치이니 어느 한쪽을 택한다고 잘못되었다고 보기는 어려운 것이다. 물론 '알릴 책임'보다는 '기사에 대한 욕심' 때문에 정보원과의 신뢰를 저버리는 경우도 적지 않다. 그러한 경우에도 '알릴 책임,' '알릴 권리'라는 명분을 가지고 있기 때문에 행동에 옮길 수 있는 것이다. 그것이 옳은가 그른가, 직업윤리나 도의에 대한 논의는 이 책에는 적합하지 않아 보인다. 이 책은 언론학에 대한 책이 아니라 홍보에 관한 책이므로.

이러한 이유로 기자에게 무언가를 이야기 할 때는 항상 '기사화될 수 있다'는 가정을 해야 한다. 중요한 이야기일 경우에는 더더욱 조심해야 한다. 의외로 홍보하는 사람들도 이것과 관련된 실수를 자주 하곤 하는데, 이는 과거에 약속이 지켜졌던, 즉 오프 더 레코드가 지켜졌던 경험들을 여러 번 했기 때문이다. 이는 아마도 약속을 어길 만큼 뉴스 밸류가 크지 않았기 때문이라고 생각한다. 즉 충분히 뉴스 밸류가 크다면 많은 기자들이 오프 더 레코드를 지키지 않을 가능성이 크다. 어느 정도 뉴스 밸류가 커야 오프 더 레코드를 깰 것인가에 대한 기준을 규정하기는 쉽지 않다. 어쨌든 일생일대의 특종을 앞두고 오프 더 레코드를 지킬 기자는 흔치 않을 것이다. 다만 그 '적정 뉴스 밸류'의 판단은 정보원이 아니라 기자가 하는 것이라는 점이 중요하다. 이 정도 내용이면 오프 더 레코드가 지켜질 것이라고 주관적으로 생각하는 것은 위험하다는 말이다.

때로 이 같은 생리를 이용하는 사람들도 있다. 내부 권력 싸움의 이유이든, 전략적인 이유이든 '기사화되지 말아야 하는' 내용을 기사화시킬 때 이 같은 메커니즘을 이용하는 것이다. 즉 기사화하지 않고는 버틸 수 없는 내용을 이야기하면서 '오프 더 레코드'를 외치는 것이다. 오히려 깨질 것을 종용하는 행위라고나 할까? 그렇게 함으로써 본인은 기사화를 의도하지 않았다는 명분도 얻고, 기사화라는 목적도 달성하는 것이다. 이러한 수를 자주 구사하는 사람은 반드시 자기 꾀에 자기가 넘어가는 날이 있을 것이다. 정수가 아닌 사술은 절대 오래 가지 못하는 법이다.

다시 한 번 강조한다. 절대 기사화가 되어서는 안 되는 내용이라면 이야기를 꺼내지 말아야 한다. 기사화로 인해 곤경에 처하는 것은 물론, 기자와의 관계도 악화되는 그런 상황을 만들고 싶지 않다면 말이다. 쓰고 보니 기자들이 신의를 지키지 않는 사람처럼 느끼게 되는 독자도 있을 듯하다. 오해는 말자. 기자들 중에도 약속을 목숨처럼 소중히 하는 사람들이 많이 있다. 그 신념 속에 개인과의 약속이 중요한가, 국민, 독자들과의 약속이 더 중요한가를 판단하는 가치관의 차이만이 놓여 있을 뿐.

온라인, 모바일 가상 공간의 위기 대응

2005년과 2015년. 두 해를 비교했을 때 가장 크게 달라진 것은 무엇일까? 수도 없이 많은 변화가 있었겠지만 가장 큰 변화는 '스마트폰'이라고 본다. 엄밀히 얘기하면 스마트폰 자체는 변화라기보다는 변화의 원인이었을 것이다. 스마트폰이 수없이 많은 변화를 가져 왔지만 대표적인 변화를 꼽는다면, '공간과 시간을 압축한 커뮤니케이션'이다. 스마트폰 덕분에 어떤 공간에 있든 정보를 공유할 수 있고, 영상과 음성과 문자로 대화를 나눌 수 있게 되었다. 또한 시간을 뛰어넘어 커뮤니케이션할 수 있게 됐다. 이것이 가능하게 된 것은 스마트폰이 낳은 커뮤니케이션 플랫폼인 'SNS(Social Networking System)' 덕분이다. 페이스북과 트위터로 시작된 개방형 SNS는 카카오톡, 텔레그램, 바이버 같은 메신저형 SNS, 카카오스토리, 밴드 같은 동호회 성격의 폐쇄형 SNS, 인스타그램, 플리키 같은 사진 기반 SNS 등 다양한 형태의 SNS로 분화되고 발전되고 있다. 그런가 하면 수없이 많은 어플리케이션들도 소셜 미디어적인 성격을 부가적으로 탑재하면서 정보 공유를 부추기고 있다. 이렇게 모바일과 소셜 미디어가 활성화되면서 정보 유통 구조와 더불어 홍보 업무에도 여러 가지 변화가 생기기 시작했다.

우선 사회적 정보 유통 채널이 기존의 뉴스 플랫폼이나 포털사이트 외에 소셜 미디어로 급격히 이동하는 데서 오는 변화를 살펴보자. 소셜 미디어의 영향으로 최근 정보 및 뉴스의 생산 주체와 소비 플랫폼이 매우 다양하게 분화되고 있다. 예를 들어 새로운 걸그룹이 하나 생겼다고 가정하자. 2005년의 상황이라면 비교적 간단하다. 홍보맨이 보도 자료를 작성해서 언론사에 뿌린다. 앨범과 뮤직 비디오도 함께 언론사에 제공한다. 기자들은 보도 자료를 검토하면서 음악을 들어 본다. 뮤직 비디오도 유심히 평가한다. 이를 종합해서 기사로 작성한다. TV나 신문, 포털사이트를 통해 기사가 게재된다. 소비자들은 역시 TV, 신문, 포털사이트를 통해 기사를 소비한다. 생산 주체와 유통 채널, 소비 플랫폼이 비교적 간단하다.

그렇다면 2015년 현재는 어떨까? 일단 홍보맨이 보도 자료를 작성해서 언론사에 뿌리는 과정은 동일하다. 물론 앨범과 뮤직 비디오 URL도 함께 제공한다. 여기에 새로운 활동들이 추가된다. 유튜브 등에 뮤직비디오를 올리고 소셜 미디어에 노출시킨다. 홍보맨이나 마케터만 정보를 생산하는 것이 아니다. 팬들 역시 직접 캠코더나 카메라로 촬영해 사진, 동영상을 생산하고 소셜 미디어로 유통시킨다. 여러 정보 생산자 중 주요 생산자라 할 기자들은 자사 플랫폼에 기사를 올린다. 기사는 TV와 신문, 포털사이트에 올라간다. 올라간 기사와 뉴스는 각 플랫폼을 통해 직접 소비되기도 하지만, 소셜 미디어를 통해 공유되고 유통된다. 소비자들은 소셜 미디어로 유통된 기사와 뮤직 비디오 등을 소비한다. 생산부터 소비까지 이뤄지는 경로를 경우의 수로 따져 본다면 족히 수백 가지다. 생산자도 다양하고 유통자도 셀 수 없이 많아진 셈이다.

이러한 변화 때문에 홍보맨들은 힘들다. 과거 같았으면 기자들과 언론 매체들만 모니터하면 됐다. 이제는 생산 주체가 수도 없이 많아졌다. 언론사도 과거에 비해 어마어마하게 많아진데다가 모든 정보 소비자가 정보 생산자 역할을 한다. 정보 생산을 통제한다는 것은 애당초 불가능하다. 유통 과정을 통제하는 것도 당연히 불가능하다. 이렇다 보니 대응이 어렵다. 부정적인 이슈가 발생했을 때 대응이 어려운 것은 말할 것도 없고, 긍정적 이슈조차 팔로업이 어렵다. 생산자와 유통자가 너무 많다 보니 이슈가 어디로 튈지 알 수 없다. 특히 이슈가 뜨거울 때는 수없이 많은 생산자들이 문의를 하고 여러 가지 요구를 한다. 팔로업이 어렵다. 언론 등 생산자들의 불만이 나오기 시작한다. 불만을 가진 생산자들 덕분에 이슈가 엉뚱하게 부정적으로 틀어지곤 한다. 어떻게 해야 하는 것일까? 이 모든 상황이 과거의 틀에 갇혀 있는 홍보맨에게는 재앙처럼 느껴진다.

이슈 대응만 어려운 것이 아니다. 어느 정도 관계가 형성되어 있는 기자들만 정보를 생산하는 것이 아니기 때문에 정보 생산자에 대한 대응이 매우 어렵다. 특히 소셜 미디어 유저들에 대한 대응이 매우 난해하다. 자칫 잘못 대응했다가는 기업의 횡포, 갑질 등으로 마녀사냥당하기 십상이다. 기업의 소셜 미디어 공식 계정 등을 통해서도 각종 불만이 접수된다. 역시 대응이 난해하다. 많은 홍보인들이 도대체 소셜 미디어 대응을 어떻게 해야 하는 거냐고 물어온다. 이어서 이런저런 자세한 이야기를 하겠지만, 결론을 축약한다면, '정답은 없다!' 무책임해 보이겠지만 대부분의 경우에는 '무대응이 답이다!' 물론 백업 전략을 가진 무대응이다.

스마트폰과 소셜 미디어로 인해 달라진 홍보 환경과 난해한 점 등을 간단히 들여다봤다. 이제 이 같은 변화된 환경에 어떻게 대응하고 대처해야 하는지에 대해 하나씩 얘기해 보자.

소셜 미디어 유저는 '가상 공간 외계인'

소셜 미디어 대응과 관련해 유저, 즉 생산자에 대한 개별 대응과 이슈 대응으로 나눠서 설명하려 한다. 우선 소셜 미디어 유저 대응부터 살펴보자. '소셜 미디어 유저'라고 했지만 좀 더 명확히는 온라인, 모바일을 포함한 '가상 공간 유저'에 대한 대응이라고 얘기할 수 있다.

잠깐 다른 얘기로 빠지자면, 필자가 쓴 석사 논문 제목이 "가상 공간에서의 자아 정체성 형성에 관한 연구"였다. 내용은 가상 공간에서 자아 정체성이 어떻게 형성되는가 하는 것인데, 요약해서 설명하면 이렇다. 2000년도 무렵 사이버 공간에서의 정체성에 대해 세계 학계는 크게 두 가지 입장으로 나뉘었다. 하나는 현실 공간의 정체성과 가상 공간 정체성이 동일하다는 주장이었고, 다른 하나는 구성적 정체성, 즉 현실 공간과 다른 조작된 정체성이라는 주장이었다. 그러나 가상 공간의 경험들이 많지 않았던 당시 상황에서도 가상 공간의 정체성이 실제 공간과 완전히 동일하다거나 완전히 다르다거나 하는 것은 뭔가 이상했다. 둘 다 맞는 부분도 있고, 둘 다 틀린 부분도 있기 때문이다. 그래서 필자가 대안으로 제시한 것이 '놀이 이론'이다. 현실 공간에서 아이들이 놀이를 통해 정체성을 형성해 나가듯이 가상 공간에서도 일종의 역할 놀이를 통해 정체성을 형성하지 않을까 하는 가설이다. 즉 처음에는 현실 공간에서의 정체성을 그대로 가지고 가상 공간에 들어가지만, 이런저런 가상 캐릭터로 활동을 하면서 현실과는 다른 정체성이 형성돼 나간다는 이야기다. 그리고 여기에서 한 단계 더 나아가 가상 공간의 정체성이 어느 정도 독립적으로 형성되고 나면, 역으로 현실 공간의 정체성에도 영향을 미치기 시작할 것이라는 예측도 했다.

여기서 이 어설픈 논문 이야기를 왜 이렇게 주저리주저리 늘어놓는가 하면, SNS, 즉 가상 공간에서의 대응이 이 자아 정체성과 깊은 연관을 맺고 있기 때문이다. 가상 공간의 사람들은 현실 공간의 사람들과 다르다. 각종 SNS나 카페, 게임 등 가상 공간에서의 여러 활동으로 다들 나름 독립된 정체성이 형성되어 있기 때문이다. 따라서 현실 공간에서의 사람들로 취급하고 대응을 하면 안 된다. 현실 공간의 상식선을 넘어가는 경우가 부지기수다. 그래서 대응이 어려운 것이다. 실제 공간이라면 도저히 뱉을 수 없을 것 같은 말도 쉽게 하고, 현실에서는 정말 선한 듯 보이는 사람들이 과격해지는 것도 흔히 볼 수 있다. 가면 놀이의 비극이랄까? 하여간 가상 공간에서는 사람들이 우리가 상식적으로 생각할 수 있는 사람들이 아니고 일종의 외계인들이라고 생각하면 오히려 생각이 편해진다. 실제 여러 번 황당한 일을 경험했는데, 특히 익명성이 강한 트위터에서 자주 벌어졌다. 함부로 폭언을 하는 사람이 있는가 하면, 말도 안 되는 거짓말로 우기면서 비방하는 사람도 있었다. 여러 아이디를 가지고 피해자 놀이를 하는가 하면, 정치적으로 자기와 노선이 다르다고 나쁜 놈 취급을 하는 과격론자도 여러 번 만나 봤다. 이런 사람들을 상식의 선에서 이해하는 것은 불가능하다. 가상 공간에서는 실제 공간과 완전히 다른 외계인이 되는 사람들이 많아서 지구의 감성과 상식으로 이해하려고 하면 화만 나거나 '멘붕'에 빠지게 되는 것이다. 15년 전 논문에서 '가상 공간의 사람이 가상 공간의 경험을 많이 할수록 실제 공간의 자아와 달라진다. 그리고 시간이 더 지나면 실제 공간의 자아에게도 영향을 미친다'는 것까지 이야기했었다. 지난 15년 동안 얻은 것이라면 필자의 생각이 틀리지 않았다는 확인과 가상 공간에서의 사람들, 즉 가상 공간 외계인들은 어떤 속성을 가지고 있는가가 어렴풋이 정리되기 시작했다는 것이다. 그래서 여기서는 '가상 공간 외계인'들의 속성을 정리해 보려 한다.

첫 번째 가상 공간 외계인의 속성은 흑백논리에 빠져 있다는 것이다. 가상 공간 외계인들의 세계에 회색 지대는 없다. 흑 아니면 백의 세계인 것이다. 왜 이런 속성을 띠게 되었는지는 알 수가 없다. 가상 공간이 디지털의 세계, 즉 0과 1의 세계라 그런 것인지도 모른다. 하여간 가상 공간 외계인은 흑과 백, 친구 아니면 적, 나와 같거나 다른 무리인, 절충이 없는 세계를 산다.

이러한 속성을 무시하고 무언가 절충안, 타협안을 제시하려 한다면 '마수,' '검은 손' 등으로 취급받을 가능성이 크다. 우리 편이라면 확실히 같은 노선, 같은 의견을 내야지 절충안은 곧 적의 노선으로 여겨지기 때문이다. 따라서 적대적인 SNS 유저에게 접근해서 타협안을 제시하는 것은 매우 부정적이다. 꼭 해결을 해야 하는 상황이라면 차라리 원하는 것을 다 해 줘라. 그게 불가능하다면 아예 말을 섞지 않는 것이 최선이다. 무책임해 보이는가? 그러나 그게 현실이다. 그나마 온건책의 최선안이라면, 해당 유저가 '같은 편'이라고 여기는 누군가를 찾아서 그를 통해서 뭔가를 해 보는 정도다. 하지만 가상 공간에서 SNS 유저의 '같은 편'을 찾아 도움을 받는 것도 용이하지는 않다. 찾기도 쉽지 않을 뿐더러 찾았다 해도 그 '같은 편' 역시 나를 적으로 생각하고 있을 가능성이 클 테니 말이다. 흑 아니면 백의 세계라는 것을 염두에 두고 대응한다면 해결의 실마리에 접근할 가능성이 훨씬 커진다.

두 번째 가상 공간 외계인의 속성은 전파하는 데 애정을 쏟는다는 것이다. 가상 공간 외계인들은 공유를 사랑한다. 나쁜 일이든 좋은 일이든 남들에게 전달하는 일에 목숨을 건다. 마치 그것이 본인들의 사명인 것처럼 말이다. 가상 공간에서 이슈가 빨리 전파되는 것은 이 때문이다. 따라서 대응이 필요한 유저라고 판단이 된다면 가능한 빨리, 조기에 대응해야 한다. 접촉을 시도할 때는 비밀 메시지나 메신저보다는 공개 댓글이나 멘션으로 하는 것이 좋은데, 이 역시 이 전파 애정 속성 때문이다. 가상 공간 외계인에게 건넨 메시지는 어떤 식으로든 공개가 된다고 생각하면 된다. 사적인 접촉이라고 생각해서 사적인 느낌의 메시지 등을 건네면 이후에 반드시 배신감을 느끼게 될 것이다. 이들은 공개하고 전파할 테니까. 차라리 전파될 것이라 가정을 하고 공개 댓글이나 멘션으로 접촉하는 것이 긍정적인 이유가 여기에 있다. 공개적으로 대화를 건네는 편이 더 떳떳해 보이는 효과도 있다.

세 번째 가상 공간 외계인의 속성은 쉽게 분노한다는 것이다. 가상 공간 외계인들은 성마른 종족이다. 쉽게 화내고 쉽게 분노한다. 역시 왜 그런지 알 수 없다. 하여간 '누구 하나 걸리기만 해 봐라' 이런 자세가 기본이라고 생각하면 된다. '이게 이 정도까지 분노할 만한 일인가?' 싶은 일들이 어마어마하게 확산되는 이유가 여기에 있다. 마녀사냥도 자주 일어난다. 분노가 불타오르는 자들에게 자비란 없다. 따라서 어떤 자비 같은 것을 바라고 접촉하는 것은 매우 위험하다. 차라리 매우 이성적으로, 현실적으로 접근하는 것이 낫다. 상대의 분노 지점이 어딘지 냉정하게 분석하고 그 지점을 피하면서 접근하는 것이다. 이 속성은 위에서 얘기한 흑백 논리와 동시에 고려해 대처할 때 매우 효과적일 것이다.

네 번째 가상 공간 외계인의 속성은 모두가 정의의 투사라는 것이다. 모두가 자신은 정의롭다고 생각한다. 그것이 착각이든 근거가 있는 것이든 스스로 강하게 세뇌되어 있어 설득의 여지가 없다. 흑백 논리와 분노 속성을 더욱 강하게 만드는 속성이기도 하다. 앞서 얘기했듯이 가상 공간 외계인들은 각자 자기만의 역할 놀이를 통해 형성된 존재들이기 때문에 자기 세계가 매우 강하다. 자기가 만든 논리 속에서 자신은 항상 정당하고 정의로울 수밖에 없다. 하여간 이러한 속성을 잘 이해해야 하는 것이, 특히 기업이나 상품에 대한 비판 상황이라면 '당신이 잘못 생각할 수도 있다' 따위의 논리 전개가 매우 위험해지기 때문이다. 정의의 투사에게 당신이 정의롭지 않을 수도 있다고 얘기한다는 게 얼마나 위험할지 굳이 자세히 설명하지 않아도 될 듯하다. 어쩔 수 없다. 해당 유저에게 어떤 식으로든 대응이 필요한 상황이라면 '당신이 옳다. 고치겠다'라는 태도로 임해야 한다.

다섯 번째 가상 공간 외계인의 속성은 다중인격성을 갖고 있다는 것이다. 가상 공간 외계인들은 여러 정체성을 갖는다. 가식적이라든가 이런 얘기가 아니다. 실제로 여러 정체성을 가지고 있다고 생각하면 된다. 아이디에 따라 계정에 따라 미디어의 종류에 따라 각기 다른 정체성을 지니고 있다고 봐도 된다. 필자 역시 트위터와 페이스북, 또한 블로그에서 각각 다른 사람이 되는 듯하다. 이는 각 미디어에서의 경험이 다르고 경험한 역할 놀이 역시 다르기 때문이다. 따라서 같은 사람의 계정이라고 해서 트위터에서와 페이스북에서 모두 같은 톤 앤 매너를 기대하면 안 된다. 후배 중에 필자가 트위터에 올린 글을 자기 페이스북에 전파한 친구가 있었다. 화가 났다. 트위터에서의 필자와 페이스북에서의 필자는 다른 자아이기 때문이다. 다음부터 그러지 말라고 주의를 줬다. 그 후배는 이유가 무엇인지 이해하지 못하는 듯했다. 가상 공간 외계인의 속성을 이해하지 못하면 이러한 실수를 하게 되는 것이다.

다중인격성은 실제 속성이기도 하지만 때로는 이를 물리적으로 가장하는 유저들도 있다. 여러 아이디를 만들어 놓고 마치 다른 사람들인 것처럼 활동을 하는 것이다. 특별한 사건이나 공감할 만한 내용이 아닌데, 비슷한 불평이나 부정적 논거가 동시에 여러 사람들로부터 나오거나 이상하게 여러 사람들이 전파를 하고 있다면 한 사람이 여러 계정으로 이러한 일을 하고 있는 것이 아닌지 반드시 의심해 봐야 한다. 의외로 자주 일어나는 일이다. 여러 계정에서 같은 메시지가 나오면 가상 공간 외계인들은 전파해야 하는 사안으로 판단하고 전파를 시작하기 때문에 이러한 속성을 이용하려는 사람들이 꽤 있다.

대다수의 독자들은 이미 느끼고 있는 것들일 수 있다. 독자들 역시 스스로가 가상 공간 외계인들이니 알고 있는 내용일 수 있다. 그런데 문제는 알면서도 막상 응대하려 할 때는 잊어버린다는 점이다. 자신을 아는 것이 가장 어려운 일이라고 했던가? 이러한 가상 공간 외계인들의 속성을 잘 염두에 두고 대응을 한다면 조금은 더 적절하게 대응할 수 있을 것이다.

SNS 이슈 대응: 가상 공간의 전파 메커니즘

소셜 미디어 유저 대응에 이어 이슈 대응이다. 역시 가상 공간 이슈 대응이라고 바꿔 부를 수도 있다. "가상 공간이라고 해서 실제 공간과 이슈 대응이 달라야 하는가?"라는 질문에 대한 필자의 대답은 "다르지 않다"다. 최근에 사회적으로 일어나는 거의 모든 이슈는 SNS 등 가상 공간을 타고 전파되기 때문에 사실상 가상 공간 이슈 대응은 그냥 '통상적 이슈 대응'이라고 표현할 수도 있다. 그럼에도 가상 공간 이슈 대응이라고 별도 설명을 하는 것은 이슈가 SNS 등을 타고 어떻게 전파되는가에 관한 메커니즘을 설명하기 위해서다.

가상 공간에서 이슈가 어떻게 전파되는지 살펴보자. 이슈의 시발점은 기사가 될 수도 있고 누군가가 찍은 사진이나 동영상일 수도 있다. 혹은 유명인이 페이스북이나 트위터 등에 올린 글이 시발점일 수도 있다. 가상 공간 외계인들이 소셜 미디어를 통해 공유를 시작한다. 그냥 공유만 하는 것이 아니라 자기 생각이나 평가 등을 덧붙여 공유를 한다. 그러면 다른 외계인들이 반응을 보인다. 그냥 '좋아요'만 누를 수도 있고 댓글을 달거나 역시 다른 외계인들에게 공유를 할 수도 있다. 이런 식의 연쇄 반응이 일어나는 중에 오프라인에서도 사람들끼리 이슈를 주고받는다. 이때 소셜 미디어 친구들이 달았던 의견들이 대화에 영향을 미친다. 어떤 경우는 패러디 UCC도 생성된다. 이러한 상황들과 반응들에 대한 기사도 난다. 이를 통해 다시 더 많은 사람이 알게 되며 공유가 더욱 활발해진다.

보다 적극적인 외계인들은 '오늘의 유머(오유),' '웃긴 대학(웃대),' '일간베스트(일베),' '엠엘비파크,' '여성시대 차분한 20대들의 알흠다운 공간(여시),' '더쿠,' '보배드림,' '심심해닷컴,' '깨알닷컴,' '루리웹,' '독하고 도도한 여성들(독도카페),' '디젤매니아,' '아이러브싸커,' '쭉빵카페,' '뉴빵카페,' '망나니와 고삐 카페,' '네이트판,' '소울드레서,' '뽐뿌,' 'slr클럽,' '디시인사이드' 등의 온라인 커뮤니티에도 전파한다. 이 부분이 매우 중요한데, 최근 많은 가상 공간 여론들이 위에 언급된 카페들을 통해 형성되기 때문이다. 때로는 여기 카페들을 통해 이슈가 시발되기도 한다. 하여간 여기서 다시 이슈가 증폭이 되고 다시 소셜 미디어로 전파된다. 이쯤 되면 이슈는 눈덩이처럼 커진다. 마치 거대한 파도처럼 이슈가 걷잡을 수 없이 증폭되어 가는 것이다. 가상 공간의 이슈 전파 메커니즘은 대략 이런 식이다.

그런데 여기서 한 가지 안타까운 것은, 가상 공간에서는 여론이 대개 일방향으로 흐른다는 사실이다. 앞에서 말했듯이 가상 공간은 흑백의 공간이고, 다른 의견은 틀린 의견으로 취급받는다. 다른 의견을 가진 사람들은 침묵할 수밖에 없다. 마녀사냥이 일어나도 안타깝지만 침묵하는 수밖에 없다. 자칫 편이라도 들었다가는 함께 마녀사냥을 당하는 것이 이 세계의 현상이기 때문이다. 한번 이슈가 커져 몰아치기 시작하면 대항은 사실상 불가능하다. 그냥 지나가길 기다리는 편이 낫다.

그렇다면 도대체 어떻게 대응을 하라는 것인가? 이슈가 커지면 대응이 어렵다. 말했듯이 무대응으로 일관하면서 이슈가 지나가길 기다려야 한다. 따라서 대응이 가능한 시기는 초기에 한정된다. 이슈의 전파 과정을 따라가며 어떻게 대응을 하면 좋을지 얘기해 보자.

우선 모니터링이 중요하다. 이슈 초기에 발견하지 못하면 대응도 불가능하기 때문이다. 홍보 조직 내에 온라인 모니터링 조직을 마련하든지 혹은 온라인 모니터링 대행업체를 활용하는 것도 방법이다. 평소에 가상 공간 모니터링을 통해 온라인 여론도 파악하고 자기 회사 관련 이슈들이 어떻게 움직이고 있는지 잘 관찰해야 한다. 몇 개 주요 키워드는 주기적으로 검색도 해 봐야 한다.

이슈가 발생하면 이슈의 경중을 판단한다. 먼저 이 이슈에 어떤 정도의 임팩트가 잠재되어 있는지, 초기 여론이 어떠한지, 초기 확산 상황이 어떤지를 파악해서 판단 준거로 활용한다. 준거를 활용해서 방치할 경우 어떤 식으로 전개될 것인지, 여론이 어떤 식으로 흘러갈 것이며, 이를 통해 어떤 결과가 도출될 것인지 등을 예측해야 한다. 이 부분은 경험이 절대적이다. 이슈의 경중을 판단하는 공식 같은 것은 없다. 조직 내에 경험 많은 홍보 전문가가 한 명쯤은 있어야 하는 이유가 여기에 있다.

이슈 경중 판단이 끝났으면 대응을 시작한다. 외계인들의 반응이 미미할 것으로 예상된다면 방치한다. 아니 방치해야 한다. 괜히 건드려서 오히려 이슈가 커질 가능성이 크다. 살짝 화가 난다 하더라도 참아야 한다. 방치 시 이슈가 커질 것으로 보인다면 그 예상 규모를 예측해서 대응을 해야 한다. 만약 매우 부정적인 결과가 예상된다면 모든 것을 다 내려놓고 무릎을 꿇어야 한다. 자존심을 세워서는 안 된다. 사죄하고 할 수 있는 모든 것을 다하겠다고 발표해야 한다. 대한항공 회항 사건의 경우가 그러하다. 만약 초기에 지금의 결과를 예상했다면 그냥 백배사죄했어야 한다. 그랬다면 그나마 여론이 우호적으로 돌아갔을 것이고 실형과 회사 이미지 직각 추락이라는 최악의 상황만은 막을 수 있었을 것이다. 하여간 이슈 경중 판단에 따른 최초 대응이 사실상 이후 이슈 전개의 모든 것을 좌우한다고 생각하면 된다.

이 정도로 심각한 상황이 예상되지는 않는 경우 적절한 톤 앤 매너로 대응하면 된다. 여기서 필히 지켜야 할 점은 절대로 '거짓말'이나 '눈 가리고 아웅' 식의 메시지를 내놓아서는 안 된다는 것이다. 2010년 이후의 세상에 숨길 수 있는 것은 아무것도 없다. 내부 제보이든 부주의한

유출이든 결국은 다 드러나게 되어 있다. 거짓말이 드러나면 그 후폭풍은 10배 정도로 돌아올 것이다. 순간을 모면하려다가 모든 것을 잃어버릴 수도 있다. 모든 것을 다 얘기해야 하는 것은 아니지만 거짓을 얘기해서는 안 된다는 점을 기억하자.

초기 대응 이후에는 돌아가는 상황을 면밀히 관찰해야 한다. 온라인상의 댓글이나 사람들의 회자 상황, 각종 온라인 카페의 여론 등을 입체적으로 살펴봐야 한다. 상황을 살펴보는 중 '최초 이슈 경중 판단'이 잘못된 것으로 드러났다면 어떻게 해야 할까? 홍보 전문가가 신이 아니니 당연히 빗나간 예측도 있을 수 있다. 만약 예측이 잘못됐다고 판단된다면, 겸허히 인정하고 재빨리 대안을 내놓아야 한다. 자존심을 세우겠다고 최초 판단을 정당화하고 어떻게든 동일 연장선상에서 해결해 보겠다고 고집을 피우는 순간, 이슈 대응은 더욱더 좋지 않은 방향으로 가게 될 것이다.

생각했던 것보다 상황이 심각하다고 판단되면 할 수 있는 모든 것을 다하겠다는 태도로 일관해야 한다. 최초 상황 판단 시 최악이라고 판단됐을 경우보다 더 강한 조치를 취해야 한다. 그동안 대처 없이 시간이 흐르면서 이슈가 더 커졌기 때문이다. 상식적으로 '그렇게까지 하는 것은 좀 심하지 않나? 지나친 것이 아닌가?' 하는 생각이 들 정도로 나서야 한다. 사례를 하나 들어 본다. 2013년 말에 방송된 tvN 〈더 지니어스: 룰 브레이커〉의 얘기다. 한참 화제가 되는 와중에 '신분증 은닉 사건'이 일어났다. 출연진 중 두세 명이 연합을 해서 다른 출연자 한 명의 '게임 내 가상 신분증'을 감췄고, 덕분에 그 출연자가 탈락을 하게 된 사건이다. 초기에 이슈가 발생했을 때, 필자는 '조금 시끄럽긴 하지만 방송 프로그램에서 게임 중 일어난 일인데…….' 하고 초기 대응을 유보했다. 별일 아니니 조금 시끄럽다 말 것으로 판단했던 것이다. 그런데 상황이 심상치 않게 돌아갔다. 온라인 내에서 '연예인들이 일반인 출연자 하나를 왕따시켰다'는 여론과 '방송 프로그램이 도난을 방조 내지 조장한다'는 여론이 형성되기 시작한 것이다. 이슈는 어마어마하게 자가 발전했고, 한 온라인 카페 운영자에 따르면 그 카페가 운영된 10년간 최고로 시끄러운 이슈라고 할 정도였다. 필자는 회사 내부에 잘못 판단했다는 것을 인정했고 강력한 후속 조치를 취했다. 홈페이지에 사과문을 게재하고 잘못 인정 및 재발 방지를 약속하는 보도 자료를 배포했다. 내외부의 일부 사람들, 특히 몇몇 기자들은 '지나친 조치'라고 했다. 그러나 필자 판단에 당시 상황은 매우 심각했다. 다음 아고라에서 〈더 지니어스〉 폐지 운동이 일어나는가 하면, 심지어 tvN 불시청 운동이 일어날 조짐까지 보였다. 최초에 경중 판단을 잘못해서 이슈가 확산된 것이므로 가능한 가장 강력한 사과문을 작성했다. 다행히 사과 이후 이슈가 서서히 잠잠해졌고 안도의 한숨을 내쉴 수 있었다. 최초 판단이 틀리지 않았다며 계속 지켜보자고 우겼다거나, 방송사가 어떻게 이런 일로 사과를 하느냐는 내부 의견을 꺾지 못했다면 지금쯤 상황이 어떻게 됐을까?

만약 돌아가는 상황 점검도 놓쳐서 이슈 전개가 어마어마하게 악화됐다면? 즉 오프라인에서 움직임이 있기 시작하고 술자리고 어디고 모이기만 하면 해당 이슈를 얘기하는 단계까지 갔다면? 이런 최악의 상황에는 방법이 없다. 그냥 고개 숙이고 잠잠히 이슈가 지나가길 기다리는 수밖에 없다. 이런 때 상황을 반전시켜 보겠다고 뭔가 반전 카드 같은 걸 꺼내는 건 위험하다. 자칫 '물 타기 시도,' '반성의 기미가 없음' 등으로 역풍을 맞을 수도 있다.

물론 여론을 움직일 정도의 실력자라면 다른 시끄러운 사건을 일으켜서 관심을 다른 곳으로 유도할 수 있을지도 모르겠다. 정치권에서 많이 쓰는 방법이다. 그러나 일개 기업의 홍보 조직이 그렇게까지 할 수 있을지는 의문이다. 하여간 가능한 정도의 실력을 가지고 있다면 그렇게 하는 것이 최선일 수도 있다.

그럴 수 있는 상황이 아니라면 기다려야 한다. 그리고 기다리면서 어떻게 회복할 것인가를 고민해야 한다. 대중의 '화'가 가라앉았을 때 어떻게 하면 용서를 받고 이미지를 회복하며 다시 한 번 애정을 얻을 수 있을 것인가를 고민해야 한다. 방법은 이성적일 수도 있고 감성적일 수도 있다. 필요하다면 물량 공세를 할 수도 있고 언론의 도움도 받아야 한다. 성찰의 시간, 깊은 고민이 필요한 시기가 될 것이다.

여러 번 이야기했지만 홍보는 대중 설득의 기술이다. 설득에서 가장 중요한 것은 논리적 설명과 더불어 감정선에 대한 관찰과 대응이다. 관찰을 잘하고 그 감정선을 읽어서 상대를 설득할 수 있는 논리적이고 호소력 있는 메시지를 전달하는 것이 홍보의 핵심이고 모든 이슈 대응의 정수이다. 어떤 메시지를 보냈을 때 대중들이 어떻게 받아들일 것인가를 예측하는 훈련을 해야 하고, 관련 경험이 축적되면 이슈 대응의 기술을 자연스럽게 익히게 된다. 화가 나있는 사람에게 뭔가 설득을 해 보려고 시도하는 것은 어리석다. 그때는 기다려야 한다. 대신 상대의 화가 가라앉았을 때 화해하고 회복하는 방법을 고민하라. '겸허하라,' '거짓말하지 말라,' '필요하면 기다려라' 이렇게 세 문장 정도로 이슈 대응 요령을 축약하면서 가상 공간 이슈 대응에 대한 이야기를 마친다.

위기관리에 도움이 되는 몇 가지 세상사 원리

이런저런 위기관리 상황을 맞거나 지켜보다 보면 이러한 상황들에 대응하는 데에는 인간사, 세상사에 대한 기본 원리들을 접목하는 것이 매우 중요하다는 생각을 하게 된다. 어떻게 보면 세상에 달관한 듯한, 조금은 한가해 보이는 이야기들일지 모르지만, 결국은 세상사 기본 원리가 위기관리의 근본에 자리 잡고 있다는 생각을 떨쳐 버리기가 힘들다. 그래서 여기서는 잠시 '위기관리에 도움이 되는 세상사 기본 원리들'에 대해서 이야기해 볼까 한다. 이러한 세상사 원리에 대해 독자에 따라 이견이 있을 수 있다. 그동안의 경험을 통해 얻어진 생각이므로 이를 감안해 읽어 주길 바란다.

정반합正反合 세상 한쪽에 무언가 거센 에너지가 있으면 반드시 그에 대응하는 에너지가 일어나게 된다. 이를 통해 일종의 힘의 균형을 이뤄 나가는 거대한 손이 있는 것처럼. 즉 하나의 세력이 지나칠 정도로 커진다면 반대 세력이 곧 어디선가 나타나게 된다고 생각해도 된다. 예를 들어 지금 2015년은 '보수의 시대'다. 보수의 힘이 너무나 강해서 진보 진영이 기를 펴기가 어려우며, 대중들도 보수 일색으로 흐르고 있다. 심지어 대중문화에도 보수의 영향이 강하다. (이것이 보수화의 원인인지 결과인지는 명확히 구분하기 어렵다.) 〈명량〉, 〈국제시장〉, 〈연평해전〉, 〈암살〉 등 이른바 보수적 성향을 풍기는 영화들이 영화계를 평정하고 있는 것이 그 증거다. 보수 색깔로 판정되면 영화가 흥행에 성공하게 되는 특이한 기류가 형성되어 있는 상황인 것이다. 이것은 조금 지나치다. 어떤 한 세력이 지나치게 강한 힘을 형성하고 있는 것이다. 예상하건대 이에 대한 반대 세력, 혹은 대항적 힘이 곧 나타나게 될 것이다. 여기에 어떤 증거나 단서 같은 것은 없다. 다만 세상사가 항상 정반합의 원리로 움직인다는 것을 믿고 있을 뿐이다. (그러던 중 최근에 〈베테랑〉이라는 영화가 1000만 관객을 넘기며 흥행에 성공하고 있다. 이것이 '반'의 징조가 아닌가 조심스럽게 짐작해 본다.) 위기관리 상황에서 정반합은 매우 도움이 되는 원리라고 생각한다. 물론 이슈 메이킹에도 도움이 된다.

과유불급 정반합과 큰 틀에서는 다르지 않는 원리다. 무언가 아무리 옳아 보이는 것이라 하더라도 지나치면 부정적 결과로 이어진다. 또한 아무리 좋은 것이라 하더라도 지나치면 끝에는 부정적 느낌이 든다. 이는 인간 개개인의 감성 및 기호와도 연관되는 것이고, 결국 이는 대중적 집단 감성으로 이어진다. 특히 트렌드를 관찰하거나 무언가 인기 품목을 관찰할 때 일시적으로 너무 과하다 싶으면 이는 절대 오래가지 못한다고 보면 된다. 과유불급의 원리 때문이다. 실제로 이러한 사례는 헤아릴 수 없이 많은데, 우리 주변에서 특정한 인기 메뉴를 앞세운 식당들이 우후죽순처럼 생겨났다가 어느 순간 순식간에 사라지는 현상이 전형적이다. 물론 이를 대중 입맛의 변덕스러움으로 해석할 수도 있다. 그러나 그보다는 과유불급으로 보는 것이 여러 가지 상황에 적용하는 데 유용하다.

인정과 청산 인간의 역사는 자존심의 역사다. 이를 지키고자 갈등이 일어나고 또한 이를 지키고자 하는 과정에서 실리를 해친다. 동물의 세계는 그렇지 않다. 힘의 경중이 중요하지, 자존심 따위는 중요하지 않은 실리의 세계다. 조금은 비약적으로 보일지 모르지만, 이런 의미에서 자존심을 버리는 것은 실리를 챙길 수 있는 기회로 생각될 수도 있다. 이게 집단이나 국가적인 차원에서 해석을 하면 인정과 청산의 원리로 이어진다. 일본과 한국의 근현대사를 보면 이해가 빠르다. 일본은 과거사, 이전의 과오를 인정하는데 박하다. 그 때문에 독일과 달리 주변국과의 관계 회복이 더디다. 물론 자신들이 힘이 있다고 생각하기 때문이겠지만 자존심을 세우자고 70년 동안이나 과거사 인정에 소극적인 것은 미련하다. 인정하면 청산이 가능한 것을, 인정하지 못하기 때문에 앞으로 나아가지 못한다. 기업도 동일하다. 깨끗이 마무리 짓고 그다음 단계로 가기 위해서는 현상을 인정해야 한다. 일종의 집단 자존심을 조금 유보해야 하는 것이다. 그래야만 청산이 가능하고, 미래의 실리가 있다. 부정적 여론이 강하다면 지금 본인의, 회사의 잘못을 인정해야 한다. 그게 현명하다.

순리　설명하기 어려운 세상사 원리 중 하나다. 어쩌면 세상사 원리 그 자체가 순리가 아닌가 싶기도 하다. 많은 사람들이 인간 역사의 이면에 무언가 저항할 수 없는 도도히 흐르는 힘이 존재한다고 믿는다. 그것을 순리라고 부른다. 때로는 역사나 권력의 변화에 순응하는 자들이 내세우는 변명이 되기도 하고, 인간사를 관조하며 지켜보는 자들이 역사를 해석하며 설명하기 어려운 현상을 언급할 때 쓰는 단어이기도 하다. 그런데 세상사에는 정말 원인을 설명하기 어려운 '수렴하는 힘'이 존재하는 듯한 경우가 너무나 많다. 이를 일반적인 대중의 언어로 바꾸면 '순리'다. 순리는 반복의 역사에서 오는 경험적 단어이기도 하고, 인간이 가지고 있는 도덕적 당위성을 확인하는 원리이기도 하다. 하여튼 위기관리의 상황에서 현재의 맥락과 현상을 냉정하게 바라보면 일종의 순리가 보인다. 무언가 지나치게 거대한 에너지가 느껴질 때, 급격하게 과한 유행이 몰아칠 때, 집단적인 자존심이 벽을 만들고 있다는 생각이 들 때 이에 반하는 무언가가 바로 순리가 된다. 순리는 그렇게 복잡한 원리가 아니다. 앞에 설명한 정반합, 과유불급, 인정과 청산의 원리를 합친 것이 순리다. 인간사는 항상 중용과 중도를 향해 수렴하는 경향이 있다. 이는 30년, 100년 단위의 역사를 끊어서 살펴보면 거의 예외 없이 적용되는 법칙이다. 이를 순리라고 생각한다. 순리는 '중도'의 또 다른 표현이다. 이를 바탕으로 위기관리에 임하면 거의 대부분 적중한다. 더 깊이 들어가면 홍보 책이 아니라 철학 책이 될 듯하니 이쯤에서 정리하자.

꺼내기 어려운 이야기,
언론사 광고 집행은 반드시 필요한가

언론사 광고 집행에 관한 이야기는 매우 민감한 부분이다. 이에 대한 논쟁이 오래전부터 또한 여전히 진행 중이고, 기업의 언론사 광고 집행에 대한 비판도 적지 않다. 그러나 홍보를 이야기하는 책에서 광고 집행 이야기를 빼놓을 수는 없다. 그만큼 중요한 영역 중 하나이기 때문이다. (말하기 어렵다고 말해야 할 것을 빼놓는다면 차라리 처음부터 책을 쓰지 말았어야 할 것이다. 그래서 꺼내기 어려운 이야기를 조심스럽지만 허심탄회하게 논해 볼까 한다.)

보통의 우리나라 기업들은 정기적으로 언론 매체에 광고를 집행하거나 언론사가 진행하는 행사에 협찬을 진행한다. 이것이 반드시 필요한 것인가, 또 정당한 것인가에 대한 의견 차이가 매우 크다. 우선 언론의 입장에서 찬반론을 살펴보자. 찬성하는 입장의 경우, 언론사 역시 하나의 기업이기 때문에 수익 기반 없이 존립할 수는 없으므로 광고를 받을 수밖에 없다는 현실론을 든다. 또한 충분한 수익 기반이 마련되어야 양질의 보도가 가능하다는 주장도 설득력이 있다. 반면 전통적으로 언론학에서는 기업이 집행하는 광고의 폐해에 대해서 이야기한다. 그것이 언론의 자유와 논조에 영향을 미친다는 것이다. 이 같은 현실과 이상이라는 양쪽의 논리 중 어느 쪽도 맞다 틀리다로 단정 짓기는 어렵다. 세상의 대부분 현상들이 그런 것처럼.

언론 입장에서의 찬반론은 여기서는 접어 두도록 하자. 이 책은 언론학이 아니라 홍보에 관한 책이기 때문이다. 대신 기업의 입장에서 찬반론에 대해 좀 더 자세히 살펴보자. 우선 찬성의 논리에서는 언론을 통한 특정 산업부양론, 언론 매체의 보호관계론, 언론공생론 등을 들 수 있다.

첫째, 언론을 통한 특정 산업부양론이란 이런 것이다. 신문을 예로 들어 보자. 신문사들이 신문 지면을 할당하는 기준은 독자 및 사회의 관심사, 관계자의 수 등이다. 세상의 관심이 높은 분야에 많은 지면과 기자들을 할당한다는 것은 당연한 이야기다. 그런데 여러 지면 중에서도 기업들의 이야기가 실리는 산업면은 그 수를 헤아리기 어려울 정도로 많은 기업들을 다뤄야 하는 공간이다. 이에 신문사에서도 산업면의 할당 기준을 만들 수밖에 없다. 물론 가장 중요한 것은 뉴스 밸류다. 반면 같은 뉴스 밸류의 사건이라면 어떻게 면을 배정할 것인가? 이 경우 '부양의 가치를 가진 산업'을 중심으로 더 많은 공간을 할애한다. 그런데 '부양의 가치를 가진 산업'이라는 것이 사실 매우 주관적이고 복합적인 판단 가치다. 정치적 성향은 말할 것도 없고, 장기 vs 단기적 시각, 도덕적 측면, 종사자 수의 측면, 경제 규모 등등 '부양의 가치'를 결정짓는 변인은 그 수를 셀 수 없을 정도다. 한편 대부분의 언론사는 사기업이다. 언론의 본질인 '알 권리 충족'과 '뉴스 밸류 우선'을 만족시키고 나면 자사의 이익을 생각할 수밖에 없다. 이에 광고를 많이 하는 업종을 우선적으로 신경 쓰게 되어 있다. 이러한 이유로 보통은 광고를 많이 하는 업종이 앞의 '부양의 가치' 변인들 중 여러 측면을 만족시키는 업종이고 대표성을 갖는다고 가정하게 되는 것이다. 물론, 언론에서 많이 다뤄 준다고 해서 반드시 산업이 부양된다고 보긴 어려울 수 있다. 그러나 일반적으로 언론에서 많이 다뤄지는 산업은 사회적 관심을 많이 받게 되고, 비록 그 관심이 일을 하는데 방해가 된다고 할지라도 결론적으로는 좋은 방향을 잡고, 큰 시장을 만들고, 우호적 정책을 만드는 것에 도움이 될 수 있다. 이러한 맥락에서 특정 산업을 부양하기 위해서는 적당한 광고 집행이 필요하다는 것이다.

두 번째, 언론 매체의 보호관계론은 반대 측면이다. 즉 산업부양론이 한정된 지면을 차지하기 위한 공격적 이유라면, 관계론은 방어적인 측면이다. 언론사와 긍정적 관계를 맺어 보호를 받겠다는 의도다. 보통 '보험'이라는 표현을 사용하기도 하는데, 그것과는 좀 다르다고 생각한다. 보험이란 일정 보험료를 내면 유사시에 반드시 일정 보험금이 나오게 되는 시스템이다. 그러나 광고를 했다고 해서 언론사가 무조건 기업을 보호해 주지는 않는다. 즉 보험이란 표현은 과장된 표현이다. 그보다는 언론사와 친밀한 관계를 형성하고, '자사 이익에 도움이 되는 기업'이라는 간접적인 인식을 얻어 필요할 때 최소한의 도움을 받을 가능성을 높인다는 정도일 것이다.

세 번째, 언론공생론이다. 이는 조금은 이상적인 형태의 논리인데, 건강한 비판에 건강한 사회와 기업이 존재한다는 철학적 기반하에 언론에 대한 경제적 지원이 필요하다는 것이다. 언론이 경제적으로 어려워지거나 건강하지 못하면 중장기적으로 기업도 사회도 건강해지기 어렵다는 주장은 상당히 이상적인 얘기지만 절대 부인할 수 없는 사실이기도 하다. 다만 기업이 이러한 측면까지 고려해서 광고 집행을 한다는 것은 현실적으로 어려운 내용일 수도 있겠다.

기업의 입장에서 반대론은 광고 효과 측면이다. 언론 매체 광고를 통해서 마케팅적인 효과를 보기가 매우 어렵다는 것이다. 21세기 들어 언론의 패권이 분산되고 메이저 언론의 위상이 약화되면서 언론 매체의 힘도 상당히 약화된 것이 사실이다. 특히 젊은 소비층을 타깃으로 하는 상품의 경우 언론 매체 광고를 통해 마케팅 효과를 보기가 매우 어렵다는 것은 더 이상 말할 필요가 없을 정도다. 언론 매체 광고의 경우 집행 시 상당히 큰 비용이 들어가기 때문에 이러한 의문을 제시하는 기업들이나 경영자들이 적지 않다.

이 같은 찬성과 반대의 논리 중 어떤 것이 옳은지, 또 찬성의 논리들이 윤리적으로 문제가 없는 것인지에 대해서는 대답을 유보하고자 한다. 이러한 논쟁으로 들어가면 현실을 부인해야만 한다. 홍보의 측면에서만 바라본다면, 언론사 광고 집행은 어느 정도 필요하다는 것이 정설이다. 이런저런 근거를 들기보다는 예시로 한 산업이 지나온 15년간을 들여다보면서 필자의 의견을 뒷받침할까 한다.

꽤 오래전부터 게임 산업은 우리나라의 차세대 성장 동력 산업으로 언급되어 왔다. 부가 가치도 높은 산업이고, 우리나라의 기술력이나 인프라, 출발 시점 등에서 다른 나라에 비해 매우 큰 우위를 점하고 있던 산업이다. 온라인 게임 시장의 엄청난 성장과 가능성, e스포츠 종주국의 위상과 확산력 등 2000년대 초반만 해도 우리나라 게임 산업은 한없이 밝아만 보였다. 그런데 우리나라 게임 기업들이 한 가지 간과한 부분이 있었다. 언론 매체의 역할을 '마케팅적 효율성의 측면'에서만 바라본 것이다. 이에 온라인 매체 중심으로 광고 집행을 하는 한편, 종이 매체에는 산업 규모에 비해 정말 미미한 수준의 광고 집행만을 했다. 처음에는 언론 매체들이 뉴스 밸류의 측면에서 너도나도 대서특필을 했다. 그러나 계속적이고 연속적인 보도를 통해 점차 뉴스 밸류는 낮아졌고, 어느 시점에는 지속적인 보도를 할 만한 본질적 이유가 사라져 갔다. 언론들의 불만 섞인 목소리도 점차 높아졌다. 언론 매체에게도 면을 유지할 명분을 줘야 하는 것이 아니냐는 것이었다. 이는 앞에서 얘기한 '산업부양론'의 논리에서 바라보면 된다. 점차 매체들이 지면과 기자들을 줄이기 시작했다. 그러던 중 게임 산업이 강력한 반대 세력과 마주하게 되었는데, '부모'들이었다. 아이들이 공부해야 하는 시간에 게임에 빠져 있으니 게임 산업에 대한 불만이 점점 커진 것이다. 이러한 비판의 목소리가 점차 언론 매체에도 담기기 시작했다. 언론은 게임 산업을 보호할 이유가 없었다. 앞에서 말한 '보호관계론'에 관한 이야기다. 어느 순간 게임 산업은 '나쁜 산업'이라는 이미지까지 생기기 시작했다. 학교 폭력의 원죄설에 시달리는가 하면 각종 사회 범죄의 간접적 원인으로 지목되었다. 규제는 점차 강화됐다. 이런저런 규제가 기업들을 옥죄기 시작했다. 이 같은 규제들이 지닌 산업적 측면의 문제점에 관한 논리가 전혀 먹혀들지를 않았다. 게임 기업들 편에 서서 산업 논리를 펴는 매체들도 거의 없었고, 이미 대세는 비판 쪽으로 자리를 잡은 것이다.

그 사이에 해외 기업들은 점차 그 역량을 키워갔다. 특히 새로운 시장인 모바일 게임 시장에서 해외 기업들의 약진은 무서울 정도다. 우리나라 게임 업체들이 비판과 규제 속에 눈치를 보면서 게임을 개발할 때 해외 업체들은 사회적 보호와 장려 속에서 그 역량을 키워 온 것이다. 물론 한국의 게임 업체들은 여전히 높은 경쟁력과 가능성을 보유하고 있지만 사회적 시각은 그리 좋지 않다. 이를 누구의 책임이라 말할 것인가? 물론 이 같은 설명에는 맹점도 있을 것이다. 그러나 분명한 것은, 만약에 게임 산업의 플레이어들이 2000년대 초반부터 언론과의 협력 발전을 좀 더 비중을 두고 보았다면 적어도 지금의 찬밥 신세나 사회악 취급을 당하는 이런 위치는 아니었을 것이라 생각한다. 차세대 먹거리가 없어서 미래를 걱정하고 있는 우리나라의 작금의 현실에서 돌아보면 안타깝기 짝이 없는 일이 아닐 수 없다.

솔직히 언론사 광고 집행을 무조건적으로 옹호할 생각은 없다. 무조건 많은 것이 좋다는 의미 또한 절대 아니다. 그러나 우리나라의 홍보 현실에서 최소한의, 혹은 적절한 광고 집행은 꼭 필요한 부분이라는 것은 분명하다. 이는 홍보 조직이 일을 원활하게 하기 위해서가 아니다. 오히려 이를 실행하는 과정에서 실무적으로 맞닥뜨리는 고충은 한두 가지가 아니다. 언론사 광고 집행은 궁극적으로 기업을 위해서 필요한 부분이다. 그것이 공격적 의미이든 방어적 의미이든 현실을 직시한다면 말이다.

홍보에서 절대 하지 말아야 할 것

3대 절대 금기

지금까지 계속해서 이렇게 해라 저렇게 해라, 이러면 좋다 저러면 좋겠다만 잔뜩 늘어놨다. 그러나 모든 일이 그렇지만 '해라'만 있을 리가 없다. 당연히 홍보에도 '하지 말라'가 적지 않다. CEO의 경우도 본인이 홍보 책임자의 역할을 할 때, 혹은 홍보 조직에 대한 평가 및 지도에서 반드시 숙지해야 할 사항들이다. 몇 가지 핵심적인 것만 추려서 이야기해 본다.

우선 가장 핵심적인 세 가지 절대 금기 사항이다. 필자는 이것을 '홍보의 3대 절대 금기 사항'으로 규정하고 홍보 조직원들에게 "이를 어기면 절대 용서하지 않겠다"고 엄포를 놓는다. 절대로 하지 말아야 할 것은 거짓말, 매체 차별, 경쟁 업체 비방이다.

거짓말 홍보맨들은 자주 대응이 곤란한 상황들에 처하게 된다. 고의적 잘못이든 실수이든, 조직적이든 개인적이든 모든 기업과 조직들은 잘못을 하기 마련이다. 대개 이러한 상황에서 홍보맨은 대변인 역할을 해야 한다. 대변인 역할을 하다 보면 순간 당황해서든, 그 순간을 모면하기 위해서든 거짓말을 하고 싶은 욕구에 사로잡힌다. 홍보맨도 인간이니 인지사정이다. 또한 이런 사정도 있다. 기업과 조직은 숨기고 싶은 것들이 많다. 영업 기밀부터 시작해서, 공개 시기를 재고 있는 사안까지 매우 다양하다. 반면 세상은, 특히 언론은 이를 파헤치고 싶어

한다. 지나고 보면 별 것도 아닌 일인데, 당시에는 알려지면 무슨 큰일이라도 나는 것처럼 누군가는 숨기려 하고 누군가는 파헤치려 난리가 난다. 이런 상황에서 역시 홍보맨은 거짓말을 하고 싶다. 지금 살짝 거짓말을 하면 지금 이 순간을 조용히 넘어갈 수 있을 것 같다. 또한 이 이슈를 영원히 묻어 버릴 수 있으리라는 생각이 든다. 그러나 계속 이야기하지만, 21세기 들어 세상에는 숨길 수 있는 것이 거의 사라졌다. 특히 기업의 경우 사실상 모든 것이 다 드러나 있다. 숨겼다 싶으면 내부 고발자가 나타난다. 어떠한 사실도 결국에는 다 알려지기 마련이다. 그러니 거짓말은 매우 위험하다.

대개는 당황해서라고 생각한다. 숨겨야 하는 입장인데 혹은 기사화되어서는 안 되는 상황인데 기자가 물어오면 어찌 당황스럽지 않겠는가. 그러나 어떠한 상황에서도 그것이 하루가 될지 몇 년이 될지 모르겠지만 결국은 밝혀진다고 생각해야 한다. 그리고 그것이 밝혀지게 되면 어마어마한 부메랑이 되어 다시 회사로 날아들게 될 것이라고 말이다. 부메랑이 되어 돌아오면 홍보맨 개인이 책임질 수 없게 된다. 그 대가는 회사가 치러야 한다.

꽤 오래전에 이런 일이 있었다. 당시 필자가 홍보팀장으로 있던 A 회사에서 자회사로 B 회사를 설립했다. 그때 A 회사의 홍보 조직원 C가 자회사인 B 회사 팀장으로 가게 됐다. 나중에 들어보니, B 회사의 경영 내정자가 C에게 B 회사의 설립 완료 및 공표 전까지는 절대 그 사실이 기사화되어서는 안 된다고 한 모양이다. 이런 상황인데 D 매체의 기자가 B 회사 설립 사실을 듣고 공교롭게도 홍보맨 C에게 물어왔다. 절대 언론에 노출되어선 안 된다고 신신당부를 들은 터에 심지어 자기가 일하게 될 회사에 관계된 일이니, C는 많이 당황스러웠던 것 같다. "절대 사실무근"이라고 거짓말을 해 버렸다. 일이 여기서 마무리되었으면 좋았으련만, 바로 다음 날 B 회사 설립 뉴스가 D 매체의 경쟁 매체인 E 매체의 1면에 대서특필되었다. 아마도 그 내용이 두 언론 매체에 동시에 유출이 된 모양이다. E 매체가 확인 없이 기사를 쓴 탓에, 해당 회사에 질의를 넣은 D 매체의 기자는 보기 좋게 물을 먹게 된 것이다. C는 손이 발이 되도록 D 매체 기자에게 빌었지만 개인이 해결할 수 있는 일이 아니었다. 뒤늦게 보고를 받은 필자도 나서서 불을 끄기 위해 여러 수단을 동원했지만 수습이 쉽지 않았다. 이후 결과는 알아서 짐작하길 바란다.

이외에도 여러 에피소드들이 있었다. 그런데 거의 모든 에피소드의 결과는 비참했다. 거짓말은 이후 어마어마한 후폭풍을 불러온다. 여러 아픈 경험을 겪고 7~8년 전부터는 홍보 조직원들에게 이렇게 얘기하고 있다. 홍보 일을 하면서 거짓말을 하면 절대 용서하지 않겠노라고 말이다. 듣기에 따라서는 너무 극단적으로 느껴질지 모르겠지만, 결코 그렇지 않다. 홍보 업무에 있어서 거짓말의 대가는 상상할 수 없는 정도로 엄청나기 때문이다. 그것은 홍보 업무가 '신뢰를 바탕으로 하는 일'이기 때문이다. 기자들은 홍보맨이 하는 말이 공식적인 어나운스라고 생각한다. 때문에 조직을 대표해서 하는 어나운스가 거짓일 것이라고 가정하지 않는다. (물론 불행하게도 거짓말에 몇 번 당하고 홍보맨을 믿지 않게 된 기자들도 있다.) 공개 석상에서 공식적인 어나운스를 거짓말로 하는 조직이 세상에 몇이나 되겠는가? 이러한 이유로 홍보맨의 거짓말에 대한 대가는 너무나도 클 수밖에 없다.

단, 거짓말을 하지 말라고 해서 모든 것을 다 이야기하라는 뜻은 아니다. 답변을 할 수 없는 내용이라면 양해를 구하고 답변하기 어렵다고 하든지, 아니면 다른 수단으로 답변을 유보해야 한다. 때로 홍보맨이 답을 할 수 없는 사안들이 있다는 사실을 대부분의 기자들이 이해하고 있기 때문이다. 상대가 별스럽지 않게 물어본 상황이라면 다른 말로 화제를 돌리는 것도 방법이 될 수 있다. 거짓말만은 절대 해선 안 된다고 다시 한 번 강조한다.

매체 차별 언론 매체들이 가장 싫어하는 것이 매체 차별이다. 무엇보다 마이너 매체로 취급하고 무시하는 행위는 가장 위험하다. 생각해 보면 너무나 당연한 얘기다. 세상에 무시당하고 기분 좋을 사람이 어디 있겠는가? 어떤 매체이든 그 매체력 등의 이유로 무시한다면 그 대가는 각오해야 한다. '그래도 홍보맨인데 설마 매체를 무시하겠어?'라고 생각하는 사람이 있을 수 있겠지만, 실제로 일부 홍보맨들 중에 마이너 매체라고 무시하는 태도를 보여서 회사를 위험에 빠뜨리는 사람들이 있다. 그것은 무지에서 비롯된 일이라고 생각한다. 매체력이 아니라 취재력이 더 무서운 세상에 살면서 그렇게 한다는 것은 어리석은 일이다.

또한 불평등한 취재 기회를 주는 것도 위험하다. 인터뷰, 팸투어, 기자간담회 등 여러 상황에서 있을 수 있다. 이는 메이저 매체라고 해서 예외가 아니다. 전 세계의 모든 기자들이 공히 가장 두려워하는 것은 '물을 먹는 것'이다. 취재 기회에 차등을 주는 것은 누락된 기자와 해당 매체로 하여금 물을 먹게 하는 행위다. 그에 대한 대가가 따르는 것은 당연하다. 최근 L 기업이 이 같은 금기를 어겨 특정 매체에 비중이 큰 독점 보도를 하게 했다. 그 결과 다른 매체들은 L 기업에 강도 높은 비판을 쏟아냈다. 아마 이를 수습하는 것이 결코 만만치 않았을 것이다.

필자가 과거 처음 홍보를 시작했을 때에는 몇몇 매체에 취재 기회를 선별 제공하는 것이 가능했다. 매체 수도 얼마 되지 않았고 이번에는 이 매체, 저번에는 저 매체 등 하는 식으로 돌아가면서 취재 기회를 제공한다는 것이 암묵리에 허용됐기 때문이다. 그러나 요즘은 너무 많은 매체가 있고 수백 군데의 매체가 경쟁을 하는 세상이다. 그러다 보니 취재 기회를 돌아가면서 제공한다는 메커니즘이 통하지 않는다. '이번에 기회를 못 받았으니 다음에 받으면 된다'는 식으로 생각하는 매체는 없다고 보면 된다. 실시간 이슈가 중요하고 이것이 바로 언론사 매출로 이어지는 인터넷 중심의 언론 환경 때문이다. 덕분에 한국의 대부분 언론 매체들에는 '내일'이 없어졌다. 당장 오늘, 지금이 너무나도 중요해진 것이다.

이처럼 선별 기회 제공이 불가능해진 탓에 해외 팸투어가 직격탄을 맞았다. 팸투어를 떠나려면 최소 50~60개, 업계에 따라 많게는 100개 가량의 매체를 데려가야 하니 도저히 엄두가 나지 않는 것이다. 사정이 이러하니 차라리 안 가는 쪽이 정도가 되어 가고 있다. 기사 몇 개 만들기 위해서 리스크를 만들 수는 없으니까 말이다. 덕분에 해외 팸투어가 점차 사라져 가고 있다. 좋은 홍보 수단 하나가 사라져 가고 있으니 슬픈 일이다. 다만, 출입 기자 시스템이 남아 있는 몇몇 업계에서는 팸투어를 갈 때 선별적 제공이 허용되기도 한다. 기자단 내에서 의사 결정해서 제비뽑기를 하거나 매체 간에 돌아가면서 취재 기회를 갖는 것이 가능한 것이다. 단 이 경우에도 복잡한 뒷일을 고민해야 하는데, 출입 기자단에 속하지 못한 매체의 불만은 감수할 수밖에 없다.

경쟁 업체 비방 여기서 비방은 경쟁 업체를 깎아내리는 것은 물론이고 직접적인 비교를 공시함으로써 상대를 열위로 만드는 행위를 포함한다. 물론 경쟁 관계에서 비교 자료를 전면 금지한다면 해야 할 말을 못하게 되는 상황도 있을 것이다. 그런 경우에 대해서는 '1년 만에 업계 1위 등극' 등 상대에 대한 직접 언급을 피하고 간접 비교를 통해 감정선 자극을 피하는 방법을 취하면 된다.

경쟁 업체 비방을 피하라는 이유는 결과적으로 이것이 '진흙탕 싸움'으로 이어지기 때문이다. 누군가는 그렇게 얘기할지 모른다. "경쟁은 일종의 전쟁인데, 진흙탕 싸움이라고 피하라고?" 피하는 것이 맞다. 진흙탕 싸움은 승자가 없는 싸움이다. 양쪽 모두에게 큰 상처가 남게 되기 때문이다. 그런 싸움을 왜 하겠는가? 진흙탕 싸움은 순간적인 분을 참지 못했거나 자존심을 이익보다 높게 평가한 결과다. 물론 자존심도 중요하고 기세 싸움이란 것도 있으니 때로는 물러서지 않는 것도 필요하다. 그러나 필요하고 정당한 경쟁이 아닌 진흙탕 싸움은 가능하면 피하는 것이 좋다. 경험에 의하면 싸움은 한쪽이 상대해 주지 않으면 시들해져 제풀에 꺾이는 법이다. 잠깐만 참으면 된다.

경쟁 업체를 비방하는 것은 실리적 손해 외에도 언론에게서 부정적 인식도 얻게 된다. 언론과 홍보맨들 사이에 존재하는 암묵적인 규칙 때문이다. 홍보맨이 '우리 잘났다'고 소리를 높이는 것은 홍보 업무 본연의 임무로 받아들여진다. 그러나 '상대가 못났다'라고 말하는 것은 열등감의 발로로 비춰진다. '자기 잘났다'고 할 거리가 없으니 남을 깎아내리는 것이라고 생각하게 되기 때문이다. 경쟁 업체 비방은 하지 않는 것이 현명하다.

'홍보의 3대 절대 금기 사항'에는 공통점이 있다. 이 행위 뒤에는 어마어마한 대가 혹은 후폭풍이 돌아온다는 것이다. 거짓말, 매체 차별, 경쟁 업체 비방만은 하고 싶어도 참아야 한다. 회사가 피해를 입기 때문이다. 그렇지만 지금 이 순간에도 이런 실수를 하고 다니는 홍보맨들이 있다. CEO라도 직접 저지해야 할 것이다.

이외의 금기 사항으로는 어떤 것이 있나?

이 밖에도 홍보 시 지켜야 할 금기 사항들이 있다. 두 가지 상황으로 나눠서 설명하려 하는데, 평상 시 업무에서의 금기, 위기관리 상황에서의 금기 순으로 살펴본다.

평상 시 업무에서의 금기 사항이다.

거만한 태도 너무나 당연해 보이는 금기 사항이지만 의외로 이런 태도로 욕을 먹고 있는 홍보맨들이 많다. 뻣뻣한 자세, 고개를 잘 숙이지 않는 태도, 상대를 무시하는 듯한 태도, 거만한 말투 등이 이 같은 유형에 속한다. 이렇게 얘기하면 누군가는 "홍보 일이 '을' 생활이라고 해서 꼭 굽실거릴 필요가 있나?"라고 반문할지도 모르겠다. 거만한 태도를 보이지 말라는 것이 굽신거리라는 얘기는 아니다. 오히려 지나치게 굽신거리는 것은 정보원으로서의 신뢰도를 떨어뜨리게 된다. 거만한 태도로 인해 홍보맨이 회사에 리스크가 된다면 홍보맨으로 적합하지 않을 것이다. 당연히 태도를 바꾸고자 노력해야 한다. 때로 사교성이 없고 부끄럼을 타는 성격이라 거만하게 보이는 사람들도 있는데, 이런 사람들은 웃는 얼굴이나 고개를 깊이 숙이는 연습을 통해서 성격을 보완할 수 있을 것이다. 홍보맨이라면 냉정한 머리와 뜨거운 가슴을 가져야 한다. 뜨거운 가슴은 표정에서 드러나는 법이다. 표정 연습이 필요하다.

호언장담 평상시 호언장담을 많이 하는 사람들이 있다. 이것도 금기 사항이다. 호언장담을 했을 때 이것이 어그러지면 의외로 큰 리스크가 될 수 있다. 홍보는 언사에 신중해야 하는 직업이다. 호언장담을 일삼다가 큰 코 다칠 수 있다. 또한 호언장담을 많이 하는 사람은 신뢰를 얻기 힘들다. 홍보맨이 기본적으로 추구해야 하는 가치가 '신뢰'라는 점을 기억한다면 더욱이 호언장담을 하지 말아야 한다. 호언장담과는 약간 차이가 있지만 '아는 척'도 금물이다. 홍보맨 중에는 본인이 능력 있고 가치 있는 정보원이라는 것을 인정받기 위해 지나치게 아는 척을 하는 사람들이 있다. 그러다가 때로 하지 말아야 할 얘기까지 털어놓는다. 심지어 숨겨야 할 얘기를 떠들어대는 사람도 봤다. 홍보맨은 입이 무거워야 한다.

적절치 못한 전화 응대 기자들로부터 가장 많이 들은, 후배 홍보맨들에 대한 불만은 전화를 안 받거나 답신 전화를 걸지 않는 것이다. 기자들이 급하게 취재를 하는데 홍보맨이 전화를 받지 않으면 불만과 화가 극에 다다를 수 있다. 사정이 있어 전화를 못 받을 수도 있다 치자. 그렇다면 빠르게 답신 전화를 해야 한다. 후배들에게 전화와 관련해 사실상 '강제하는 것'이 있는데, '통화 중 대기 서비스'를 해지하고 '캐치콜 알림 서비스'를 신청하라는 것이다. '통화 중 대기 서비스'를 이용하게 되면 통화 중일 때도 상대에게는 전화를 안 받는 것으로 오해를 살 수 있다. 필요 없는 오해는 줄여야 한다. '통화 중'은 '통화 중'으로 알게 하고, 대신 통화가 끝나자마자 전화를 해 준다면 오히려 상대가 고마워할 것이다. 기자들은 대개 성격이 급한 편이다. 속보를 내야 하는 상황들이 많아서라고 생각한다. 그러니 전화를 안 받거나 답신 전화를 안 하는 것은 홍보맨에게 금기 사항이다. 때로 응대가 곤란하면 일부러 전화를 안 받는다는 사람들도 있다. 직무유기다. 홍보맨이 응대하지 않으면 누가 응대하란 말인가? 이는 기사가 어떻게 나오든가 신경 쓰지 않겠다는 뜻이니 참으로 무책임한 행위다.

'보도 자료를 위한 보도 자료' 다른 말로 하면 '기사를 위한 기사'를 의도하는 보도 자료다. 홍보 일을 하다 보면 맹목적으로 기사를 만드는 것 자체가 목표가 되는 경우들이 종종 있다. 그러나 회사에 아무런 도움이 안 되는 기사들도 있다는 것을 알아야 한다. 모든 보도 자료에는 뚜렷한 목적의식이 있어야 한다. 그것이 결여된 보도 자료는 '일을 위한 일'이다. 홍보 업무에서 가장 많이 발생되는 잘못이기도 하다.

위기관리 상황에서의 금기 사항은 다음과 같다.

늑장 대응 때로 호흡을 길게 가져가야 할 상황이라 하더라도 위기 상황에서의 원칙은 즉시 대응이다. 세상은, 또한 기자들은 우리의 속도를 기다려 주지 않는다. 원치 않는 방향과 내용으로 기사가 나

버리고 나서 또는 여론이 조성되고 나서 수습하겠다고 아무리 빠르게 뒷북을 쳐 봐야 늦는다. 위기 대응의 원칙은 선제 대응이고, 늑장 대응은 금기 사항이다.

부정적 기사에 대한 대응 상황에서 기자의 감정을 건드리는 것

기사는 기자의 자존심이다. 설사 기자가 잘못된 내용의 기사를 썼다 하더라도 기자의 감정을 건드려서 도움이 될 것은 아무것도 없다. 때로 홍보맨 중에 기자에게 전화를 걸어서 다짜고짜 '당신이 쓴 기사가 틀렸다'느니 하면서 감정적으로 대응하는 사람들이 있다. 응대의 목표가 기사 수정 내지는 사실을 바로잡을 다른 기사를 원하는 것이라면 차분하게 기자의 공감을 얻어 내야 한다. 감정적으로 논리 싸움을 해 봐야 상황은 더욱 불리해진다. 팩트를 바탕으로, 이성적으로 대화를 하는 것이 좋다. 물론, 인간이니 화가 난 상황을 주체하기 어려울 수 있다. 그렇다 하더라도 응대의 목적을 생각해서 냉정하게 행동해야 한다. 만약 강한 대응이 필요하다 판단된다면 언론중재위원회로 가든가 법적인 대응을 하면 된다.

악성 소셜 미디어 유저에 대응하는 상황에서 말려드는 것

블랙 컨슈머나 악성 유저들은 의외로 많다. 이들의 목표는 상대를 자극해서 뭔가를 얻어내려는 것이다. 따라서 거짓말을 일삼기도 하고 다짜고짜 비방을 하면서 나쁜 기업으로 몰고 가기도 한다. SNS에서 개인 대 기업이 싸우는 경우 기업이 이길 확률은 사실상 제로다. 이런 악성 유저들에게는 무대응이 최선의 대응일 수 있다. 매우 사무적이고 공식적인 답변 정도로 응대하고, 회사를 자극하려는 언사들에는 답변을 하지 않도록 한다. 맥락을 모르는 제3자가 봤을 때 오해할 수 있는 말이나 어떤 식으로든 꼬투리를 잡힐 수 있는 단어는 절대로 사용하면 안 된다. 냉정하게, 사무적으로 응대하면 상대는 제풀에 나가떨어질 것이다.

보고 누락 CEO의 입장에서는 홍보 조직에 절대 준수 사항으로 주문해야 할 부분이다. 때로 일이 터졌을 때 혼날까 봐, 혹은 자기 힘으로 해결하겠다는 공명심으로 보고를 누락하는 홍보맨들이 있다. 그러나 그 결과 일이 더욱 악화되는 경우가 적지 않다. 순식간에 수습이 불가능한 최악의 상황이 될 수도 있다. 즉 홍보맨의 자의적인 판단은 금물이다. 조직적 차원의 혹은 최고 결정권자의 판단을 구하는 것이 원칙이다. 보고 누락 및 내가 해결한다는 공명심은 홍보의 절대 금기 사항이다.

비윤리적으로 자신의 존재감을 입증하는 행위 부정적 기사를 일부러 터뜨리고 이어서 수습을 함으로써 자신의 존재감을 입증하는 행위다. 실제 이런 행위를 필자는 몇 번이나 들었다. 아주 부도덕적인 행위일 뿐 아니라 자기 개인을 위해 회사에 손해를 끼치는 배임 행위다. 그런 홍보맨은 암적인 존재다. 절대 아무도 모를 것 같지만 결국은 밝혀진다. 뒷말로라도 사실이 돌게 되어 있다. CEO들이 절대 경계해야 할 유형이다. 때로 자리보전을 위한 어쩔 수 없는 행위라는 변명으로 이 같은 행위를 옹호하는 사람들도 봤다. '바른 것이 강하고, 정도가 아닌 사도는 오래갈 수 없다'는 진리를 다시 한 번 기억하자.

위에 언급한 모든 금기 사항 위반은 사실 목적의식의 부재에서 나온다. 목적의식을 투철하게 갖고 이를 항상 기억하면서 일한다면 이 같은 실수나 잘못들이 일어나지 않을 것이다. 결국 '홍보의 금기'라는 말은 '목적의식을 분명히 하라'는 표현으로 대체될 수 있을 듯하다.

위기관리의 성공 사례 vs 실패 사례

지금까지 위기관리에 관한 여러 가지 이론적 이야기와 필자의 경험 중심으로 설명을 전개했다. 지금부터는 사건 사고에 대응했던 여러 기업들의 위기관리 성공 및 실패 사례들을 살펴보려 한다. 계속적으로 말했지만 위기관리는 사전에 이뤄지는 것이 원칙이다. 그러나 세상의 어떤 기업도 돌발적인 사건과 사고까지 피할 수는 없다. 일단 사건 사고가 일어났을 때, 이에 제대로 대응하지 못할 경우 심하면 기업의 생명이 끝날 수도 있다. 그렇기 때문에 사건 사고에 대한 실제 위기관리 사례를 많이 알아 두는 것이 큰 도움이 될 것이다.

CEO가 직접 사과하고 수습하라

사건 사고가 발생했을 때, 진정성 있는 CEO의 사과와 사건 수습은 결정적인 도움이 된다. CEO가 직접 나섰다는 것은 해당 회사가 해당 사건에 매우 큰 의미와 비중을 부여하고 있다는 뜻이고, 사건 사고를 잘 해결하려는 의지가 매우 강하다는 것을 보여 주는 것이기 때문이다. 위기관리의 역사를 살펴보면 CEO가 몸소 나서 사건 수습에 성공한 사례는 매우 많다. 그중에서 몇 가지를 소개하려 한다.

2014년 2월 17일 저녁 8시 10분, 경주 마우나오션 리조트의 체육관 지붕이 무너져 10명이 사망하고 124명이 부상을 당하는 대형 참사가 일어났다. 원인은 설계 및 부실시공에 있었는데, 폭설에 쌓인 눈을 이기지 못하고 지붕이 무너지고 만 것이다. 당시 체육관에서는 한 대학의 신입생 환영회가 열리고 있었고, 미처 피하지 못한 학생들이 사고를 당하게 됐다. 거의 모든 언론이 사건에 대해 대서특필을 했고, SNS 역시 더없이 뜨거워졌다. 마우나오션 리조트는 코오롱그룹이 운영하는 시설이었는데, 운영 주체에 대한 비판도 줄을 이었다. 이때 코오롱그룹 이웅열 회장은 사고 소식을 접하고 즉각 행동을 취해 약 8시간 뒤인 새벽 5시경 현장에 도착했다. 도착 즉시 임시 빈소의 유가족들에게 깊이 사과하는 한편, 약 4일간 현장에 머물면서 사고 수습을 지휘한 것으로 알려져 있다. 또한 보상을 위한 사재 출연을 약속하며 진정성이 담긴 사과 자세를 보임으로써 사고 이틀 뒤인 19일 오전에 보상 합의에 이르는 등 이례적으로 빠른 수습이 이뤄졌다. 결과적으로 언론 및 여론도 CEO의 진정 어린 사과와 적극적인 사고 수습을 긍정적으로 평가했으며, 경주 마우나오션 리조트 사고는 CEO가 직접 나선 위기관리의 대표 성공 사례로 남게 되었다.

해외의 경우 말레이시아 항공사인 에어아시아 사고 수습이 CEO 위기관리의 대표 성공 사례로 언급된다. 2014년 12월 28일, 인도네시아 수라바야에서 싱가포르로 비행 중이던 에어아시아 여객기가 자바해에 추락했는데, 한국인 3명을 포함해 탑승자 162명 전원이 숨진 초대형 참사였다. 사고 소식을 접한 에어아시아의 CEO 토니 페르난데스는 발 빠르고도 진정성 어린 수습에 나섰다. 일단 사고 당일 수라바야의 사고 수습 본부에 도착, 유족을 위로하는 한편, 기자 회견 및 대중과의 직접 소통에 적극적으로 나섰다. 트위터를 통해 본인의 심경 및 의지, 수습 과정 등을 진정성 있게 또한 투명하게 공개하고 네티즌들과의 소통을 활성화했다. 또한 유가족들에게는 본인의 휴대폰 번호를 알려 주면서 직접 커뮤니케이션 통로를 열었다고 한다. 그리고 진심 어린 사과를 거듭하면서 본인이 책임지고 충분한 보상을 할 것이라는 의지를 표명하는 등 책임감 있는 CEO의 모습을 보여 줬다. 이에 고객과 유가족들은 그의 진정성을 받아들였고 사고는 비교적 원만하게 수습될 수 있었다. 이러한 책임감 있는 행보들은 긍정적인 신뢰 구축의 계기가 되었고, 이후 에어아시아가 일본과 인도까지 사업 영역을 확장하는 데 있어 큰 도움이 되었다고 한다.

미국 제트블루 항공의 사례 역시 CEO의 직접 사과와 커뮤니케이션으로 위기를 벗어난 사례다. 2007년 1월 7일 심한 폭설로 제트블루의 비행기가 9시간 동안 결항이 됐다. 승객들은 추위에 떨어야 했고 한 승객이 이를 유튜브에 올림으로써 언론과 네티즌들로부터 비난의 목소리가 쏟아져 나왔다. 이때 제트블루의 창업자이자 CEO인 데이비드 닐먼은 자신의 블로그와 유튜브에 사과의 메시지와 더불어 향후 같은 일이 발생했을 때의 보상책 등을 담은 이른바 '제트블루 고객권리장전'을 발표, 비난 여론을 잠재울 수 있었다. 이를 통해 제트블루에 대한 고객 충성도는 오히려 한층 더 강화되었다고 한다. 당시 불만 승객이 유튜브에 올린 동영상의 조회수가 10만 건이었는데, CEO 데이비드 닐먼의 사과 동영상 조회수가 30만 건이었다고 하니 그 진정성이 대중에 제대로 전달되었음을 충분히 엿볼 수 있는 장면이다. 제트블루의 사례는 SNS 위기관리에 있어 교과서적인 사례가 아닌가 싶다. 빠른 초기 대응과 진정성 있는 사과와 향후 대책 발표, 타깃에 맞춰진 대응 매체의 적절성 등 매우 모범적인 행보를 보였기 때문이다.

도미노 피자 사례도 제트블루 사례와 유사한 성공 사례다. 2009년 4월 도미노 피자의 한 매장 직원이 치즈를 콧속에 넣었다가 피자에 올리는 등 피자를 가지고 장난을 치는 동영상을 유튜브에 올렸다. 순식간에 SNS가 난리가 났다. CEO 패트릭 도일은 즉각 해당 직원을 해고함과 동시에 트위터와 유튜브를 통해 진정성 있는 사과를 단행했다. 덕분에 즉각적으로 비난 여론을 완화시킬 수 있었다. 이후 도미노 피자는 SNS 대응 전담팀을 만들어 유튜브와 트위터 등에 올라오는 도미노 피자 관련 불만들을 모니터하고 일일이 사과하는 시스템을 구축했다. NR의 선도적인 체계를 비교적 이른 시기에 갖춘 것이다.

사례들에서 본 것처럼 CEO의 적극적인 사과와 수습 노력은 사건 사고를 해결하고 여론을 긍정적으로 돌리는데 결정적인 역할을 한다. 단, 그것이 진정성이 있을 때에 한해서이다. CEO의 유감 표명에서 진정성이 느껴지지 않거나 수습 과정에서 책임을 회피하는 모습을 보인다든가 하는 것은 나서지 않느니만 못한 결과로 이어지게 될 것이다. 실제 역사를 돌아보면 CEO가 뒤늦게 나서서 수습을 하려다가 도리어 상황을 악화시킨 사례를 심심치 않게 만날 수 있다. 2010년 4월 일어난 심해 석유 시추 시설 폭발 사고에 대한 석유사 BP의 CEO 토니 헤이워드의 발언이 대표적인 실패 사례다. 그는 사고 이후 변명이나 거짓말로 대응을 하면서 결국 사고 수습도 어렵게 만들고 본인도 물러나게 되는 최악의 결론을 만들었다. 이 같은 상황은 사건이나 사고를 제3자의, 피해자의 입장에서 바라보기보다는 사고를 일으킨 주체의 입장에서만 바라보고 언급하기 때문에 일어난다. 당연히 사과나 입장 발표에 진정성을 느끼기 어렵게 된다. 이러한 태도에서 나온 발표는 자사 입장만을 대변하는 변명, 책임을 다른 곳으로 미루는 말, 숨기려는 시도, 거짓말 등의 유형으로 이어지게 되는데, 결과적으로 반드시 여론의 뭇매를 맞게 되어 있다. CEO의 입장에서는 항상 이러한 실수 및 잘못을 저지를 가능성을 염두에 두고, 다시 돌아보고 가리고 가려서 이야기하려는 노력이 매우 중요할 것이다. 특히, CEO가 유족과 대중 앞에 나설 때에는 말을 매우 가려서 신중하게 해야 한다. 민감해진 청자들이 단어 하나의 뉘앙스나 행간까지도 생각하면서 지켜보는 까닭에 약간의 말실수나 배려 없는 단어 선택도 큰 비난으로 이어질 수 있기 때문이다. 단순히 CEO 혼자서 욕을 먹는 것이 아니라 필시 회사 이미지의 추락이나 회사에 대한 비난으로 이어지므로 더욱 신중해야만 한다.

무엇보다도 솔직하고 신속하게! 필요하면 고통 감수도……

위기관리에서 가장 중요한 두 가지 지침을 꼽으라면 '솔직하게,' '신속하게'이다. 무언가를 감추려고 거짓말을 하거나 결단을 내리지 못하고 시간을 끄는 것은 대부분 나쁜 결과로 이어지게 된다. 이와 관련된 두 가지 반면교사 사례가 있다.

2009년 8월, 미국에서 도요타의 렉서스를 타고 가던 일가족 4명이 가속 장치의 결함으로 사망하는 사고가 일어났다. 이에 언론과 여론이 도요타 자동차의 결함을 지적하고 나섰으나 도요타는 부인으로 일관하며 운전자의 실수로 돌렸다. 이후 비슷한 사례가 계속 언급되며 비난이 거세지자 바닥 매트가 가속 페달에 끼어서 일어난 일이라고 주장했다. 그러나 계속해서 다시 반대 증거와 반론이 일어났고 결국은 가스식 페달에 문제가 있음을 인정하며 2010년 1월 대규모 리콜을 결정한다. 그러나 여러 번의 변명과 설득력 없는 부인으로 이미 신뢰를 잃어버린 후였다. 소비자들은 리콜 이후에도 여전히 단순한 페달의 문제가 아니라 브레이크와 소프트웨어의 근본적 결함이라는 주장을 끊임없이 제기했고 이는 도요타 브랜드에 치명적일 수밖에 없었다. 하여튼 이 같은 사태의 결과로 리콜 대상 차량은 전 세계 약 1000만 대에 이르렀으며 집단 소송 합의금만 12억 달러(약 1조 3000억 원)가 소요됐다. 벌금은 무려 40억 달러(약 4조 7000억 원)에 이른다. 천문학적인 숫자다. 문제는 그뿐만이 아니었다. 늑장 대응과 책임 전가, 변명 등에 따른 신뢰 실추와 이미지 추락은 이후 판매에도 영향을 미쳐 2009년 세계 1위로 미국 내에서 18.1%에 이르던 점유율이 11.6%까지 떨어지며 2015년 가을까지도 예전의 판매량을 회복하지 못하고 있다. 솔직하지도 신속하지도 않은 대응이 어떤 결과를 가지고 오는지를 적나라하게 보여 준 사례다. 다만 2009~2010년의 리콜 사태를 극복하려는 치열한 노력을 지속해 2015년 들어서는 급속 성장을 보여 주고 있다고 한다.

도요타 사건으로부터 6년 뒤, 이보다 더한 사건이 일어난다. 2015년 9월, 당시 세계 1위 자동차 회사 폭스바겐은 배기가스 조작 스캔들로 전 세계를 시끄럽게 만들었다. 폭스바겐이 주행 검사 시에만 정화 장치를 작동시키고 평소 주행 때에는 정화 장치를 꺼 유해 가스를 그대로 배출시킨 것이 발각된 것이다. 이는 자사 자동차의 디젤엔진이 기준치의 40배가량의 배기가스를 발생시킨다는 것을 숨기기 위한 것이었다. 폭스바겐은 이 같은 사실을 계속 부인하고 감추려 하다가 미국 환경보호청(EPA)이 2016년 디젤차 모델에 대한 증명서 발급을 거부하자 마침내 조작 사실을 인정했다고 한다. 이는 단순히 문제를 감추려한 것을 넘어 제조 단계 등에서 고의적으로 고객들을 기만했다는 점에서 충격적인 일이 아닐 수 없다. '정직'과 '클린 엔진'으로 대표되던 이 회사의 이미지와 정면으로 대비되는 사건이어서 그 여파는 더욱 클 것이라 예상된다. 이번 사건으로 전 세계 950만 대의 폭스바겐, 아우디 등의 차량이 리콜 대상이 된다고 한다. 전문가들은 이번 사태로 인해 250억 유로(약 33조 원)에서 330억 유로(약 43조 원)의 직접 손실을 입게 될 것이라고 예상하는데, 미국 내 벌금만 180억 달러(약 20조 원)에 이를 것이라 추산한다. 짐작컨대 폭스바겐이 저지른 '거짓말'의 대가는 회복할 수 없는 상처를 남길 것이다. 최초 문제가 발생되었을 때 이를 해결하지 못하고, 이후에는 이를 감추기 위해 거짓말과 기만으로 대응했던 결과가 어떤 재앙을 낳게 되는지 여실히 보여 주는 사례라 할 것이다. 물론 세상에 완벽한 자동차는 없다. 도요타도 폭스바겐도 리콜로 인한 경제적 피해와 이미지적 손실을 최소화하고자 이 같은 행동을 취했을 것이다. 그러나 위기관리에는 결단력이 요구된다. 필요하다고 판단되면 적지 않은 고통도 과감히 감수해야 하는 것이다.

솔직하고 신속한 위기관리, 그리고 과감한 고통 감수와 관련한 모범 사례가 있다. 위기관리를 이야기할 때마다 빠지지 않고 언급되는 '타이레놀 이야기'가 그것이다. 1982년 9월, 미국 시카고에서 타이레놀 복용 후 7명이 사망하는 사건이 일어났다. 수사 결과 소매상 유통 과정에서 누군가가 고의로 타이레놀 캡슐에 독극물을 삽입한 것으로 드러났다. 이에 타이레놀 제조사인 존슨앤존슨은 전국에 유통된 9만 3400병의 타이레놀 캡슐을 전량 수거하는 한편, 회장이 직접 TV에 출연해 안전한 조치가 취해질 때까지 타이레놀을 복용하지 말라고 계도하면서 회사의 조치를 설명했다. 또한 타이레놀 관련 직통 전화를 개설, 두 달 동안 3만 건의 문의 전화에 응답했으며 이후 단계적 진행 과정을 모두 개방, 투명한 직접 소통에 나섰다. 이러한 과정에 총 1억 달러의 비용이 소요된 것으로 알려져 있다. 이후 포장 공정의 변경을 통해 삼중 포장된 타이레놀을 출시했으며 1983년 초에는 예전 시장 점유율을 회복하는 한편, 신뢰와 책임감을 가진 회사로 굳건한 이미지를 획득하는 전화위복의 결과를 얻어냈다. 솔직하고 신속하면서도 적지 않은 고통을 감수한 위기관리가 어떤 결과를 가지고 오는지 여실히 느낄 수 있는 사례다.

이 같은 적극적인 리콜 조치로 자주 언급되는 또 하나의 사례가 있다. 2007년 여름, 완구 기업 마텔의 완구에서 납 성분 페인트가 사용되었다는 것이 밝혀졌다. 마텔은 OEM 방식으로 중국에서 생산된 제품이 문제였다고 솔직히 밝히며 신속히 1000만 개 이상의 완구를 리콜하는 한편, 부모들에게 리콜에 적극 협조해 달라는 영상을 내보내는 적극적 커뮤니케이션으로 위기를 원만히 해결할 수 있었다. 중국의 OEM 공장에 원인을 돌리는 한편, 비용 손실과 사건 처리에 대해서는 본인들이 책임을 지는 전략을 사용함으로써 법적 책임도 최소화하고 책임감 있는 기업 이미지도 획득하는 결과를 얻은 것이다. 이 같은 '꼬리 자르기' 전략도 솔직하고 신속하게 이뤄지면 제대로 통한다는 것을 보여 주는 사례다. 흔히들 '꼬리 자르기' 전략이 꼼수가 아닌가 생각하는 경향이 있는데, 이는 잘못된 생각이다. 적절한 선에서 꼬리를 자르지 않으면 본체가 피해를 보게 된다. 책임을 회피하는 인상을 주지 않는 경우라면 꼬리를 자르는 것은 위기관리에 있어 매우 유용한 전략이다.

국내에서도 이 같은 '꼬리 자르기' 전략으로 위기를 벗어난 사례가 있다. 2013년 4월 언론과 SNS를 떠들썩하게 만들었던 '라면 상무' 사건이 그것이다. 이는 포스코에너지의 임원이 대한항공 비행기 안에서 "라면이 짜다," "제대로 익지 않았다" 등의 트집을 잡으며 잡지로 승무원의 얼굴을 때린 사건이다. 당시 포스코는 해당 상무를 즉시 해임 처리함과 동시에 신속히 사과문을 발표함으로써 회사로까지 번질 수 있었던 비난 여론을 개인 차원의 문제로 전환할 수 있었다. 만약 소속 임원을 보호하기 위해 변명을 늘어놨다든지, 사과 조치가 늦어졌다든지 했다면 어떤 부정적인 결과로 이어졌을지 모를 일이다. 당시 '갑질'에 대한 전 사회적인 비판 분위기와 맞물려 이 사건에 대한 비난 여론이 매우 뜨거웠기 때문이다. 사실 '라면 상무' 사건은 대한항공 조현아 전 부사장의 '땅콩 회항 사건'과 매우 유사한 느낌의 사건인데, 한쪽은 조기에 수습이 잘 되었고, 한쪽은 사태가 엄청나게 커졌다는 것이 너무나 대조적이다. 솔직하고 신속한 조치가 위기관리에서 얼마나 중요한 것인지를 강하게 시사하는 대목이다.

chapter 4

CPR

별도의 관심으로 '회사'를 조명해야 한다

이 책의 첫 부분에서도 설명을 했지만, 홍보의 업무는 다양한 방법으로 분류할 수 있다. 방어냐 공격이냐에 따라 위기관리와 이슈 메이킹으로 나뉘고, 제품 홍보냐 회사 홍보냐에 따라 MPR(Marketing PR)과 CPR(Corporate PR)로 나뉜다고 했다. 또한 전통 매체를 활용하느냐 소셜 미디어 등 21세기 매체를 활용하느냐에 따라 PR과 NR로 나눌 수 있다. 어떤 분류 방식을 택해서 홍보맨들의 R&R을 선택하는가 하는 것은 각 회사의 선택 사항이다.

과거 몸담고 있던 회사는 홍보 조직이 꽤 방대한 편이었는데, 특이한 점은 MPR을 담당하는 팀들과 CPR을 담당하는 팀이 구분되어 있었다는 점이었다. 처음에는 이렇게 분리해서 일을 진행하는 것이 가능한가? 하는 생각이 들었다. 한 명의 기자에게 한 회사에서 MPR과 CPR을 얘기하는 홍보맨들이 각각 있다는 게 이상하고 비효율적으로 보였기 때문이다. 그러나 시간이 지나 체계가 잡혀가자 이것이 필요할 수 있겠다는 생각이 들기 시작했다. 시각차, 접근 방식의 차이 때문이다. MPR을 담당하는 홍보맨은 모든 사안을 상품 중심으로 본다. CPR을 담당하는 홍보맨은 모든 사안을 회사 중심으로 본다. 이에 경우에 따라 양쪽의 이해관계가 서로 반대 측면에 있는 경우가 생긴다. 상품 홍보를 극대화하다 보면 때로 회사 이미지에는 부정적일 수가 있고, 반대로 회사 이미지에 매진하다 보면 상품 홍보에 걸림돌이 되기도 한다. 담당자가 분리되어 있으면 양 진영에서 자기 입장을 담아 홍보하되 다른 진영의 논리를 보완하는 식으로 홍보하는 방식이 가능했다. 만약 한 사람이 양쪽의 입장을 충실히 반영해야 하는 상황이라면 아예 손을 못 대는 경우들이 꽤 생길 듯하다. 실무적으로는 기자들을 만날 때 양쪽 팀이 함께 나가서 각각의 영역에서 함께 커뮤니케이션하기도 하고, 경우에 따라서는 서로 보완 관계로 기능하면서 시너지를 냈다. 물론 대부분의 기업들은 하나의 조직에서, 때로는 한두 명의 홍보맨이 양쪽 기능을 다 수행해야 한다. 이러한 경우 상대적으로 CPR이 간과되는 것이 보통이다.

많은 CEO들이 직접 판매나 마케팅에 도움이 되는 MPR 위주의 홍보를 중요시 하는 한편, CPR의 중요성에 대해서는 상대적으로 폄하하곤 한다. 그러나 MPR이 돌격대라면 CPR은 후방 엄호 부대다. 엄호 없는 돌격은 무모하다. CPR을 업무적으로 또 조직적으로 별도의 관심으로 조명해야 하는 이유이고, 이 책에서 별도 장으로 구분하여 설명하는 이유이기도 하다.

CPR의 영역은 의외로 방대하다. CPR에서 수행하는 영역을 대략적으로 나열하면 최고경영진 관련 PI, 기업의 본질적 가치 홍보, 사회적 가치 홍보, 윤리 및 공익적 가치 홍보, CI를 들 수 있다. 각 영역별로 이슈메이킹과 위기관리 업무를 수행해야 하는 것은 물론이다.

우선 CEO 본인의 얘기이기도 하지만, 최고경영진 관련 PI(President Identity)다. 최고경영진의 이미지는 곧 회사의 이미지다. 최고경영진에 대한 부정적 이미지는 회사에 대한 부정적 이미지로 이어지고, 최고경영진과 관련된 정체성은 곧 회사의 정체성으로 이어지는 경우가 많다. 따라서 CPR을 맡고 있는 홍보맨이라면 최고경영진에 대한 PI를 항상 고민해야 한다. PI는 그 자체로 할 얘기가 많은 영역이기 때문에 여기서 언급하기보다는 이후에 따로 다시 설명하겠다.

다음은 기업의 본질적 가치 홍보다. 이 부분은 기업이 가진 본질적인 가치와 관련된 내용을 홍보하는 것으로, 수익을 창출하고 일자리를 창출하며, 글로벌 라이싱에 성공적이고 법을 준수하는 기업이라는 이미지를 지켜나가는 것이다. 이 항목에 해당된 내용들이 부정적이라면 사실상 그 기업은 존재 가치를 결여하고 있다고 봐도 과언이 아니다. 생각해 보라. 돈을 못 버는 기업, 일자리가 나오지 않는 기업이라면 그 외에 다른 가치가 무슨 소용이 있을까? 수년째 적자가 나는 기업이 영업 활동보다 봉사 활동에 더 열심이라면 과연 그 회사의 이미지가 긍정적으로 유지될 수 있을까? 주주의 입장에서, 고객의 입장에서 임직원의 입장에서, 다면적으로 바라봐도 긍정적이기는 어렵다. 즉 기업의 본질적 가치가 충족되지 않은 기업이라면 다른 부분에 대한 이미지 제고는 큰 도움이 되지 않는다. 특히 이 영역에서 준법이 중요한데, 법을 지키는 것은 기업의 본질적 가치다. 불법을 행하는 기업은 아무리 돈을 많이 벌고 좋은 일을 많이 해도 긍정적 이미지를 가질 수 없다. 따라서 불법과 관련된 위기관리는 홍보맨이 최우선적으로 수행해야 하는 업무다. 때로 불법을 행했다는 오해나 사소한 위반이 마치 어마어마한 문제인 것처럼 침소봉대되는 경우가 있는데, 이 경우 홍보맨이 '목숨을 걸고' 명예와 가치를 지켜야 하는 이유가 여기에 있다.

기업의 사회적 가치는 1990년대 들어 조명받기 시작한 부분이다. 이 영역은 사실 1990년대 이전만 하더라도 부가적, 부차적인 것이었다. 그러나 2000년대 이후 기업의 사회적 가치는 '지켜야 하는 가치'로 떠오르기 시작했다. 즉 2000년대 이후로는 필수 가치가 되어 지켜지지 않으면 비난을 받게 되는 영역이 된 것이다. 동반 성장에 위배된다든지, 환경 보호에 소홀하다든지, 지역 사회에 아무것도 기여하지 않거나 장애인 등 소수자 보호에 소홀했다든지 등의 얘기가 나오면 '나쁜 기업'으로 낙인찍히게 된다. 따라서 홍보맨들은 이 부분을 적극적으로 홍보할 필요가 있다. 기업의 본질적 가치의 경우 너무 노골적으로 홍보하면 '당연한 것을 자랑한다'고 역풍을 맞을 수 있다. 그러나 사회적 가치는 적극 홍보가 필요한 대상이다. 본질적 가치보다는 부가적이지만 관련 레퍼런스가 너무 없으면 부정적인 기업 이미지가 생길 수 있기 때문이다.

윤리 및 공익적 가치의 홍보는 조금은 부가적인 덕목이다. 기부를 한다든지 임직원 봉사 활동, 소외 계층 나눔 등 CSR 혹은 CSV 활동을 홍보하는 것이 이에 해당된다. 이와 관련된 활동은 홍보하지 않는다고 해서 욕을 먹지는 않는다. 오히려 너무 적극적으로 홍보하면 진정성을 의심받는다. '홍보를 목적으로 좋은 일 하는 척 한다'는 오명을 받기 십상이다. 따라서 매우 조심스럽게 홍보를 진행해야 한다. 홍보 없이 상당 시간 일을 진행시키고 어느 정도 성과나 시간이 누적되었을 시점에 계기를 잡아 홍보를 진행하는 것도 하나의 전략이다. 2~3년 정도가 적절한 누적 시간이 아닌가 싶다. 윤리 및 공익적 가치 홍보에 대해서는 뒤에 '기업 공익 캠페인'을 설명하면서 다시 다룰 것이다.

마지막으로 CI(Corporate Identity) 영역이 있다. CI 구축 작업은 상당히 방대한 작업이다. 회사의 이름부터 시작해서 로고 등 회사의 여러 가지 상징 체계, 경영 철학, 상품 포트폴리오 등 매우 여러 부분을 건드려야 하는 작업이다. 일반적으로 회사 로고 디자인 작업 등 CI의 일부 영역이 CI 전체로 오인되고 있다. 그러나 CI를 한마디로 압축하면 회사에 이미지를 입히는 작업이다. 그것은 명사가 될 수도 있고, 형용사가 될 수도 있다. 예를 들어 CJ라면 '문화 기업적인 이미지'를, 애플은 '혁신과 유저 친화적 이미지'를 추구한다. 그 이미지를 완성하기 위해서 로고도 바꾸고 각종 상징 체계도 섬섬하고 하는 것이다. 다만 CI는 일반적으로 홍보의 영역을 넘어가기 때문에 이 책에서 자세히 다루는 것은 적절치 않아 보인다. 경영 철학의 내용도 다뤄야 하고 실무적으로는 디자인적 요소들도 개입되어야 하는 작업이기 때문이다.

CPR은 어떻게 진행하나

우선은 방향 설정부터 해야 한다. 즉 회사적 니즈를 먼저 찾아내야 한다. 회사에 어떤 이미지가 급한지, 또한 중장기적으로는 어떤 이미지를 가지고 가야 하는지에 대해 방향을 설정하고 이에 대한 회사적 합의가 있어야 한다. 예를 들어 오리온의 경우 2015년 초에 CPR의 방향성을 크게 세 가지로 잡았다. '지속적 혁신'(소비자, 주주, 임직원 만족을 위한 개혁), '성공적 글로벌화,' '즐겁고 젊은 기업'이 그것이다. 그리고 부가적으로 CSR 활동에 대한 중장기적 전략을 세워가기로 했다. '지속적 혁신'은 본질적 가치와 사회적 가치를 담고 있고, '성공적 글로벌화'는 본질적 가치, '즐겁고 젊은 기업' 이미지는 CI와 관련된 영역의 것이다. CSR에 대해서는 중장기적인 활동으로 성과가 누적되는 것을 지켜보면서 적절한 홍보 시기를 모색하는 전략이다. 이렇게 정리한 후 최고경영진의 동의를 얻었다. 방향성에 있어 회사의 합의를 얻은 것이다. 방향 설정을 하는데 있어 한 가지 중요한 점은 니즈가 있다고 해도 실체를 고려해서 방향을 잡아야 한다는 점이다. 아무 실체가 없는 내용을 단순히 의지만 가지고 방향으로 설정한다면 홍보가 아니라 허풍이 될 것이다.

방향 설정이 이뤄졌다면 구체적으로 연간 플래닝을 해야 한다. 각 항목별로 구체적인 아이템을 잡고 매체 전략도 짠다. 필요하다면 3개년 계획 정도를 잡아 보는 것도 좋을 것이다. CPR은 지속적으로 이루어져야 효과를 볼 수 있다. 상품보다 상대적으로 수용자 민감도가 떨어지기 때문에 홍보 체감 효과가 MPR의 1/10 정도라고 봐야 한다. 또한 CPR

아이템은 상대적으로 전체 릴리스가 어려운 아이템이 많다. 특정 사건이나 이벤트를 홍보하는 것이 아니라 기업의 필요에 의해 이미지를 홍보하는 것이기 때문이다. 그래서 아이템 도출이나 피칭 등이 까다롭다. 물론 오리온의 '착한 포장'처럼 구체적인 활동 내역과 연계된 홍보라면 한결 수월할 수도 있다. 이외의 경우에는 아이템을 잡고 이런저런 기업의 활동이나 모습을 모아 그림을 완성시키는 작업을 해야 한다. 예컨대 '성공적 글로벌화'에 대한 것이라면, '현지화에 성공한 기업,' '각 국가에 맞게 상품을 글로벌화하려는 노력,' '글로벌 실적 현황,' '해외 소비자들의 해당 기업에 대한 반응' 등의 아이템들을 도출한 후에 각 아이템에 맞는 사례들을 수집, 집대성해야 한다.

이런 작업 이후에는 기사화를 위한 '계기'도 만들어야 한다. 만약 특정 매체가 기획 취재로 중국의 우리나라 기업들을 다룬다고 한다면 적극 협조해서 기업이 필요로 하는 내용들이 게재되도록 할 수 있을 것이다. 경우에 따라서는 특정 매체를 해외 현지로 보내는 것도 방법이지만 이 경우 타 매체와의 관계에서 문제가 일어날 수 있기에 별로 권할 만한 방법은 아닌 듯하다. 이처럼 스트레이트성 보도 자료를 내기 어려움에도 끊임없이 기획 기사를 발굴해 지속적이고 주기적으로 홍보를 해야 효과를 볼 수 있기 때문에 CPR은 매우 어려운 작업이다.

CPR을 진행하는데 있어 타깃도 고려해야 한다. 오피니언 리더들에게 의미 있는 내용, 소비자에게 다가가야 할 이미지, 아니면 때로 임직원을 타깃으로 한 내용일 수도 있다. 정해진 방향성 내에서 아이템별로 타깃에 대한 고려를 함께하면서 컨셉을 정교화해 나가야 한다. 매체적으로 대개 CPR은 언론 매체를 활용한 활동이 주를 이룬다. 그러나 2010

년 이후에는 이러한 양상도 변화하고 있다. 타깃에 따라서 SNS나 블로그, 카페 등이 더 효과적인 채널일 수 있기 때문이다. 예를 들어 회사의 계획과 관련한 임직원들을 타깃으로 한 아이템이라면 블로그에 올려 인트라넷으로 공유하는 것이 오히려 더 적절할 수 있다. 기사화를 하면 메시지가 원하는 바와 달라질 수 있고 자세하게 게재하기도 어렵기 때문이다. 차라리 정제된 메시지를 담아 사외보의 느낌으로 직접 전달하는 것이 더 효과적일 것이다.

NR 영역의 CPR

앞에서 이야기했듯이 2010년대 이후에는 NR 영역의 CPR, NR 차원의 CPR에 대해서도 많은 고민을 해야 한다. 일반 대중뿐 아니라 오피니언 리더들의 모바일, 인터넷 미디어 활용도 활발해지고 있으므로 이러한 필요성은 더욱 증가하고 있다.

NR 영역의 CPR로 가장 중요한 것은 무엇보다도 'SEO(Search Engine Optimization)'이다. 기업명을 검색 엔진에 넣었을 때, 또 CEO의 이름을 넣었을 때의 검색 결과에 대해 홍보 담당자들은 매우 민감하게 모니터하고 관리해야 한다. 소비자이든, 주주 혹은 투자자이든, 임직원이든, 구직자이든 그 기업에 관심이 있는 사람들은 주기적으로 포털사이트에서 검색을 해 본다. 이때 도출되는 결과를 가지고 그 기업에 대한 일차적 평가를 하게 된다. 가장 관심이 많은 사람들에게 형성된 이미지는 곧 그 기업의 이미지를 대변하게 될 것이다. 이는 정책 입안자나 규제 기관, NGO 등 다양한 오피니언 리더들에게 영향을 미치게 되므로 실제 회사 경영에도 큰 영향을 미치게 된다. SEO가 이처럼 광범위하게 영향을 미치기 때문에 세심하게 관리해야 한다는 것이다.

부정적인 SEO 결과에 대해서는 적극적으로 대응을 할 필요가 있다. 언론이나 파워 블로거 등 빅 마우스를 대상으로 기업의 활동을 적극적으로 알리는 한편, SNS 공식 계정을 통해 대중과 지속적으로 직접 소통함으로써 오해를 줄이고 인정과 이해를 얻어야 하는 것이다. 이러한 활동들이 결국은 기사, 블로그, 카페, 웹문서 등으로 확산되게 되므로 적절한 SEO를 구성하는 데 큰 도움이 된다. 또한 공식 블로그에는 기업 관련 긍정적 포스트를 꾸준히 올리면서 있을 수 있는 부정적 포스트에 대응한다.

인터넷과 모바일, SNS에서의 기업 관련 여론은 일종의 기세 대결이라고 볼 수도 있다. 이에 적극적으로 기업을 대변해 줄 수 있는 세력을 형성하는 것도 좋은 방법이다. 적극적으로 '네티즌 관계'를 맺는 것이다. 과거 필자가 근무하던 회사에는 '소셜 기자단'이란 것이 있었다. 이는 매년 수십 명의 파워 블로거, SNS 유저들을 모집하고 이들에게 취재 기회를 제공하는 한편, 저작권이 해결된 이미지나 영상 등을 제공함으로써 상품 및 기업과 관련된 긍정적 메시지와 결과물이 나오도록 유도하는 것이다. 이는 언론에 가끔 등장하곤 하는 대가성 포스팅과는 다른 개념이며 직접적인 금전적 보상 없이 관계를 형성하는 방법이다. 이와 관련해 MPR 소셜 기자단과 CPR 소셜 기자단을 별도로 운영했다. 양 집단에서 모두 의미 있는 성과들을 수도 없이 도출해 낼 수 있었다.

NR 영역에서의 CPR은 아직은 개발 대상 영역이다. 최근 들어 인터넷 모니터링 업체들을 중심으로 조금씩 관련 영역에 대한 서비스들이 개발되고 있지만 아직은 초보적인 수준이다. 물리적으로 SEO를 지원하는 정도의 차원일 뿐 좀 더 체계적으로 CPR을 수행하는 수준에는 미치지 못하고 있다. 결국 기업의 소셜 미디어 공식 계정, 공식 블로그 등을 통해 끊임없이 대중과 소통하는 한편 적극적인 '긍정 세력,' '친구 집단'을 만들어 가는 것이 답이 아닐까 싶다. 다만 이 과정에서 '돈으로 해결하려는' 시도는 적절치 않다. 임시적 미봉책이 될 것이 뻔하기 때문이다.

CEO의 이미지 관리, PI

리더의 이미지를 통해 기업의 이미지를 만들어 간다

PI(President Identity)는 기업 혹은 조직의 최고경영자나 리더의 대중적 정체성과 이미지를 만들어 가는 작업이다. 최고경영자의 이미지는 곧 그 회사의 이미지다. 최고경영자가 공개 석상에서 하는 말, 행동, 이미지 등은 회사의 매출에도 직접적인 영향을 미친다. 그렇기에 최고경영자의 이미지는 관리되어야 한다. 그러나 말이 쉽지, 최고경영자의 이미지를 관리한다는 것은 매우 어려운 일이다. 최고경영자는 인간이기 때문에 완벽하게 통제한다는 것이 쉽지 않기 때문이다. 그럼에도 최고경영자의 이미지는 관리되어야만 하고, 실제 제대로 된 PI 로드맵과 최고경영자 자신의 노력이 따른다면 '바람직한' 이미지를 만들고 관리할 수 있다. 그럼 어떤 식으로 PI 로드맵을 만들어야 하며, 어떤 식으로 이미지를 만들어 가야 하는 것인지 살펴보도록 하자.

여러 차례 강조해 왔듯이 PI에서도 가장 중요한 것은 목적과 타깃, 컨셉이다. 우선 PI를 진행하는 목적이 무엇인가를 명확히 해야 한다. '최고경영자에 대한 긍정적인 이미지를 구축한다' 따위의 모호한 목적으로는 명확한 로드맵을 그려 나갈 수가 없다. 무엇을 위해 이 작업을 해야 하는 것인지를 명확히 정의해야 한다. 이것은 회사의 비즈니스 성격과 환경적 상황에 따라서 달라질 것이다. 어떤 회사는 강한 카리스마를 지닌 리더를 통해 주주나 비즈니스 파트너 등에 신뢰를 주고자 할 수 있을 것이다. 어떤 회사는 부드러운 리더십을 보여 주어 인간적이고 동행하고 싶은 기업 이미지를 만들어 가고자 할 수도 있다. 때로 창의성 넘치는 기업 이미지를 만들기 위해 최고경영자의 이미지를 활용할 수도 있을 것이다. 이는 기업의 필요와 가진 역량, 비즈니스 영역에 따라 천차만별이 될 것이라 본다. PI의 목적과 그 목적을 이루고자 하는 타깃을 정한 후에 이에 맞춰 컨셉을 결정한다. 컨셉은 '해당 최고경영자를 정의하는 한 문장'이라고 생각하면 된다. 가능하면 구체적으로 정의해야 하며 명확하게 연상이 가능하도록 기술해야 한다. 예를 들어 이런 식이다. '인간적이지만 이성적인 판단력을 가진, 때로는 아저씨 같고 때로는 무한히 신뢰하고 싶은 리더로, 21세기형 링컨의 재현.' 이때 중요한 것은 해당 최고경영자의 실체를 통해 구현할 수 있는 컨셉이어야 한다는 점이다. 최고경영자와 완전히 다른 이미지를 컨셉으로 정해 놓고 억지로 구현하는 것은 불가능하다. 기업의 이미지도 실체와 다르면 만들어 가는 것이 어려운데, 하물며 사람이라면 어떻겠는가?

컨셉이 정해졌다면 이를 기반으로 최고경영자의 모든 것을 거기에 맞출 수 있게 만들어야 한다. 말투, 표정, 어휘, 행동, 손짓 등 커뮤니케이션 요소부터 스타일, 복장, 걸음걸이, 기호, 취미 등 행위적 요소까지 말이다. 물론 모든 것을 컨셉에 맞게 하기는 어려울 것이다. 적어도 공개 석상이나 매체에 노출되는 부분만이라도 최대한 얼라이닝시킬 수 있도록 노력하자.

우선 전문 스타일리스트의 도움을 받아 의상과 헤어 등에 변화를 준다. 스피킹 전문가의 도움을 받아 대화 방식, 말투 등에도 변화를 줘야 한다. 적어도 공개 석상에서는 이를 반드시 따라야 한다. 이를 바탕으로 프로필 사진도 새로 찍고 이를 공식적인 모든 노출에 활용하도록 한다. 등록되어 있는 공식 사진을 모두 새로운 프로필 사진으로 바꾸고 포털 검색 결과가 컨셉에 맞게 도출되고 있는지(SEO)도 고려하자. 사진, 동영상, 블로그, 카페 등 모든 검색 결과들이 컨셉에 부합하도록 하나씩 최적화해 나가야 한다.

여기까지 했으면 진짜 PI를 하기 위한 기본이 갖춰진 것이다. 이제 컨셉을 중심으로 대중의 이미지와 인식을 '창조'해 보자.

사람이 어떤 사람을 인식하는 데 가장 결정적인 두 가지를 꼽으라면 '첫인상'과 '그 사람에 대한 스토리'라고 할 수 있다. 우선 대중적 첫인상을 만들어 보자. 대중적 첫인상을 만들어 가는 방법은 여러 가지가 있다. 유리한 것을 선택하면 된다. 우선 가장 손쉽게 시도할 수 있는 방법은 인터뷰다. 잡지나 신문 인터뷰를 통해 조금은 정제된 첫인상을 만들 수 있다. 당연히 철저한 준비가 필요할 것이다. 어떤 이야기를 할 것인지, 어느 시점에 단행할 것인지, 어떤 모습을 보여 줄 것인지 등등. 나가는 매체의 선택도 중요하다. 매체의 정치적 성향이나 대중성도 고려해야 한다. 인터뷰 외에 대중적 첫인상을 만들 수 있는 방법으로는 강의, 연설, 시상식 참여 등이 있다. 이외에 대중적 첫인상을 만들기 위한 이벤트를 기획할 수도 있다. CSR 이벤트라든지 회사 관련된 대형 이벤트를 통한 간접 노출도 가능하다. 당연히 여러 가지 방법을 혼용할 수도 있다. 다만 너무 많은 노출은 의도된 이미지를 만들어 가는 데 방해가 될 수도 있다는 점을 기억하자.

첫인상과 더불어 혹은 더 강하게 사람에 대한 인식을 형성하는 것은 '스토리'다. 스스로 특정인에 대한 이미지가 명확하지 않았다면 '스토리'의 영향은 더욱 강력하다. '스토리'는 만들 수 있다. 에피소드를 창출한다든지 뭔가 긍정적인 사건을 만들어서 이를 사람들 사이에서 화제가 되도록 만든다. 언론을 활용하는 것도 하나의 방법이다. 이와 관련해 2015년 여름 신규 면세점 선정 과정에서의 호텔신라 이부진 사장의 행보는 귀감의 사례다. 면세점 선정 발표 전날, 담당 직원들을 만나 "뇌년 낭신늘 넉, 벌어지면 내 탓이니 걱정하지 말라"고 얘기했고 이는 언론을 타고, SNS를 타고 순식간에 확산됐다. 전날 발표 결과를 알았던 것인지 알 수는 없으나 공식적으로는 격리된 심사위원들 외에 아무도 결과를 알 수 없었던 상황이었기 때문에 '멋진 덕장의 면모'를 보인 것으로 평가를 받았다. 최근에 시도된 어떤 PI 활동보다도 멋진 활동이 아닌가 하는 생각이다. 이로 인해 이부진 사장이 얻은 '믿음직한 리더'로서의 이미지는 천문학적인 돈으로도 바꿀 수 없는 가치로 평가될 것이다.

앞의 사례에서도 보았듯이 사람에 대한 이야기는 매우 빠르게 확산

된다. 특히 적절한 스피커를 확보해서 확산을 유도하면 손쉽게 이미지를 만들어 갈 수 있을 것이다. 물론 이 역시 컨셉과 맞게 해야 한다. 부드러운 이미지와 덕장의 면모를 컨셉으로 정해 놓고 냉정한 행보의 에피소드를 회자시킨다든가 한다면 페르소나를 구축하는 데 반드시 실패하게 될 것이다. 한번 형성된 '스토리'는 굉장히 오랫동안 회자된다. 따라서 매우 신중하게 생성해야 한다.

그 사람을 상징하는 무언가를 설정하는 것도 이미지 형성에 크게 도움이 될 수 있다. 상징하는 색이 될 수도 있고 사물이나 동물이 될 수도 있고 역사적 인물이 될 수도 있다. 컨셉을 강화하고 완성할 수 있는 것으로 상징 체계를 형성하면 된다. 비슷한 맥락에서 별명을 붙일 수도 있다. 버크셔 해서웨이의 CEO 워런 버핏의 경우 '투자의 귀재'라는 별명을 가지고 있다. 누가 그에게 이 같은 별명을 붙였는지는 알 수 없지만 그는 이 별명에 걸맞은 행보를 이어감으로써 그 별명에서 오는 신뢰감을 본인의 사업 영역에 활용하고 있다. 신문 배달 소년이 세계적인 투자자로 거듭났다는 '스토리' 또한 그의 이미지를 강화하는 데 큰 도움이 되었음은 더 말할 필요도 없다.

이러한 방식으로 초기 이미지를 생성한 이후로는 지속적으로 관리를 해 나간다. 사실 사람에 대한 이미지는 생성하는 것보다 유지해 나가는 것이 더 어렵다. 형성된 이미지의 컨셉과 상반된 사건이 일어날 경우에는 이미지가 급격하게 무너지기 때문에 긴장을 늦춰서는 안 된다. 때로는 세월과 시대의 변화에 따라서, 타깃의 반응에 따라서 컨셉에 변화를 줄 수도 있다. 다만 목적에 맞는 선에서 변화를 줘야 할 것이다. 이 경우 자칫 만들어 놓은 기존의 이미지가 부정적으로 바뀔 수 있으므로 변화를 줄 때는 매우 신중하게 진행해야 한다.

PI－위기관리를 통해 기업을 구해라

PI에서도 위기관리가 필요하다. 만들고 유지하는 것으로 정리된다면 그나마 PI가 용이하지 않을까 싶다. 그러나 이 세상에 어떤 사건 사고도 겪지 않는 사람들은 없다. 개인적인 스캔들부터 시작해서 경영권 분쟁 등에 휘말리는 사건까지, 이러한 사건 사고의 상황을 어떻게 극복하고 정리해야 할 것인가가 또한 중요한 PI의 영역이다.

PI의 위기관리가 각별히 중요한 것은 CEO의 긍정적 이미지를 통해 기업의 긍정적 이미지를 만들어 가는 것과 반대로 CEO의 부정적 이미지가 기업에 치명적인 상처를 주기 때문이다. 2015년 여름부터 이어진 롯데그룹의 경영권 분쟁은 기업에 치명적인 영향을 미쳤다. 시가총액이 2조 원 정도 증발하고 곳곳에서 불매운동도 일어났다. 경영진의 부정적 이미지가 기업에 어떤 영향을 주는가를 적나라하게 보여 주는 사례다. 다시 말해서 PI의 위기관리는 CEO의 이미지를 회복하고 나락으로 떨어지는 것을 막는 활동일 뿐만 아니라 기업의 이미지가 실추되고 기업 활동에 장애가 되지 않도록 하는, 즉 기업을 구하는 활동인 셈이다.

PI에서의 위기관리도 앞에서 설명한 위기관리와 크게 다르지 않다. 가장 중요한 것은 위기 상황을 만들지 않는 것, 혹은 위기 원인들을 제거하는 것이다. CEO의 어떤 생활 태도나 취미 같은 것이 구설수에 오를 가능성이 있다면 직언을 통해 이를 제거해야 한다. CEO들은 이러한 직언을 해 줄 수 있는 사람을 반드시 주위에 두어야 하며, 이러한 '직언자'는 기업 경영 활동의 모든 면에서 필요하다.

PI 담당자가 위기가 있다는 자체를 모를 수도 있다. PI가 어려운 것은 관리 대상이 기업이나 상품이 아니라 사람이라는 점이다. 그 사람의 개인사를 모두 파헤칠 수도 없고, 속속들이 알고 있을 수도 없다. 당연히 CEO에게 어떤 개인사가 있는지 모르는 부분이 더 많을 것이다. 따라서 찌라시나 시중에 도는 소문을 접했을 때 이를 CEO 본인이나 이를 알 만한 사람을 통해 반드시 확인해 보아야 한다. 위기관리에서 위기 상황을 접했을 때 가장 먼저 행해야 하는 것이 팩트 파인딩이라는 점과 다르지 않다. 팩트 파인딩이 어느 정도 됐으면 대응 전략과 메시지를 만들어야 한다. 우선 무언가 행동을 취할 것인지, 아니면 모르쇠로 일관할 것인지부터 결정해야 한다. 어떤 대답도 구설수를 만들 만한 일이라면 노코멘트도 하나의 전략이 되겠지만 이럴 경우 세간에서 마음대로 해석해 소문이 나는 것을 각오해야 한다. 팩트와 다른 부분에 대해서는 때로 단호한 조치도 필요하다는 얘기다. 말했듯이 사람과 관련된 이야기들은 순식간에 소문이 확산되기 마련인지라 일찍 그 고리를 끊지 않으면 언제까지 어떤 식으로 확산될지 알 수 없다. 대부분의 경우 이른 시기에 조치를 취하는 것이 바람직하다.

범법 등 팩트상 변명의 여지가 없는 사안에 대해서는 진심으로 사과 혹은 사죄하고 할 수 있는 가장 강한 행동 조치를 취하는 것이 좋다. 이러한 상황에서 억울함을 토로한다든지 변명을 늘어놓는다든지 하는 것은 결코 도움이 되지 않는다. 팩트와 다른 부분 외에는 무조건 인정하고 숙이고 들어가는 것이 그나마 인정에 호소하는 여지를 남기는 방법이다. 일반적으로 기업이나 상품과 달리 사람의 경우 좀 더 감정적인 여론이 형성된다. 이에 용서를 비는 태도로 공감을 얻는 것이 중요하다. 어차피 인정받을 수 없는 부분에 대해서 변명을 늘어놓는 것은 상황을 악화시키기 마련이다. 조금 억울하더라도 일단은 고개를 숙이는 것이 결과적으로 더 많은 것을 얻는 방법이다.

PI의 위기관리에서 특히 중요한 것은 사후 처리다. 대중은 그 사람이 이후 어떻게 행동하는가를 면밀히 지켜볼 것이다. 반성의 기미가 보이지 않는다든가 자중하지 않는 모습을 보이면 곧 큰 비판의 목소리가 쏟아질 것이다. 또한 무언가 반성의 결과적 행위도 있어야 한다. 사회봉사, 기부, 선행, 경영 기업의 변화 등이 그것이다. 아무도 모를 것 같지만 대중은 안다. 특히 SNS의 시대에는 결국 다 알려지게 될 것이다. 이에 사후 행동 전략도 중요하다. CEO의 경우 다소 불편하고 힘겹더라도 출구 전략을 잘 수행해야 한다. 그래야 본인의 이미지 회복도 가능할 것이고, 기업에 대한 피해도 최소화시킬 수 있을 것이다.

PI에 대한 개괄적 설명은 여기까지다. PI는 각론으로 들어가면 매우 방대한 영역이다. 이미지를 형성하는 상징 체계라든지 복장이나 스타일을 통한 이미지 구축까지 이야기한다면 책 한 권으로도 모자랄지도 모른다. 더 큰 관심이 있거나 필요가 있는 사람이라면 별도의 책을 살펴보기를 권한다.

기업 공익 캠페인은 구시대 유물이다?

기업 공익 캠페인은 1990년대까지만 해도 홍보의 가장 중요한 영역 중 하나로 조명을 받던 분야였다. 요즘의 개념으로 보면 CSR 활동이 홍보의 영역이었던 셈인데, 전문 영역으로 자리를 잡은 현재와 비교하면 조금은 다른 느낌이다. 그러다 2000년대 들어 CSR(Corporate Social Responsibility) 영역이 기업의 사회적 책임이란 이슈와 맞물리면서 본격적으로 조명을 받기 시작했다. 이에 공익 광고나 공익 캠페인 진행에 주력했던, 즉 지극히 인식과 이미지 제고적이었던 활동이 전문적인 CSR 활동으로 발전하기 시작했다. 그 이후로 다시 한 단계 더 업그레이드되어 CSR이 CSV(Creating Shared Value)로 진화하면서 경영의 영역으로 나아가기 시작한다. CSR과 CSV의 차이를 잠깐 언급하자면, CSR이 개발도상국에 신발을 사 주는 것이라면, CSV는 개발도상국에 신발 공장을 짓고 신발 제조 기술을 이전함으로써 상호 윈윈 관계를 만드는 것을 말한다. 즉 CSV는 단순히 돕는 것이 아니라 돕는 기업도 이익을 얻음으로써 지속적이고 장기적인 지원이 가능하도록 만드는 방법이다. 이에 단순히 홍보나 사회 공헌 차원이 아니라 기업의 경영 영역으로 진화하게 된다.

이러한 사정으로 기업의 공익 캠페인은 과거와 위상이 달라졌다. 과거와 같이 많은 비용을 들여서 홍보 캠페인을 유지하는 것은 현실적으로 어려워졌다. 또 홍보의 단독 영역이라기보다는 CSR 내지 CSV와 함께 공조해서 진행하는 경우가 많아졌다. 또한 기업보다는 지자체나

NGO들이 많이 구사하는 활동으로 여겨지고 있다. 그럼에도 CPR적인 가치를 따져 볼 때 공익 캠페인은 그냥 버리기에는 아까운 도구다. 이에 여기서는 간단하게 짚어 보고 가능성을 확인하는 정도로 마무리할까 한다.

기업의 공익 캠페인은 주로 소외 계층 지원이나 환경 보호, 어린이 및 청소년 활동 지원 등의 CSR 활동과 연계해서 진행한다. 또한 최근에는 예술 지원 사업인 메세나 활동이 새로운 기업 공익 캠페인의 영역으로 부상하고 있다. 유한킴벌리가 1984년부터 진행 중인 '우리 강산 푸르게 푸르게' 캠페인은 우리나라의 대표적인 기업 홍보 캠페인으로 꼽히는 사례이다. 이 캠페인이 우리나라의 대표 기업 홍보 캠페인으로 꼽히는 이유는 오랫동안 지속해 왔다는 점, 나무를 베어서 제지를 만들 수 밖에 없는 기업의 약점을 오히려 강점으로 승화시켰다는 점 때문이다. 여기서 기업 홍보 캠페인이 가져야 하는 두 가지 요건을 엿볼 수 있는데, 이는 '장기간 지속성'과 '명확한 컨셉'이다. 공익 캠페인 역시 목적, 목표, 타깃, 컨셉, 전략을 갖춰야 함은 말할 것도 없다. '명확한 컨셉'에 대해서는 홍보 플랜에서 가장 중요한 점이라고 이야기한 것의 연장선상에서 이해하면 된다. 그런데 공익 캠페인의 경우 거기에 하나 더 추가되는 것이 '장기간 지속성'이다. 이는 사실 CSR 활동이 갖는 요건이라고 볼 수 있다. 사람들은 잠깐 하고 마는 CSR 활동을 인정하지 않는다. 아니 오히려 부정적으로 본다. 단기간 활동은 홍보를 위해서 진행하는 생색내기 활동이고, 진정성이 결여된 것이라고 생각하기 때문이다.

조직적으로 기업 공익 캠페인을 가장 잘 진행하고 있는 그룹은 SK라고 생각한다. 결식아동 돕기 캠페인, 직업 교육 사업, 겨울철 나눔 사업, 보금자리 나눔 사업 등 15년이 넘는 시간 동안 여러 가지 공익 캠페인을 진행해 왔다. 또한 베트남에서 1996년부터 '베트남 얼굴 기형 어린이 무료 수술 사업'을 진행해 오는 등 해외 공익 캠페인도 지속적으로 진행하고 있다. '사회적 문제 해결'이라는 컨셉을 중심으로 장기간 지속적 캠페인을 진행함으로써 사회적 기업의 이미지를 지속적으로 쌓아 나가고 있는 좋은 사례다.

기업 공익 캠페인의 형태는 아니지만, LG그룹 역시 사회의 여러 헌신적인 인물들에게 지속적으로 위로금을 전달하면서 좋은 이미지를 축적해 나가고 있다. 순직 소방관이나 경찰관, 군인 등 공공 영역에서 사회에 희생적으로 헌신하는 인물들을 지속적으로 치하하거나 위로하면서 긍정적인 이미지를 쌓아 나가고 있는 것이다. LG의 경우 관련 홍보를 크게 눈에 띄지 않게 적절히 진행하는 세련됨으로 공익 캠페인 이상의 효과를 얻어 나가고 있다. 지속성과 컨셉의 승리다.

이외에도 국내 대부분의 기업들이 지속적으로 공익 홍보 캠페인을 전개하고 있다. 그런데 공익 홍보 캠페인에서 한 가지 주의할 점이 있다. 진행하는 캠페인의 컨셉과 상반되는 실수나 잘못을 할 경우 두 배로 비난을 받게 된다는 점을 잊어서는 안 된다. 특정 기업을 언급하지는 않겠으나 그러한 실수를 하는 경우는 수도 없이 많다. 기업 공익 캠페인을 진행하는 분야나 컨셉과 관련해서는 위기관리를 더욱 철저히 해야 한다는 뜻이다. 홍보의 모든 활동이 그렇다. 위기관리로 기본을 잘 다지지 않으면 전개하는 모든 활동들이 모래성이 되고 만다. 그래서 홍보가 어렵고, 한편으로는 그렇기 때문에 가치 있는 일이 되는 것이다.

진정성. 참으로 간명하고 심플한 말이지만, 또한 제대로 실천하기 무척 어려운 개념이다. 다들 너무도 쉽게 "진정성 있게 대하라, 진정성을 갖고 임하라"고 말하지만, 실제 진정성을 가지고 무언가를 하고, 사람을 대하는 것만큼 어려운 일이 없다. 인간의 이기적 본성, 수지 타산적 속성, 동기 유발의 지속성 결여 등의 이유로 진정성을 발휘하고 유지하기가 매우 힘든 것이다. 구현하고 지속하는 것이 힘들기 때문에 그만큼 가치가 있는 셈이다. 한편, '진정성을 가진 척'하는 것은 한계를 갖는다. 인간이 가지고 있는 넌버벌 커뮤니케이션 캐치 능력 때문에 '척하는 것'은 금방 들통이 난다. 아니 무의식적으로 상대는 다 느끼게 된다. 이에 진짜 진정성만이 통한다. 진정성은 심지어 문자로도 느껴진다. 신문에 '○○그룹이 얼마의 성금을 냈다'라고 나오면 어떤 때는 생색내기로 보이고 어떤 때는 진정성 있는 행위로 느껴진다. 이는 일차적으로 기자가 느끼고 이를 데스크가 느끼고 다시 이를 독자가 느끼는 과정을 거친다. 그만큼 진정성은 말로 표현할 수 없는 숨겨진 힘을 가지고 있다.

'홍보를 어떻게 해야 하는가'에 대해서 단 한마디의 노하우를 털어놓으라고 한다면 단연코 답은 '진정성'이다. 진정성을 가지고 기자를 대하고, 네티즌을 대하고, 대중을 대하는 것……. 그것이 극상의 홍보다. 홍보를 하면서 '진정성을 갖고 하자'는 필자의 철학은 약 15년 전부터였다. 처음에는 진정성을 '가진 척'했는데, 점차 그 '척'의 한계를 느끼면서 진짜 진정성을 가슴속에서 만들어 내는 법을 연습하기 시작했다. 그러자 어느 순간인가 기자들이, 언론이, 네티즌이, 세상이 이에 반응을 보여 주기 시작했다. 이는 기사에, 네티즌 댓글에, 회사에 대한 여론 곳곳에서 엿볼 수 있기 때문에 조금만 신경 써서 관찰하면 쉽게 느낄 수 있다. 한 사람의 진정성이 한 회사의 이미지에 영향을 미친다는 것은 얼핏 과대망상처럼 보이지만 진실이다.

홍보는 세상을 움직이는 기술이다. 사람들이 알게 만들고, 좋아하게 만들고, 행동하게 만든다. 작게는 한 집단에서 크게는 온 나라를 움직인다. 그렇게 영향력이 큰 행위이기 때문에 홍보를 하는 사람은 강한 윤리 의식을 지녀야 한다. 홍보하는 사람이 잘못된 가치관과 도덕적 프레임을 가지고 있으면 세상에 나쁜 영향을 미치게 된다. 보도 자료를 통해서, 혹은 오피니언 리더들을 움직여서 끊임없이 여론과 대중을 움직이기 때문이다. 본인이 가진 보이지 않는 영향력을 의식하면서 끝없이 자기 성찰을 하고, 윤리 의식을 갈고 닦아야 한다. 너무 과장된 시각이 아니냐고 할지도 모르겠다. 한 명의 홍보맨이 무슨 영향력이 그리 크겠냐고 말이다. 그러나 모든 이슈에는 출발이 있기 마련이고, 홍보맨은 그 이슈를 만들어 내는 사람이기 때문에, 한 사람 한 사람의 홍보맨은 사회의 아젠다를 형성하는 사람들이 된다. 이에 CEO들 역시 세상에 대한 책임감과 윤리 의식이 강한 사람들을 홍보 수장으로, 홍보맨으로 앉혀야 한다. 홍보맨이 회사를 통해 세상에 미치는 영향은 결국은 CEO의 책임인 것이다.

이제 책을 마무리해야 할 때다.

몇 년 전 누군가 나에게 이렇게 물어본 적이 있다. "잘해야 본전이고 보기에도 너무 힘든 홍보 일을 왜 그렇게 오랫동안 하고 있느냐"고 말이다. 당시에는 바로 적절한 답을 하지 못했던 것 같다. 몇 년이 지나 이제는 나름 정리된 답을 줄 수 있을 듯하다. 홍보는 힘든 만큼 매력적인 일이다. 홍보를 오래하다 보면 세상을 보는 통찰력과 객관적으로 정세를 판단할 수 있는 눈이 생긴다. 수없이 많은 사안들을 만나고 이를 해결하는 경험들을 하면서, 동시에 타사나 다른 업계의 여러 가지 일들을 매체를 통해서, 입소문을 통해서 끊임없이 듣고 보고 얘기하기 때문이다. 더불어 사람을 볼 수 있는 안목도 발전한다. 워낙 많은 사람들을 만나다 보니 자연스럽게 사람을 보는 눈이 생기는 것이다. 한마디로 홍보는 내공을 축적하기에 아주 좋은 일이다. 나 역시 아직은 가야할 길이 멀지만, 동년배의 사람들보다 조금은 더 넓은 시야를 얻게 된 것은 전적으로 홍보라는 직업의 혜택이라고 생각한다.

또한 일을 수행하는 과정에서 얻는 성과의 보람도 만만치 않다. 연차가 적을 때에는 자기가 쓴 보도 자료가 기사화되는 것만으로도 큰 보람을 느낄 수 있다. 유력지에 크게 다뤄지기라도 하면 무엇과도 바꿀 수 없는 희열을 느끼게 된다. 연차가 쌓이면서 본인이 홍보한 것이 식당의 옆 테이블에서 언급되는 것을 듣는 즐거움이 있고, 자기가 잘 대응한 리스크에 대한 흐뭇함이 있다. 경험치가 더 쌓이면 트렌드를 만들어 가는 재미를 느끼게 된다. '무슨 무슨 열풍'이니 이런 식으로 대중과 언론이 이야기하면 그것을 주도한 홍보맨이 느끼는 카타르시스는 말로 표현하기 어렵다. 이 단계를 넘어가면 슬슬 여론을 움직이는 은밀한 즐거움을 느끼게 된다. 대중의 아젠다를 설정하고, 대중 심리의 프레임을 만들어 간다. 이처럼 홍보를 하면서 느낄 수 있는 보람과 기쁨의 한계는 사실상 없다고 봐도 될 것이다. 그만큼 멋진 일이다.

이러한 보람과 기쁨은 목적의식과 컨셉을 분명히 가지고 진정성으로 임하는 자만이 느낄 수 있다고 생각한다. 기업도 마찬가지다. '무엇을 만들까'를 고민하지 말고 '어떤 가치를 추구할 것인가'를, 기업의 목적과 컨셉을 먼저 고민한 후에 진정성을 가지고 이를 계속해서 실천한다면 지속적인 발전과 세상의 호응을 얻을 수 있을 것이다. 또한 세상을 움직여 소비자, 주주, 임직원으로부터 무한한 애정과 충성을 얻게 될 것이다. 홍보, 세상을 움직이는 기술을 익히고, 진정으로 이를 구현하는 기업에게 세상은 반드시 호응할 것이다.